公共经济与公共政策

GONGGONG JINGJI YU GONGGONG ZHENGCE

2017年　第1辑

重庆大学公共管理学院
重庆市人文社科重点研究基地——公共经济与公共政策研究中心　编

重庆大学出版社

图书在版编目（CIP）数据

公共经济与公共政策 / 重庆大学公共管理学院，重庆市人文社科重点研究基地——公共经济与公共政策研究中心编. --重庆：重庆大学出版社，2017.11

ISBN 978-7-5689-0869-6

Ⅰ. ①公… Ⅱ. ①重…②重… Ⅲ. ①公共经济学—研究②公共政策—研究 Ⅳ. ①F062.6②D035-01

中国版本图书馆CIP数据核字（2017）第257843号

公共经济与公共政策

2017年第1辑

重庆大学公共管理学院
重庆市人文社科重点研究基地
——公共经济与公共政策研究中心 编

责任编辑：尚东亮　　版式设计：尚东亮
责任校对：贾　梅　　责任印制：赵　晟

*

重庆大学出版社出版发行
出版人：易树平
社址：重庆市沙坪坝区大学城西路21号
邮编：401331
电话：（023）88617190　88617185（中小学）
传真：（023）88617186　88617166
网址：http://www.cqup.com.cn
邮箱：fxk@cqup.com.cn（营销中心）
全国新华书店经销
重庆俊蒲印务有限公司印刷

*

开本：787mm×1092mm　1/16　印张：13.25　字数：208千
2017年12月第1版　2017年12月第1次印刷
ISBN 978-7-5689-0869-6　定价：45.00 元

本书如有印刷、装订等质量问题，本社负责调换

版权所有，请勿擅自翻印和用本书
制作各类出版物及配套用书，违者必究

与中国的改革实践同步发展
（代序）

如果我们把人类社会自诞生以来的不断更替的体制看成是在试错中寻找合适的组织模式，那么，可以认为没有哪一个时期，也没有哪一个社会像中国社会这样，在100年的时间里承载过如此复杂多样的社会实验。

任何试错式的实验都有社会成本。在过去的100年里，中国付出了巨大的社会代价。我们经历过抵御侵略的战争，也经历过为了寻找实验目标的内战，包括在战争结束之后寻求为大多数人谋利益的体制而发生的争论，甚至让不少仁人志士为之付出了宝贵生命。

幸运的是，中国的社会实验带来更多的是收益，尤其是过去的40年，我们在经济上经历了从计划经济向市场经济的转型；在社会上经历了从单位向社会的回归；经济与社会在历史互动中不断迭代，正在形塑一种未曾出现的关系模式，即人们常说的中国经验。

中国经验让中国从一个积贫积弱的人口大国发展为一个经济总量的大国，也正在让中国成长为一个经济发展的强国。与此同时，在经济发展的基础上，我们正在探索经济、政治、文化、社会、生态等五位一体的协调发展模式，让创新、协调、绿色、开放、共享成为中国社会的总体性发展理念。

前事不忘后事之师。其实，无论是教训还是经验，都是人类社会的宝贵财富。如果我们希望中国曾经付出的代价能让后来者引以为戒，中国获得的经验能惠及人类命运共同体；那么，有效地归纳和总结中国社会实验的经验教训就是中国学人应尽的责任和义务。

在这个意义上，我们非常愿意把《公共经济与公共政策》辑刊看作是重庆大学公共管理学院同仁为社会尽责的一种尝试。

重庆大学公共管理学院于2012年初正式挂牌，顺应了中国改革实践的需求。在中国经历了30多年的改革开放，经济有了长足的发展之后，政治建设、文化建设、社会建设、生态建设被提上议事日程，其中绝大多数都以公共政策的形态体现为社会大多数成员服务的公共产品。医疗和教育服务的均等化，环境保护的倡导和制度建设的努力等就是典型的例子，它在宏观制度的引领下形成了各地因地制宜的公共政策。我们知道，公共政策虽然是从社会公平出发的，也绝不意味着不计成本，探讨公共政策效率是中国社会在公共政策领域的刚性需求。公共管理学院敏锐地捕捉到了这样的需求，在从过去的贸易与行政学院转型为公共管理学院的过程中，采用扬长避短的方式在公共管理学科中搜寻适宜的生态位，把学院的学科建设定位为用经济学的理论与方法优势探讨公共管理领域的基础议题和前沿议题，形成了"公共经济和公共政策"领域，也是辑刊题名的由来。

俗话说，十年树木，百年树人。一个学科的建设又何尝不是诸多同仁长期努力和积累的后果。重庆大学公共管理学院虽然在应用经济学和公共管理领域各有深厚的积累，可是，集两者之优势的融合并不等于把两者进行简单相加，它需要经济学与公共管理的教授、讲师们能够坐下来平心静气地、面对面地进行交流和交锋。为了给学院教师提供沟通的机会，学院设置了"湖畔沙龙"，在学期中两周一次，任何议题、任何形式都可以，焦点是学术。经过几年的努力，沙龙开展了几十次，共识越来越多。

为更好地建立共识，不仅在重庆大学公共管理学院，也在学术界，我们编辑了《公共经济与公共政策》辑刊，一方面向学界汇报重庆大学公共管理学院同仁的努力；另一方面，把学术领域基础和前沿的理论与方法带回到学科建设之中，意在促进整个学科的建设和发展，而不仅仅是重庆大学的。

万事开头难。第一辑的编辑总是困难的，这是因为我们把太多的寄托放之其上，既希望有一个好的起点，又希望惠及学院同仁；既希望向学界汇报，又希望带回学界的基础和前沿的理论与方法；最直接的困难还是来自于中国学术评价体制的阻碍，一本名不见经传的辑刊不能带给作者应有的回报，因为在它上面的发表既不被科研考核制度计算科研成果，也不被工作考核体制计算工作量。尽管如此，在学院全体同仁的共同努力之下，第一辑终于成稿了。

这一辑，我们把内容分为两部分：一部分是重庆大学公共管理学院“湖畔沙龙”的部分内容摘要，另一部分是学术论文。目的是尽量反映在有阻碍的前提下，学院师生的努力。作为公共经济与公共政策领域的新嫁娘，无论美丑，我们都希望它得到学术界的接纳、批评和鼓励。

这一辑论文的汇集得到了重庆大学公共管理学院师生的积极响应，公共经济与 [illegible] 中心的同仁和刘渝琳教授为组稿付出了辛勤的努力；编辑和出版得到 [illegible] 版社的鼎力支持，凝聚了编辑和出版社同仁的心力。谨此，一并致以 [illegible]。

书刊检查
合格证
(1)

[illegible] 改革实践还在进行中，公共经济与公共政策的研究任重道远，我们真诚地希望在您的支持和鼓励下，使《公共经济与公共政策》能成长为一本有志同仁的案头辑刊。为此，我们将砥砺前行，不负众望。

邱泽奇

2017 年 8 月

目　录

湖畔沙龙部分

学术论文部分

湖畔沙龙部分

HUPAN SHALONG BUFEN

经济新常态下我国生产领域持续通缩的成因分析

按语：学术沙龙第25期。学院公共经济系等系科教学科研骨干于2016年4月7日12:50—14:30在公共管理学院1楼湖畔咖啡厅参与“经济新常态下我国生产领域持续通缩的成因分析”的学术报告活动。

2012年2月以来，我国的生产者价格指数（PPI）呈现出了连续下降的趋势，PPI同比增长速度表现出了长达50多个月持续为负的罕见状况，这是中国改革开放以来生产领域价格（PPI）所出现的历时最长的通缩。而在PPI持续低迷的态势下，我国的消费者价格指数（CPI）也处于低位，并重返“1时代”，引发了学界和业界对我国未来出现消费领域通货紧缩可能性的担忧。因为，PPI的持续低迷可能会形成价格领域的通缩预期，导致PPI水平的继续下跌循环并向消费领域传导，从而造成生产领域价格水平的持续低迷，并拉动CPI同比增速下降，引发消费领域通缩的担忧。而且，PPI的持续下降可能会使得企业产品库存增加和利润下降，从而使得企业经济效益下降并使得经济收缩。因此，现阶段PPI的持续低迷现象已经引起了学界和决策层的高度重视。那么，造成此次PPI长时间持续低迷的原因是什么？与以往两次相比有何异同？应该采取何种政策手段来应对PPI的持续低迷？这是本文所关注的问题。

理论分析发现，国际大宗商品价格下跌、投资和货币供给下跌三种因素对PPI低迷的影响在逻辑上都是比较清晰的，而且还可能是相互交织的。我们将三种因素同时纳入到一个统一模型中进行对比分析，以对比各因素的重要程度。而且，随着经济环境和背景的变化，经济变量之间的影响可能是时变的，我们可能需要考虑各因素在不同时刻对PPI影响的强度不一致。事实上，在经济新常态下，本次PPI低迷的持续时间比前两次明显要长，这有可能是各因素的影响强度出现变化所造成的。也就是说，造成PPI变动的三大因素的重要性可能是时变的，为此，我们采用新近发展的带有随机波动项的时变参数向量自回归模型（TVP-VAR-SV，Time-Varying Parameter VAR with Stochastic Volatility）来分析国际大宗商品价格、投资以及货币供给对我国 21 世纪以来的三次 PPI 低迷的不同影响。得到如下主要结论：

首先，国际大宗商品价格大幅下降是 PPI 下降的最重要的原因。从成本加成和企业利润的角度来说，国际大宗商品价格下降带来的成本下降导致的生产供给曲线右下方移动对企业的利润损害有限，只要出厂价格 PPI 下降幅度小于大宗商品的下降幅度。供给方面的成本下降和效率提升所形成的扩张效应导致的“通缩”，对应的是经济增长率上升和失业率下降。而 2012 年 3 月至 2014 年 3 月的两者（PPI-CRB）之差大于 0，说明大宗商品下降对 PPI 的下降并未对经济带来很大的危害。2014 年 4 月以来，随着大宗商品价格的恢复性上涨和 PPI 的进一步下探，两者（PPI-CRB）值开始小于 0，大宗商品价格变动对企业利润产生了较大的影响。因此，在目前适当加大投资以提升需求和使得 PPI 上涨，对于保证企业利润和经济信心和稳定增长有很重要的作用。

其次，投资增速对于 PPI 的影响情况比较复杂是因为存在如下原因：一方面，投资的增加会拉动对工业品中的生产资料的需求，从而推动 PPI 的上涨；另一方面投资的增加却会增加生产能力，形成产能过剩，对 PPI 有压制作用。因此，投资的增加对于 PPI 的作用的方向取决于上述两种力量的大小。投资增速下降对 2012 年以来的 PPI 下降也有着重要的正向影响。这说明投资增速下降导致的需求下降对我国的 PPI 下降效果比较明显，国家对投资增速的控制效果比较明显。但值得注意的是，一旦投资增速有较大的增加导致的产能过剩会对 PPI 的下降有较大的效果。

再次，货币供给增速对于 PPI 的影响一直是正向作用，但对现阶段（2012 年 3 月至今）的影响强度相比区间 1 要小。自 2012 年以来，国家拧紧了货币供应的水龙头，货币供给增速呈现出了明显下降趋势，但货币供给增速对 PPI 的影响强度仍然较大。货币供给的收紧对于 2012 年以来的 PPI 下降作用也是比较明显，一方面，货币供应的增速的下降抑制了包括工业品出厂价格的所有商品上涨；另一方面，货币增速下降控制了总需求的增加，从而控制了对工业品的需求。

最后，在我国农产品供需紧平衡和服务需求增加的背景下，劳动力成本上涨对食品和服务价格的传导是 CPI 上涨的重要原因；工业产能过剩背景下，国际大宗商品价格下挫对工业品生产资料价格的传导是PPI下降的重要原因。劳动力成本与国际大宗商品价格的“一涨一跌”使得CPI与PPI变动“正负背离”，而国际大宗商品价格下跌是CPI与PPI之间缺口扩大接近于历史最大水平的主要原因。在目前我国的PPI仍然处于低迷的状况下，并基于上述研究和结论，提出以下建议以供参考：

第一，抓住大宗商品价格周期性低迷时机，实施大宗商品储备战略计划。第二，在供给侧保证投资结构优化的情况下，保持适度的投资增速是必需的，既防止了产能过剩又对经济稳定和PPI转正有积极的影响。第三，需要继续实施结构化的货币政策，以适当增加的货币供给增速来配合投资以增加需求和刺激PPI的回暖。发挥新型货币政策工具定向调控的作用，盘活资金存量，引导资金资源流向最需要的地方，支持短缺供给行业的发展，应对经济下行压力和通缩风险。

执笔人：龙少波

温室气体与大气污染物协同减排：命令控制还是经济激励？

按语：学术沙龙第 32 期。学院公共管理系等系科教学科研骨干于 2016 年 10 月 13 日 12:50—14:30 在公共管理学院 1 楼湖畔咖啡厅积极开展了“温室气体与大气污染物协同减排：命令控制还是经济激励？”的报告活动。

当前，中国面临大气污染治理和温室气体减排的双重压力。国家已出台多种政策措施进行应对，然而传统的单一污染物治理模式在减排局地大气污染物及控制温室气体方面存在互斥效应。政策执行过程中会造成资源浪费，降低治理效率，减弱政策效果。这种互斥效应在微观企业领域表现尤为突出，需要结合技术手段和企业的成本效益，综合考察大气污染物与温室气体的协同减排效益，创新治理模式。本质上，大气污染物如 SO_2，NO_x 和颗粒物等与温室气体的排放大多来自化石燃料的燃烧，具有“同源性”，从而为协同控制提供了可能。那么，针对大气污染物和温室气体的协同控制政策能否成为成本有效的、合理的政策选择？进一步，应如何选取和优化协同控制政策？为了回答这些问题，本研究尝试构建综合评价模型，选取重点高污染行业，量化评估并比较分析“命令控制型”和“经济激励型”这两类政策手段对于大气污染物和温室气体的协同减排效果、成本及潜力等。

本文的综合评价模型由自上而下的可计算一般均衡（CGE）模型和自下而上的 CIMS 技术模型通过单向软连接构成。该综合模型可以模拟分析协同控制政策对经济发展、技术进步、能源需求和污染排放等的影响。其中，CGE 子模型是基于中国 2012 年社会核算矩阵构建的单区域、递归动态模型，包含了 60 个生产部门或商品。模型采取多层嵌套的 CES-Leontief 生产结构，采用 Cobb-Douglas 效用函数，采取大国假设，并允许劳动力和资本在国内各部门间的自由流动。CGE 子模型基于通用代数建模系统（General Algebraic Modeling System, GAMS）运行，负责经济系统的模拟，主要输出经济变量如GDP、部门产值和能源价格等的变动。

文献回顾发现，当前文献对技术竞争、市场份额变化、能源替代的动态渐变过程关注不足，并难以深入到行业、技术、重点产品层面。由于研究深度不足，对重点行业和部门影响的认识尚浅，关于大气污染物与温室气体控制应当如何协同以及实施路线应当如何设计均无定论，客观上妨碍了出台协同控制政策。近年来，国际上对于“自下而上（bottom-up）”，基于行业和部门技术市场竞争和选择的经济-能源-环境系统（简称3E）综合模拟模型日益重视。CIMS模型作为一种国际领先的3E综合模拟模型，将在本研究中得到充分的开发和利用，用以深入分析电力、钢铁、化工、水泥、交通等重点行业大气污染和温室气体的协同减排效果。本文收集能源供给、能源消费、能源价格，重点行业生产技术、温室气体排放清单、污染物排放系数，重点行业技术资本成本、运行维护成本、能源消耗成本、能源效率、能源类型、投入使用初始年份、使用期限等数据，建立服务于CIMS-China模型的3E数据库。通过敏感性分析、统计回归分析等手段，调整CIMS模型的关键参数，在3E数据库支持下，构建符合中国实际情况的CIMS-China模型，并开展模拟分析。

本文的CIMS-China模型关注电力、钢铁、化工、水泥、交通等5大重点行业，模拟共计154项生产技术的竞争和替代过程。对每一项政策情景而言，由CGE子模型得到各部门生产规模和能源价格的变动，并输入CIMS子模型完成综合影响评价。本文的CIMS子模型主要输出技术演进、能源消费、大气污染排放（SO_2，NO_x，PM）、以及温室气体排放（CO_2）等的变动情况。

在政策选择上，本文选取“经济激励型”和“命令控制型”这两类政策手段作为量化评估和比较分析的对象。根据党的十八届三中全会提出的环境保护费改税的要求，为促进形成节约能源资源、保护生态环境的产业结构、发展方式和消费模式，加快转变经济发展方式，财政部、税务总局、环境保护部在研究、吸收有关方面意见的基础上，起草了《中华人民共和国环境保护税法（征求意见稿）》。2016年8月29日至9月3日，第十二届全国人大常委会第二十二次会议对《中华人民共和国环境保护税法（草案）》进行了初次审议。因此，选取环境保护税（包括碳税）作为“经济激励型”政策的代表，具有一定的现实意义和应用价值。本研究选择SO_2，NO_x，PM三项应税污染物，并依据不同污染物及不同的税收额度，设定6

个环境保护税政策情景。此外，本文还设计了 2 个碳税政策情景。在“命令控制型”政策手段的选取上，本文以末端治理（EOP）措施为代表。依据 EOP 措施不同的安装使用率，针对多个行业、多种污染治理（SO_2，NO_x，PM）共设计出 12 个政策情景。进而，通过综合评价模型，模拟分析以上所有“经济激励型”和“命令控制型”政策手段的协同减排效果，并开展成本效益分析。

基于环境成本和经济福利的初步研究发现，尽管 EOP 措施能够明显减排 SO_2，NO_x 和 PM，但会增排 CO_2，其对于大气污染物和温室气体减排的互斥效应明显；而以环境税（包括碳税）为代表的经济激励手段则在绿色税制改革框架下，具有明显的协同减排效应，且成本有效，能够取得经济与环境双重红利。研究认为：“经济激励型”政策手段要与技术手段相结合、相匹配；当前环境保护税法（草案）中 SO_2，NO_x 和 PM 等的税率偏低，并不足以保证长期取得良好的协同减排效果。未来，中国应在推动绿色税收体制改革的框架下，逐步提高环境保护税率；应在统一税率的基底上，通过下放环境价格定价权，体现出区域差异和地方弹性。当然，以上研究结论的合理性还需要进一步的、更多的“政策试验”。通过模型的扩展，分析排污权交易 / 碳交易的协同控制效果是进一步可能的研究方向。

执笔人：宋鹏

我国资本存量核算的若干问题探讨

按语：学术沙龙第35期。公共管理学院博士生导师曹跃群教授于2016年12月8日12:50—14:30在公共管理学院1楼湖畔咖啡厅开展了“我国资本存量核算的若干问题探讨”的报告活动。

资本作为生产的重要投入要素，在国民经济中有着非常重要的地位。资本存量是开展各种经济分析所需要的最重要的经济变量之一，是开展资产负债核算不可或缺的基础数据，它和生产账户、收入形成账户等一起构成整个国民经济核算体系（SNA）的有机整体。国际上关于资本存量核算的理论与方法已日趋成熟，美国欧盟和日本等发达国家已经基本建立起对资本存量进行核算和估计的统计方法与制度，并定期发布各种关于资本存量的统计数据。与发达国家相比，我国在资本存量核算方面有相当大的差距，在有关资本存量概念理论内涵的界定、计算范围与口径、估算的具体方法、所利用的统计资料等方面都存在有待进一步研究的问题，尚缺乏一套系统的关于我国资本存量核算的制度、数据库和方法库。那么，如何填补我国在资本存量研究分析中这些方面的不足，所面临的重难点问题有哪些，解决这些问题的基本思路与方法又如何？从总体框架上看，重难点问题主要存在于以下两个方面：

一是基本理论与方法方面，包括：①资本存量核算基本概念与基本指标的研究。资本存量是由几个互相联系、密切相关、又有所区别的概念组成的多层次的范畴体系，近年来联合国制定的SNA2008进一步扩大了固定资本形成的概念，将研发支出等也列为投资。为适应这一变化，关于资本流量和存量的统一口径也必须做相应的调整，根据新的变化理清有关资本存量指标的概念，给出清晰的理论内涵与明确的统计外延，并且进一步明确各相关指标之间的联系与区别。②资本存量核算的价格问题。不同固定资产的实物形态不同，必须借助于价格才能汇总计算资本存量，其核算价格涉及现价、不变价和历史价格。由于各种原因，以往国内外学者对资本存量估算的价格问题研究不足，特别是对资本存量价格指数的问题未给予应有的关注。有必要考虑构建资本存量的价格指数，以及如何利用不同的价格指数进行资本存量之间的换算问题。③资本存量的估算方法。以往我国学者主要探讨了永续盘存法，从国际上看，尽管永续盘存法属于主流方法，但实践中采用的资本存量核算方法并不完全一致，归纳起来包括直接调查法、基准年份盘存法和永续盘存法三类，另外还有一些学者利用生产函数法估算资本存量。为了提出适合我国国情的资本存量核算方法的具体方案，有必要对这些方法的利弊及其适用的前提条件进行分析。④对各国资本存量核算实践的考察。由于各国的国情有别统计基础不一样，其所实施的资本存量核算方法与制度也各不相同。因此，有必要对国际上有代表性的国家的资本存量核算实践进行考察，从而为构建我国资本存量核算方法制度提供有益的参考。

二是应用研究方面的重难点主要在于：如何将获得的资本存量数据用于经济分析和预测，使之能更好地为经济管理和宏观调控提供依据。主要从以下方面展开应用：①利用资本存量数据测算资本系数和资本回报率。这两个指标是开展宏观经济分析需要的重要指标，通过横纵向对比可以分析我国在国际上所处的水平与变动趋势。②利用资本存量数据建立经济增长计量模型。该模型允许资本、劳动力要素及经济增长之间有更灵活的关系，并考虑用非参数及半参数的方法对资本存量及经济增长的关系做更灵活深入的探讨。③利用资本存量数据建立可用于分析资源配置效应影响的经济计量模型。该模型可把整个国民经济增长率的影响因素分解为5部分，可以为经济预测、宏观经济调控和供给侧结构改革提供必要的数量依据。

理论方法研究为基础统计数据的收集、整理以及我国资本存量核算方法与制度的构想，提供坚实的理论指导。基础统计研究则为研究提供可靠的数据来源。在取得关于资本存量的数据之后，一方面可以开展各种应用研究，另一方面可以进行数据库的建设。

执笔人：曹跃群

从社区心理学视角促进积极老龄化

按语：学术沙龙第36期。学院公共管理系等系科教学科研骨干于2016年12月29日12:50—14:30在公共管理学院1楼湖畔咖啡厅积极开展了“从社区心理学视角促进积极老龄化”的报告活动，收到了良好的效果。

老年人的预期寿命持续提高。到2020年，60岁及以上人口数量将在人类历史上首次超过5岁以下儿童数量。目前全世界60岁及以上人口为8.41亿，预计到2050年将达到20亿。这些老年人中的80%将生活在低收入和中等收入国家（Mathers et al., 2015）。中国目前面临老龄化的巨大挑战，中国人的预期寿命从1950的40岁增长到2010的70岁，并且这种增长趋势一直持续（Smith, Strauss, & Zhao, 2014）。到2016年，中国有2.308 6亿老年人（年龄大于60岁），占中国总人口的16.7%，而且中国的老龄化增速快于世界平均水平。

人口老龄化加剧不仅影响老年人自身的生活质量，而且给家庭、政府和社会增加负担，阻碍国家的经济社会发展。1990年，为应对人口老龄化的问题，世界卫生组织提出“健康老龄化”发展战略，其核心理念是生理健康、心理健康和社会适应良好。2002年，世界卫生组织进一步提出“积极老龄化”发展战略，在健康老龄化的基础上进一步强调以积极的态度看待老龄群体，鼓励老年人继续发挥在物质、社会和精神方面的潜力，提高老年人的生活质量。

人类发展的生态模型（ecological model）强调，个体是嵌套于家庭、社区、城市、国家等各个不同层级的社会系统中，这些系统由近及远层层嵌套，均会对个体发展产生影响。传统的心理学研究非常关注老年人自身的因素（如收入水平、认知风格、应对方式、人格特点等）对其生活质量的影响，而忽视社会环境的作用。社区作为老年人生活的主要场所，是除个体和家庭因素之外影响老年人生活质量的关键系统。而且相比于个体和家庭因素，研究社区因素有助于从社区层面对老年人生活质量进行干预，受益群体更广泛，更具效率和应用价值。

我们首先考察了老年人对所居住社区的主观知觉—社区感（sense of community）与老年人生活满意度的关系，并且进一步考察该关系是否受到老年人自身心理韧性（resilience）的影响。社区感指的是，成员的归属感，成员彼此间及与所在团体的情感，以及成员通过共同承担工作满足自己需求的一种共享信念。心理韧性指的是，个体有效应对压力、困难或逆境的能力，是一种积极的心理资源。研究样本来自北京 22 个社区的 258 对老年夫妻，测量工具包括社区感量表、心理韧性量表、生活满意度量表等。研究结果发现，控制了个体心理韧性和配偶心理韧性之后，老年人的社区感对他们的生活满意度具有积极的促进作用。并且社区感和个体心理韧性、配偶心理韧性交互作用影响老年人生活满意度：当个体心理韧性和配偶心理韧性都低的时候，社区感对生活满意度的作用最弱。

我们进一步研究了社区的客观因素（社区公共空间、社区老年人口密度、社区老年服务）与老年人幸福感的关系。研究的样本来自北京 32 个社区的 628 位老年人。测量的工具，在个体水平包括，幸福感量表、社区感量表、心理韧性量表；在社区水平包括，社区人均公共空间（社区总公共用地面积 / 社区总人口），社区老年人口密度（社区老年总人口 / 社区总面积），社区每年为老年人提供的服务次数。研究结果发现社区人均公共空间面积越大，社区老年人口密度越大，社区对老年人提供的服务越多，老年人幸福感越高。并且，社区客观因素通过影响老年人对社区的主观知觉（社区感），进而影响老年人的幸福感。最后，我们发现老年人的心理韧性不一样，社区对他们幸福感的作用也不一样，心理韧性高的个体，社区资源对幸福感的促进作用更强。

我们的研究考察了社区对提高老年人生活满意度和幸福感的作用，并进一步发现社区因素与个体因素存在交互作用影响老年人的生活满意度和幸福感。研究结果证实，无论是社区客观因素还是老年人对社区的主观知觉都对积极老龄化有重要影响，研究结果可以为社区水平的干预方案设计提供参考建议。但是我们的研究也存在局限，比如，对社区因素的考虑不全面，社区感这个概念来自于西方，比较宽泛，横断研究设计不能揭示变量之间的因果关系。未来研究会更全面地考察社区的作用，选取更为丰富的社区测量指标。未来研究还可以考虑社区认同对积极老龄化的作用，因为社区认同这个概念更加符合中国的文化特点。在研究设计方面，未来可以考虑设计追踪研究和干预研究，并且对老年人和社区做更为详细的划分。

执笔人：张金凤

大学专业与职业发展异质性研究

按语：学术沙龙第 38 期。学院公共经济系等教学科研骨干于 2017 年 4 月 13 日 12:50—14:30 在公共管理学院 1 楼湖畔咖啡厅积极开展了“大学专业与职业发展异质性研究”的报告活动，收到了良好的效果。

高等教育阶段的专业选择可谓是人生面临的第一个重大抉择，选择不同的专业意味着知识结构和职业技能的不同，进而影响着后续的职业类型和薪酬水平，甚至会影响一个人的社会地位和代际间的社会流动性。正因为如此，在选择大学专业时，学生及其家庭十分慎重，而理性的选择需要建立在关于不同专业的充分信息之上，其中，不同专业的未来职业发展是重要的专业信息之一。由此可见，深入研究不同专业的职业发展差异，对个体的教育决策有着重要的现实意义。此外，从劳动力市场的角度来看，专业差异导致的劳动力就业行为的差异是不容忽视的，对不同专业的就业行为差异深入研究，能够为在企业制订人事计划、决策者制定就业政策提供有益的参考。

理论部分，本研究基于在岗寻职的搜索匹配模型，进一步引入职员的异质性和岗位的异质性，对不同专业的职业流动行为差异进行分析后，发现不同学科的职业发展特点是不一样的，体现为在职业初期，理科生的求职成本更高（耗时更长），职业流动的倾向更高（停止在岗寻职的保留匹配度更高），甚至岗位流动行为更为频繁（在岗寻职的人数比例更高），不过在停止在岗寻职之后，对应的岗位匹配度也高于文科职员，长期来看，会给理科职员的职业带来更高的稳定性。这些差异可能来自于：对于不同学科来说，岗位匹配度的分布是存在差异的，这一点可以通过不同学科的行业分布来验证；对于不同学科来说，岗位匹配带来的产出增加是存在差异的，间接体现为理科毕业生的工资水平平均高于文科毕业生；工资谈判能力可能存在差异。

在经验分析中，利用独特的猎头公司人才库数据，通过描述统计和计量方法，支持了模型的假设，即STEM类（science, technology, engineering, mathematics）专业就业的行业集中程度最高，LEM类（law, economics, management）专业次之，并且验证了理论模型的预测：①入职初期，STEM类专业的劳动力相比于LEM类和其他文科类专业更频繁地更换工作。②随着工作时间的推移，其他文科类专业的职业流动性一直在比较高的水平，LEM类专业先进入稳定工作的阶段，随后，STEM类专业的工作也趋于稳定。此外，样本数据还展现了其他与专业相关的现象：专业选择存在性别差异和代际差异，男性多数选择STEM类专业，女性多数选择LEM类专业；相比于低技术生产行业和非专业服务行业，职业流动行为在高技术生产行业和专业服务行业中更为频繁；相较于LEM类和其他文科类专业，STEM类专业的毕业生会更多地选择高技术生产行业，更少的选择服务行业。

正因为不同专业类型的劳动力在劳动力市场中的职业发展是存在差异的，个体在选择专业时，一方面需要考虑自身的能力和自身兴趣的基础上，另一方面也应将未来的职业发展预期考虑在内，包括预期进入的行业、预期的就业难度、预期的职业流动行为、预期的薪酬等，从而在专业学习期间更有目标性，在求职时找到更能发挥专业优势的工作，更好地实现专业技能向职业技能的转换。

执笔人：谭　娅

学术论文部分

XUESHU LUNWEN BUFEN

公共经济学发展与现状：文献综述

丁从明* 吴羽佳

摘要：本文是对公共经济学相关领域研究的一个文献评述，分别综述了财政税收理论、财政分权理论、公共选择理论以及新政治经济学理论的发展与现状，进而讨论了现有研究存在的问题以及进一步的研究方向。总体而言，公共经济学的研究范式已经突破传统财政学“财政—税收”两分法的局限，逐步形成了一个结合行为、制度和政策三位一体的研究框架。未来公共经济学的研究将更加关注政府再分配的公共选择过程和财税政策对效率的扭曲。在研究方法上也将呈现出一般动态均衡分析、计量经济学的经验研究和行为经济学的实验研究多种分析方法并存的局面。

关键词：公共经济学；研究范式；文献综述

一、引言

公共经济学（Public Economics）是研究政府（公共部门）角色的一门学科，以其研究对象而不是研究方法进行定义（Musgrave，1985）。由于公共部门的角色一直在发生变化，使得公共经济学的研究对象也是在持续的演变中。

伴随着20世纪60年代以来制度经济学、公共选择理论以及行为经济学等相关学科的发展，公共经济学与相关学科交叉与渗透，逐步显现出区别于传统财政学（Public Finance）的研究新特点。这种新的变化趋势主要体现在：①从关注政府再分配（税收、转移支付、地方公共物品的提供），向关注决定政府再分配的公共选择过程（选择制度、政党制度）本身转移；②从关注税收、财政政策对效率的扭曲，并进而制定最优（次优）税率和最优（次优）财政理论，转移到对效率扭曲背后的“心

* 作者简介：丁从明（1979—），江苏淮安人，重庆大学公共管理学院副教授，Email:hayekting@126.com，通信地址：重庆市沙坪坝区沙正街174号，邮政编码：400044。吴羽佳（1994—），女，重庆人，重庆大学公共管理学院产业经济学硕士研究生。

理、心智”等行为因素的关注；③从传统的利用新古典局部均衡分析和社会福利函数分析，转移到利用包括动态一般均衡分析、计量经济学的经验研究，以及行为经济学的实验研究等多种分析方法共存。

本文主要从五个方面进行文献整理，以期对公共经济学的经典理论和前沿发展做出概述。文章结构安排如下：第一部分探讨传统“财政与税收”领域的文献发展；第二部分整理了财政制度，尤其是财政邦联制的经典文献；第三部分是对公共选择领域经典文献的综述；第四部分则是近期关于新政治经济学的相关文献；第五部分介绍了在行为经济学交叉渗透下，行为公共经济学的发展；最后是对公共经济学的发展总结与展望。

二、财政与税收理论的发展与现状

（一）财政理论研究与发展

传统公共财政理论的基础是公共物品。公共物品的非竞争性与非排他性特征会导致市场失灵（Samuelson，1954），而公共财政资源配置的主要职能也正是体现为对市场失灵的纠正。伴随宏观经济学凯恩斯主义革命（Keynes，1936）的兴起，逆向操作的财政政策与政府对经济萧条的治理逐步成为宏观经济学家和公共财政理论家的共识。Musgrave（1959）在 *The Theory of Public Finance* 中提出的财政三项职能（稳定宏观经济、收入分配和资源配置）是这一时期凯恩斯主义政府干预经济的代表性观点。传统的凯恩斯主义者认为政府既有意愿，也有能力通过财政政策稳定经济，但这一预设缺乏微观基础。20 世纪六七十年代，Buchanan 引导的公共选择理论与 Friedman 引导的货币主义流派皆对上述预设提出挑战，Kydland and Prescott（1977）指出传统的财政与货币政策缺乏动态一致性，即央行与财政部的承诺是动态博弈而非子博弈精炼纳什均衡，Barro and Gordon（1983）的研究进一步佐证了财政与货币政策的“时间的不一致性”；同时在凯恩斯理论中占据重要地位的公债理论也受到 Barro（1979）提出的李嘉图等价的质疑。Barro（1979）认为政府通过发行公债的方式筹资干预经济，将会等量挤出居民消费，公民只会将公债视为延迟的税收，即便考虑到债务在人口中的代际分摊，也不能改变李嘉图等价性[1]。

20 世纪 90 年代以来，尤其是内生经济增长理论和动态随机一般均衡理论（DSGE）在宏观经济学中的发展，关于财政理论的研究体现出非常明显的新古典“数理”范式特征，即首先建立财政对经济增长或者经济波动的动态随机一般均衡模型，其次利用数据模拟出模型的主要参数，最后利用模拟出的参数反代入模型进行反复校准（Calibration），从而获得内生或者外生的财政政策变化对经济增长、波动、投资、消费等关键经济变量的影响。譬如：①财政与内生经济增长关系研究：Barro（1990），Stokey and Rebelo（1995）等研究加深了对财政政策公共基础设施以及经济增长内在机理的认识；Helpman （1993），Horri and Iwaisako（2007）考察了政府对知识产权保护、R&D 研发补贴等行为对经济增长的影响。②最优财政政策研究：Chari et al. （1994）在 DSGE 模型框架讨论了最优财政政策问题，模拟发现劳动收入税在经济波动中大致是保持不变的常数，资本收入税在每一期大体上接近于零；Schmitt-Grohe and Uribe （2004）则在不完全竞争市场上考察了最优货币和最优财政政策，由于资本收入征税的扭曲远大于对劳动收入的征税，故而最优财政政策是对不同资本收入进行补贴。③财政支出与挤出挤入效应研究：关于政府效应的实证研究在结论上还存在分歧，一种观点认为，政府支出具有挤出效应（Burnside et al., 2004），而另一种观点认为，政府支出具有挤入效应（Gali，et al. ，2007）。研究结论的分歧可能来源于政府支出冲击大小，如在战争时期或国防开支较大的情况下，政府支出对私人消费和投资产生挤出效应，而较小的政府支出对私人消费和投资具有挤入效应。

（二）税收理论研究与发展

在传统的财政学领域中，税收理论一直居于中心地位[2]。在新古典微观经济学的范式下，传统的税收研究主要研究最优税率的确定以及在既定税收工具和征税体制下行为人的激励反应，从而衍生出最优税收理论和税收激励理论，研究在个人效用、

1 20 世纪七八十年代是关于财政政策有效性的大争论时代，以 Lucas（1976）的 Lucas 批判，Kydland and Prescott（1977）的时间不一致性，Barro（1974，1979）的李嘉图等价，Sargent and Wallace（1975，1976）的政策无效性等基本命题构成的新古典经济学对传统的财政政策理论进行了质疑，关于这一主题相关文献可参见 Snowdon and Howard（2005）的综述。

2 在 NBER（National Bureau of Economic Research）经济工作论文统计中，1990 年关于税收的研究占据全部公共经济学研究的 63%。

政府预算约束、税收工具既定的前提下，如何选择税收工具，确定税率。Ramsey（1927）最早探讨了最优商品税理论，即所谓的逆弹性定理，该理论认为降低征税的效率扭曲是对缺乏弹性的商品征收高税率。Corlett and Hague（1953）在考虑闲暇之后，提出对与闲暇呈互补关系的商品应更重地课税，而对与闲暇呈替代关系的商品则应较轻地课税。关于最优所得税理论，Mirrlees（1971）研究了劳动所得的边际税率问题，Mirrlees 认为在信息不对称情况下，基于对能力征税的劳动所得税，其最优税率应该为倒 U 形，即收入最高的边际税率应该为零，从而避免边际税率对个人努力造成的负激励。但上述规范性的研究结论往往依赖于能力分布、社会福利函数的衡量等关键性假设。譬如曾和 Mirrlees 一起对最优税收理论作出重要贡献的 Diamond（1998）就给出与 Mirrlees 完全相反的 U 形最优边际税率的设计。Saez（2001）基于 Diamond（1998）的研究进行数值模拟，得到的结论是高收入者边际税率不应该低于 50%，甚至可以达到 80%。其他关于税收的代表性的研究包括 Ordover and Phelps（1975）和 Hungerbühler et al.（2006）。

税收理论的最新发展主要沿着三个方向进行：①内生经济增长框架下的最优财政税收理论研究；②分权框架下的税收竞争与地方政府的激励行为；③行为经济学背景下的税收制度设计以及与之相对应的福利效应分析[1]。

如前所述，随着宏观内生经济增长理论和动态随机一般均衡理论的发展，财政与税收理论的研究更多地倾向于在动态随机一般均衡框架下研究最优财税理论及其对社会福利的影响。内生经济增长模型下的最优税收主要由 Barro（1990）提出，在内生经济增长模型中，政府通过税收支持公共开支，公共支出的外部溢出性导致内生的技术进步，税收的溢出效应与公共设施的“拥挤”蕴含着一条类似拉弗曲线的倒 U 形经济增长曲线；Chamley（1986）最早就最优资本税进行了研究，发现资本税的边际投资激励减弱效应高于消费税和劳动税，所以最优的资本税收应该为零，这一结论被称为 Chamley Theorem。Stokey and Rebelo（1995）进而在动态随机一般均衡的框架下研究资本税悖论问题，并探讨了相应税收变化的动态福利含义。

Gordon（1983）最早在财政分权的框架下研究最优税收理论，Gordon 使用一个在分散决策框架下的静态模型，假设由地方政府设置地方税率和税基，联邦政

1　本节就前两个方向作简要概述，行为公共经济学将放在本文第五部分单独说明。

府则考虑如何通过转移支付、收入分享等手段消除地方政府的外部性。Persson and Tabellini（1996）将风险引入中央与地方税制设计中，研究如何建立中央与地方之间的最优风险分享和收入再分配的关系。在地方政府税收竞争方面，Jacobs et al.（2010）利用1977—2003年间州一级的面板数据，分析美国各州之间消费税的竞争情况，进而实证识别了州政府之间的策略互动。还有学者专门从税收竞争应对策略的角度进行了研究，Alexander Klemm（2010）论证了税收竞争可能是一个国家税制改革的主要驱动力，并讨论了税收优惠可能是一种税收竞争的应对政策。

三、财政分权与市场邦联制的研究

（一）传统的财政分权研究

传统的经济理论认为，公共物品的非排他性和非竞争性特点使得市场将无法提供有效率的结果，那么政府在提供公共物品上是否可以实现有效率的结果呢？Tiebout（1956）认为如果辖区的居民是可以自由流动的，为了尽可能吸收更多税源，从而吸引尽可能多的居民过来居住，竞争性地方政府可以产生一个有效率的公共品的供给，即对地方财政分权可以改善福利水平和经济增长。Muagrave（1959）指出不同类型政府应划分不同的职责，即不同的公共事务管理权，不同的税收类型具有不同的属性，所以从资源配置有效性的视角，应该将公共事务管理权在中央和地方之间进行有效的分解，与之相匹配，则是税收管理权的分解。具体而言，地方对于宏观经济稳定、地区之间的平等和全国性的国防支出等公共事务缺乏必要的激励，同时由于经济主体在不同区域之间的自由流动，也增加了地方政府对上述事务管理和服务的能力，所以应该将宏观经济稳定和收入再分配等职能委托给中央政府，而将地方经济发展、居民福利提高等职能委托给地方政府。在Muagrave关于职能划分的基本框架下，Schwab and Oates（1991）进一步细化了税收权力的分配原则，如由地方政府征收流动性经济单位的收益税，而由中央政府征收非流动性经济单位的收益税。Oates（1999）进一步放宽了Tiebout的研究假设，发现即便人口和生产要素不具备Tiebout意义上的完全流动性，分权同样可以保证资源的配置有效率，这是因为地方政府更接近选民，因而比中央政府更了解选民的需求和偏好，同时地方政府也面临更少的政治约束，提供公共物品的效率相对较高。

上述由 Tiebout（1956）开创的关于中央向地方分权可以提高效率的财政分权理论被称为第一代财政分权理论。因为其主要从福利经济学的视角进行分析，假设地方政府是追求社会福利最大化的组织，但是考虑到地方政府官员同样存在自身的利益诉求，官员的目标函数不一定和社会的目标函数保持一致，政府的行为也不一定是辖区利益最大化的行为。

（二）第二代财政分权理论

以 Weingast，Qian 等为代表的，利用激励和契约理论研究财政分权的框架被称为第二代财政分权理论。Weingast（1995）指出，地方政府及其官员同样是利益最大化者，只有提供一个有效的治理结构约束地方政府的行为，才能实现政府官员与居民福利的激励相容。而财政分权在促进地方政府竞争的同时，约束了地方政府的寻租行为，从而保证地方政府的市场保护行为。Qian and Weingast （1997）进一步从“置信承诺”视角指出财政分权实际上是一种“可置信的承诺机制”，中央向地方的分权既限制了中央政府对地方经济的掠夺，同时也硬化了地方政府的预算“软约束”[1]。

同样是分权，为什么俄罗斯没有创造中国式的经济奇迹？为什么印度没有经历中国高速的经济增长？ Qian and Xu（1993）从组织结构的视角研究了中国与苏联改革的经济绩效差异，发现中国的央地关系和产业关系更像是一种“条块分割”的 M 型组织结构，而苏联的计划经济体制更接近 U 型组织结构，央地关系体现为一种垂直、纵向的“条条”计划管理模式。相对于 U 型组织而言，M 型组织结构虽然失去了专业分工的优势，但是在信息沟通、灵活性以及制度可试验性等方面存在巨大优势（ Maskin Qian and Xu，2000）。Frye and Shleifer（1997）进一步指出造成中国政府援助之手和俄罗斯政府掠夺之手的重要差别源于中国政府高度集中的政治权力。Blachard and Shleifer（2001）认为财政分权需要结合中国的政府治理模式，才能解释中国式的经济增长奇迹，中国的中央政府拥有任免地方官员的绝对控制力和权威，

1　因为通过分权，由银行控制地方信贷，地方政府无权直接干预；同时，地方政府也不能通过对辖区内企业无限制的贷款去保护落后企业，因为这样和地方政府扩大财政收入的激励并不相容。而地区之间的竞争则会进一步强化上述的预算约束（Qian and Roland，1998）。

通过 GDP 导向的绩效考核体制与官员晋升的锦标赛模式使得地方官员目标函数与经济增长相容[1]，而俄罗斯的机制使得中央政府缺乏对地方政府的有效控制，地方政府也没有发展经济的积极性。Bardhan（2006）认为虽然印度与中国的分权程度相当，但是两国的经济增长模式却完全不一样，这主要是因为印度的分权主要表现为选举，而对地方税收权力的分权则是十分有限的，这直接导致了地方官员与当地社会精英的“合谋”，攫取地方有限的公共资源，使社会财富进一步向少数人的集中。

四、公共选择理论的发展

（一）公共选择流派

Black 于 1948 年发表“On the rational of group decision making”，标志着公共选择理论作为一个独立的研究领域发展起来了，Black 也被誉为公共选择理论之父。Downs（1957）发表的 *An Economic Theory of Democracy* 一书将政党、政治候选人、选民假定为利益最大化者，从而研究投票、政府决策等问题，奠定了现代公共选择理论的基础。作为政治经济学的分支学科，公共选择理论存在不同的研究范式（学派），主要包括以 Buchanan 和 Tullock 为首的弗吉尼亚学派，以 Riker，Ordeshook 和 Weingast 等为代表的罗切斯特学派，以 Olson 等为首的马里兰学派，以 Ostrom 夫妇为代表的印第安纳学派。

弗吉尼亚学派在公共选择领域中影响最大，Buchanan 和 Tullock 也是公共经济学的创始人。弗吉尼亚学派在方法论上强调个人主义和宪政政治经济学（constitutional political economy），针对 20 世纪四五十年代凯恩斯主义、福利主义和马斯格雷夫主义的公共财政理论家对市场失灵的系统批判，Buchanan 和 Tullock 发表了 *The calculus of consent*（1962），该书对政府理论进行系统的研究，并在对市场失灵进行辩护的同时指出了政府失灵的可能性，即如果信息不对称、外部性和公共物品等因素会导致市场失灵，那么它们同样也会破坏不可分的政治市场，从而造成政府失灵，提高政治市场效率的关键在于对法律、立法机构、官员和政府决策规则进行改革。

1 当然，地方政府的这种“标尺竞争”也增加了地区间的模仿、竞争和学习，相互竞争和学习又可以进一步提高政府部门的运作效率（Besley and Case，1995; Martinez-Vazquez and McNab， 2003）。

罗切斯特学派坚持用数理方法研究政治学，在投票、利益集团和官员研究中使用数学推理，Riker，Ordeshook 和 Weingast 等是主要代表。Riker（1962）针对 Downs（1957）中政治竞争将导致政策趋同、赢家通吃的观点，出版了 *The theory of political coalitions*，指出政党竞争是一个零和博弈，只要保持略有优势就可以战胜对手，所以在多数票的选举制度下，最终将形成在规模上略有差异但仍然势均力敌的两个政党。

马里兰学派的主要代表 Olson 通过搭便车、利益集团等基本概念，拓展了公共选择理论的研究内容。Olson（1965）创造性地发现，由于公共物品的非竞争性和非排他性，基于个人理性选择的个体在集体行动时，由于承担集体行动的成本与收益的非对称性分布，导致即便对于每一个个体而言是好的结局，最后依然可能因为搭便车行为而陷入集体行动的困境；对此 Olson 开出的两张药方是"小团体"和"选择性激励"[1]。Olson（1982）从分利集团角度解释了经济增长、滞胀和社会僵化等问题。为什么许多显赫的帝国逐步衰亡？为什么"二战"后的德国和英国经济绩效表现迥异？ Olson 认为任何集团或者组织获取收益的渠道只有两种，做大蛋糕和分蛋糕，而一般的经验表明利益集团更多的是采用后一种方法，给定分利集团收益与全社会收益的不相容性，意味着分利集团可以为本集团 1% 的利益增加而损害全社会 100% 的福利水平。此外，分利集团通过院外游说，建立卡特尔、专卖等手段僵化了社会制度，降低了经济效率。Olson（2000）提出了"坐寇"与"流寇"的国家理论，政治学的核心范畴是权力，经济学的核心命题是财富，公民的财产权唯有拥有垄断性的强制权力的政府才能有效保障，鉴于政府既由人组成又不可避免地受到某些个人或集团的影响，故它同时又是个人权利受到侵犯的最大威胁。因此，凡是协调好政府强权和个人权利保障之间关系的国家，便会走向繁荣，反之则衰败。

印第安纳学派的主要代表是奥斯特罗姆夫妇，该学派基于多中心治理结构理论，从微观和宏观两个角度对美国大城市地区的治理、公共池塘资源的治理以及美国的联邦主义、地方政府以及公共行政体制等方面进行了深入探讨，构建了一个包括多

1 第一张药方是维持小的集团规模，小团体中若有成员发现自己为集体利益去行动的收益超过了付出的成本，即使他不得不承担所有的成本，公共物品也会被提供，但公共物品的提供不会达到最优水平；第二张药方是给予集体行动的组织者额外的收益，或者给予搭便车者额外的"威逼利诱"。对于大集团而言，做到"赏罚分明"得花费高额成本（信息成本、度量成本以及奖惩制度的实施成本），集体行动的逻辑实际上恰恰意味着"集体行动的困境"。

中心的公共经济理论、自主治理理论、宪政理论和公共行政理论在内的多中心理论体系。Elinor Ostrom 认为所谓的公共地悲剧、囚徒困境或者集体行动的困境都是建立在极端假设下的特殊模型，无法用作解释公共资源的一般理论模型。Elinor Ostrom（1990）以 Hardin（1968）的“The Tragedy of the Commons”为研究基础，通过对从瑞士的托拜耳，到日本的平野庄，到西班牙的韦尔塔，再到菲律宾的桑赫拉等公共资源的治理模式的研究，发现这些长达数千年的公共资源治理模式利用不同的承诺机制、管理规则，成功地避免了“公共地的悲剧”。Elinor Ostrom（2009）进一步提出了最为全面、系统的自组织治理观，即传统的政府治理模式无法解决资源退化问题，甚至有些政府政策加速了资源系统的崩溃，只有资源使用者的自主治理能够解决这个问题，因此，为了保障自然资源的可持续利用和发展，公共政策制定应该掉转方向，从政府、社群和资源使用者相互补充与合作中去寻找自身的定位，确定政策边界。

（二）公共选择理论的其他发展

除了上述几个重要的公共选择的流派，阿马蒂亚·森对福利经济学、贫困、公共政策等领域的研究也作出了重要贡献，并由此获得 1998 年诺贝尔经济学奖。①贫困研究：传统观点对饥荒的主流解释是粮食匮乏，而 Sen（1981）发现饥荒的决定性因素是粮食分配的实际机会和权利体系，饥荒曾经发生在粮食供应并不很低的时期，遭受饥荒的地区有时甚至还在出口粮食[1]。②可行能力的研究：Sen（1999）认为，财富、收入、技术进步、社会现代化等固然可以是人们追求的目标，但它们最终只具有工具性价值，是为人的发展与福祉服务的。发展的评估焦点在于考察能够允许每个人去追求他们自己认为有价值的生活的可行能力是否得到扩展，其中最基本的可行能力包括健康与长寿、教育水平与体面的生活。③社会选择理论：公共物品的供给是加总的社会福利函数，但是如何将个人福利加总为社会福利一直是公共选择理论的痼疾，从早期的孔多塞悖论，到后来的阿罗不可能性定理，都指出不存在一种非独裁的、无限制的、非独立的帕累托最优。Sen（2004）提出福利经济学的“帕累托 - 自由不可能性定理”，该定理表明：基于帕累托最优的效率标准与个人

1 Sen 指出，“事实是显著的：在骇人听闻的世界饥荒史上，从来没有一个独立、民主而又保障新闻自由的国家发生过真正的饥荒。无论找到哪里，我们都找不到这一规律的例外”。

自由主义可能会出现不一致，这一方面说明了帕累托标准的缺陷，另一方面也强调了在进行社会排序时需考虑个人权利与自由等问题。

五、新政治经济学的发展与现状

如果说公共选择理论是运用经济学研究方法来研究政治问题，那么新政治经济学就是“主要以运用现代经济分析的正规工具来考察政治学对经济学的重要性（Drazen，2001）”，前者还是经济学的帝国主义，后者显然是对经济研究的回归。本文主要对新政治经济学的两个领域进行简要的研究综述，分别是新政治经济学对宏观经济学的研究和新政治经济学对经济发展问题的研究。

（一）宏观的新政治经济学

宏观的新政治经济学的发展主要经历了两个阶段，理性预期革命之前的“机会主义和党派的意识形态理论”，以及理性预期之后的“理性政治经济周期理论”。与传统的凯恩斯主义中的“烫平经济周期”的良性政府不同，Nordhaus（1975）开创性地指出政府可能成为经济周期的源泉之一，执政党在其执政期间选择的是能使其在下一届的选举中赢得更多选票的经济政策。既然选民在选举前受到政府的宏观经济表现的影响，政治家们将忍不住影响经济政策从而影响选情，这理论意味着存在着政策的趋同。Hibbs（1977）对主要12个发达国家左翼和右翼政府的政策考核发现，不同派性的政府的政策存在显著性差异，从而提出基于派性的政治经济周期理论。

受理性预期革命的影响，20世纪80年代后期，新政治经济理论主要通过引入信息不对称性进行理论建模，只要不完全信息是存在的，现任政府总是有机会创造出一个“暂时的繁荣的幻想”来赢得选举人的支持（Alesina，1989）。Rogoff and Sibert（1988），Persson and Tabellini（1990）等建立理性政治经济周期模型指出，信息不对称下，选举过程就是一个信号传递的过程，选举周期孕育着政策变量如财政开支、税收等周期性变化，从而使得经济周期成为可能。Blomberg and Hess（2002）则是模拟了一个真实经济周期模型（RBC），其中制定财政政策的根据既包括了派性周期，又包括机会主义的选举行为，该模型的政治经济含义对美国的经济周期做了较好的刻画。在实证方面，Alesina，Roubini and Cohen （1997）通过对货币变量的观察发现微弱的机会主义行为的证据，支持了理性政治经济周期假说。

（二）发展的新政治经济学

发展的新政治经济学是发展经济学、制度经济学和新政治经济学的学科交叉。制度决定行为，从而决定经济绩效，政府对产权制度的提供和保护是经济成功和失败的关键因素（North，1990）。而在过去十年中有两个研究团队对制度与经济发展之间的关系做来开创性的研究。第一个团队强调了法律起源是各种制度的决定因素，主要代表是 Glaeser 和 La porta。Glaeser and Shleifer（2002）研究了英国普通法和法国大陆法系的演进，殖民统治的法律移植会对被殖民国家的经济与政治结构产生持久性影响。La porta et al.（1998）研究了 49 个国家不同法律体系对投资者当地保护力度，发现以英国普通法为起源的国家表现最好，以法国民法为起源的国家表现最差，以德国民法和斯堪的纳维亚民法为起源的国家居中。第二个研究团队认为殖民起源是一国制度的决定因素。Acemoglu，Johnson and Robinson（2001）搜集了 17—19 世纪殖民地的欧洲牧师、水手和幸存士兵的死亡率，发现死亡率越高，越不适合居住的地区，越适合建立剥削制度，且这些制度具有持久性的影响；殖民制度的内生选择一方面解释了拉美国家的“财富逆转”的现象，另一方面也为制度决定经济绩效提供了系统的计量检验。

显然，现代社会最重要的制度安排之一就是民主制度，Lipset（1959）较早提出了 Lipset 假说，即民主出现与否与经济发展水平紧密相关。经济发展水平越高的地区，就越有可能实现民主，并越有可能使民主得以巩固；其后，出现了大量民主与经济发展之间复杂关系的政治学、经济学文献（Rustow，1970; Przeworski and Limongi，1993）。政治学者们关心经济对民主化和民主再巩固的影响，如 Carles Boix（2003）指出收入差距的缩小是民主化的可置信承诺，市场化过程中收入差距的缩小、资产流动性的增强等是民主化的潜在因素之一。而经济学家则关注民主对经济的影响，Barro（1999）利用跨国面板数据验证了民主与经济增长的非线性关系，即当政治自由处于较低水平时，民主对经济增长起着促进作用，但当自由达到中等水平后，民主反而可能会降低经济增长。而 Mulliganet et al.（2004）和 Acemoglu，Johnson，Robinson and Yared（2005）的两项跨国研究则进一步减低了人们对民主与经济增长之间简单线性关系的预期。前者发现民主与各种政策基本都是不相关的，包括教育开支、养老金和社会福利、公司税收、贸易开放等等；后者发现一旦控制住国家间的固定效应，跨国回归中民主与收入之间的正相关关系将会消失。

六、行为公共经济学的发展

经济学传统的二分法将经济学分成两类，即实证经济学和规范经济学。而随着心理学、神经元科学和行为经济学的兴起，行为公共经济学这一新兴的交叉学科对传统的两分法提出了挑战，即很多公共经济政策在对行为人行为造成影响的同时，也产生了相应的福利效应，二者很难清楚地界定。这意味着公共经济学既是一门实证的（Positive）学科，也是一门规范的（Normative）学科。我们在研究公共政策、制度对行为人的激励的同时，还要对这些政策的福利效果进行评估，行为公共经济学的兴起主要源于对现实生活中“反常”行为的解释，从而形成一般化的理论假说，其中主要包括储蓄、慈善以及税收等公共行为。

（一）储蓄的行为经济学研究

近几十年来，发达国家的储蓄率大幅度下降，引发了人们对投资、经济增长、社会保障制度等相关问题的关注，政府是否应该实施更加严格的储蓄强制政策？公共政策是否可以影响储蓄行为？标准的新古典储蓄理论认为理性的消费者将妥善地安排好自己一生的储蓄和消费行为，即经济行为人在跨期决策时，将在一生中平滑自己的消费行为，从而保持终身的效用水平最大化（Fisher，1930; Modigliani and Brumberg，1954）。然而，现实中大量的研究显示，在接近退休时，消费者的消费支出会大量减少（Mariger，1987; Banks et al.，1998），而且消费下降的幅度与已经积累的财富、可获取的社会保障基金存在显著的负相关（Bernheim et al.，2001）。这一行为模式对理性行为假说提出了挑战，按照消费的随机游走理论（Hall，1978），只有未预期到的事件才会对消费行为产生影响，显然退休这一事件本身并不应该构成影响消费的关键性因素。行为经济学的研究表明，有越来越多的证据显示人的储蓄行为受到了更多的行为和心理因素的影响。

Bernheim（1998）发现大多数消费者的财务计算能力是有限的，并不具有生命周期内平滑消费的计算能力。而Choi et al.（2004）的研究也发现行为人自我报告或者计划与其实际经济行为存在巨大的偏差，行为人通常计划很多，但是实际做的很少。就储蓄而言，意味着行为人通常会高估自己的计划能力，而只有到退休时才发现自己的储蓄余额根本不能保证退休时维持一样的生活水平，这同样意味着社会强制储蓄政策在一定程度上可以提高社会福利水平。根据上述行为经济学实验证据，行为公共经济学家们提出了系列的“储蓄—消费行为模型”，其中包括：

①行为生命周期理论：Prelec and Loewenstein（1998）将卡尼曼的前景理论（Prospect Theory）应用于人们的消费行为分析，并提出了行为生命周期理论（Behavioral life-cycle，BLC）。BLC 认为人们在消费和延期消费（储蓄）时面临困难的决策，延期消费存在心理成本，需要牺牲眼前的效用，通过自我控制（self-control）来克服眼前的诱惑。BLC 用双重偏好结构衡量行为人在现在和未来的权衡。Shefrin and Thaler（1988）在其研究中引入了心理账户的概念，根据财富来源将心理账户分为三类：现期收入账户、现期资产账户和未来收入账户。现期收入账户用于储蓄的心理成本最大，从而解释了 Flavin（1981）提出的消费过度敏感性问题[1]；同时消费者利用现期收入账户进行储蓄的较高心理成本也解释了为什么主要发达国家储蓄不足的现象；与 BLC 类似的传导机理还有 Laibson（1997）提出的拟双曲线模型，又称（β，δ）模型，其基本思想为消费者在当期消费与未来消费之间存在不同的贴现率，从而导致对现在和未来行为的不一致性。

②其他的储蓄行为模型包括：情景暗示触发错误（Cue-Triggered Mistakes）的选择模型（Bernheim and Rangel，2005）以及非标准偏好的储蓄模型（Gul and Pesendorfer，2004）等，上述经济模型一方面对现有的“反常”行为给出了基于行为基础的解释，同时也拓展了传统公共经济政策的福利效果。即便不存在市场失灵，一定程度的政府干预也是可以促进福利水平的增加，对于那些缺乏自我控制（从而储蓄太少）的个体而言，对其储蓄行为进行必要的补贴能够改善福利水平，而对于那些没有自我控制能力的个体则可以通过二级市场进行调节和改善，通过调节循环信贷额度的分配，并授予信用上限控制信贷可获量，能够提高与自我控制有关的福利水平。而中央政府财政政策的周期性调控，则能够有效地限制人们的借贷和储蓄水平（Rodden & Wibbels，2010）。

1　即消费对当期收入的过度依赖的现象。

（二）公共政策问题的行为经济学研究

公共物品的供给是公共经济学的基础，在传统的新古典分析框架下，市场无力提供公共物品，但现实情况并非如此。Andreoni（2004）指出，2003 年美国有 2 430 亿美元的慈善捐款，1997 年有 45 000 个慈善的、宗教的和非营利性组织在美注册，其资金来源 76.3% 来源于个人，自愿的社会群体、家庭和个人在提供公共物品过程中发挥着巨大作用。Andreoni（1990）利用一个公共物品供给的古道心肠（Warm-glow）模型解释人们对公共物品供给的热心，在传统的效用函数 U_i（x_i，G）中，U_i 为个体效用函数，x_i 为私人物品的消费，G 表示为公共物品的消费。个人享受的私人物品和别人提供的公共物品越多，效用水平越高，在 Andreoni（1990）的研究中，效应函数可以表示为 U_i（x_i，g_i，G），其中：g_i 表示为个人对公共物品的提供，个人从向社会提供帮助、提供公共物品 g_i 中获得效用，同时也从别人提供的公共物品 G 中获得效用，从而形成一种“人人为我，我为人人”的互助性效用函数。Andreoni（1990）认为这种“古道心肠”的内在机理可能来源于：①当人们遵守某种道德标准时（如骄傲），将获得正面的情绪；相反，当人们行为失范时（如罪恶感），将获得负面的情绪。②他们关心别人如何看待他们（如他们是否慷慨或是否富有公德心），这样的心理行为将显著增加行为人的互惠行为（Harbaugh，1998; Shang and Croson，2005）。③未来进一步合作的可能性，也会增加群体的贡献行为。Andreoni and Payne（2003）进一步表明政府对慈善组织补贴的一系列不利影响，譬如：财政补贴将导致慈善组织获得的社会捐款额度下降，可能的原因主要来自替代效应和努力效应，前者主要指纳税人将政府补贴看成自己捐款的一种不完全的替代品，从而政府补贴增加，自愿者捐款下降；后者则是因为政府的补贴导致慈善组织的募捐努力水平的下降。总而言之，考虑到捐款者、募捐者的行为，政府的福利政策在行为公共经济学的框架下具有更多的复杂性。

（三）税收体制的行为经济学研究

税收是政策制定的重要工具，而税收理论中的核心之一就是简化税制，简化是税收政策的目标之一，也是降低管理成本、提高征税效率的原因之一。考虑到经济行为人的有限计算能力，税收行为可能存在类似财政幻觉的税收沉默效应（Salience Effects），即同样的税负，不同的征税方式，消费者的反应模式将完全不一样（Chetty and Saez，2009），如果将消费税收标示在商品标签上，将会显著降低消费者对商品的购买量，而改变价格的标示方法将会显著改变商品的需求水平；关于劳动课税，Saez（2010）发现纳税人几乎不会在所得税各个拐点扎堆，人们很少会对所得税的复杂效应做出灵敏反应。Slemrod and Kopczuk（2002）的研究表明，税收决策者在其他条件不变时，如果选择一些税收对消费者隐藏，将保持商品需求的低弹性，从而改善效率损失。

七、研究总结

本文对公共经济学相关领域的发展与现状做了一个简要的概述，现有的研究表明：公共经济学的研究范式已经突破传统财政学的“财政—税收”两分法，逐步形成一个结合行为、制度和政策研究的三位一体的框架，在行为经济学、制度经济学、信息经济学以及内生经济增长理论等交叉学科的发展和渗透下，公共经济学的研究范围和研究方法都在逐渐发生变化。由 Chetty and Finkelstein（2012）主持的“The Changing Focus of Public Economics Research：1980—2010”工作报告也进一步佐证了上述基本判断，本文使用这一报告的相关数据总结本文的相关综述。

从表 1 可以明显看出，与公共经济相关的学科论文占全部 NBER 经济学论文比例在 20% 左右，这一方面显示公共经济研究在整个经济学科研究的重要性，另一方面也来源于公共经济本身研究的特殊性，因为公共经济学以其“研究对象”进行定义，凡属与公共部门相关的都可以划入此门类，从而造成公共经济学工作论文比例相对较高的现状。

表 1　公共经济学发表论文占全部 NBER 工作论文的比例

年份 总览	1990	2000	2010
全部 #NBER 工作论文 / 篇	398	665	1 025
全部 # 公共经济学工作论文 / 篇	55	153	183
公共经济学工作论文比例 /%	13.8	23	17.9

数据来源：Chetty and Finkelstein（2012），下同。

表 2 概述了近 30 年公共经济学研究方法的变迁，其中实证研究的比例出现大幅度的增长，这主要得益于整个计量经济学方法的突破，以及大规模、有组织的微观数据的收集和整理。公共经济学中理论研究的比重虽然有所下降，但是仍然保持了 30% 的份额。与此同时，在涉及公共物品提供与行为公共经济学的研究中，“其他”研究方法也开始得到广泛的试用，这主要表现为实验和田间研究方法的利用（Lab and Field Experiments）。

表 2　公共经济学使用方法 %

公共经济学使用方法 \ 年份	1990	2000	2010
实证（Empirical）	29.1	46.4	52.5
理论（Theory）	38.2	37.3	30.1
同时使用	29.1	11.8	5.5
其　他	3.6	4.6	12.1

表 3 列示了近 30 年来公共经济学研究主题的变化，其变化趋势是从税收研究转向支出研究、制度研究等。其中变化最大的就是关于税收理论的研究，从 1990 年的 63.6% 下降到 2010 年的 15.3%；而公共支出的研究则是由 5.5% 增加到 20.8%，传统的财政税收研究所占比例在 37% 左右，而关于教育、管制和制度的相关研究则是占据了公共经济学现在研究主题的 62.8%，这一研究主题的变化与本文的研究的综述是比较一致的。整体而言，公共经济学的研究体现出本章开头提到的三大趋势：①从关注政府再分配（税收、转移支付、地方公共物品的提供），向关注决定政府再分配的公共选择过程（选择制度、政党制度）本身的转移；②从关注税收、财政政策对效率的扭曲，并进而制定最优（次优）税率和最优（次优）财政理论，转移到对效率扭曲背后的“心理、心智”等行为因素的关注；③从传统的利用新古典局部均衡分析和社会福利函数分析，转移到利用包括动态一般均衡分析、计量经济学的经验研究，以及行为经济学的实验研究等多种分析方法共存。

表 3　公共经济学研究主题

%

公共经济学研究主题 \ 年份	1990	2000	2010
税收（Tax）	63.6	28.1	15.3
支出（Spending）	5.5	13.7	20.8
税收与支出	0.0	7.8	1.1
其他（教育、管制，制度等）	30.9	50.3	62.8

参考文献

[1] Acemoglu.D，Johnson.S and Robinson.J，2001. The Colonial Origins of Comparative Development: An Empirical Investigation[J]. American Economic Review，91，1369-1401.

[2] Acemoglu.D，Johnson.S，Robinson.J，Yared.P，2005. Income and Democracy[J]. NBER Working Paper No.11205.

[3] Alesina.A，1989. Politics and Business Cycles in Industrial Democracies[J]. Economic Policy，58-98.

[4] Alesina.A，Roubini.N，Cohen.G，1997. Political cycles and the macroeconomy[M]. MIT press.

[5] Alexander Klemm.A，2010. Causes，benefits，and risks of business tax incentives[J]. International Tax and Public Finance，17（3）：315-336.

[6] Andreoni.J，1990. Impure Altruism and Donations to Public Goods: A Theory of Warm- Glow Giving[J]. Economic Journal，100（401）: 464-77.

[7] Andreoni.J，2004，Philanthropy[J].University of Wisconsin.WorkingPaper.

[8] Banks.J，Blundell.R and Tanner.S，1998. Is There a Retirement-Savings Puzzle?[J]. American Economic Review，88（4）：769-788.

[9] Bardhan.P，2006. The economist's approach to the problem of corruption[J]. World Development，34（2）：341-348.

[10] Barro，R. and Gordon. D，1983. A positive theory of monetary policy in a natural

rate model[J]. Journal of Political Economy，91（4）：589-610.

[11] Barro.R，1979. On the Determination of the Public Debt[J]. Journal of Political Economy，87（5）：940-971.

[12] Barro.R，1990. Government Spending in a Simple Model of Endogenous Growth[J]. Journal of Political Economy，98：103-125.

[13] Barro.R，1999. Determinants of Democracy[J]. Journal of Political Economy，107(6): 158-183.

[14] Bernheim.B，1998，Financial illiteracy，education，and retirement saving[J]. Living with Defined Contribution Plans：38-68.

[15] Bernheim.B，Rangel.A，2005. Behavioral Public Economics: Welfare and Policy Analysis with Non-Standard Decision-Makers[J]. NBER Working Paper No. 11518.

[16] Bernheim.B，Skinner.J and Weinberg.S，2001. What Accounts for the Variation in Retirement Wealth among U.S. Households?[J]. American Economic Review，91(4): 832-857.

[17] Black.D，1948. On the Rationale of Group Decision-making[J]. Journal of Political Economy，56（1）:23-34.

[18] Blanchard.O and Shleifer.A，2001. Federalism with and without political centralization: China versus Russia[J]. IMF Staff Papers，48：171-179.

[19] Blomberg.S，Hess.G，2002. The temporal links between conflict and economic activity[J]. Journal of Conflict Resolution.

[20] Boix.C，2003. Democracy and redistribution[M]. Cambridge University Press.

[21] Buchanan.J and Tullock.G，1962. The calculus of consent[M]. Michigan University Press.

[22] Burnside.C and Dollar.D，2004. Aid，Policies，and Growth: Reply[J]. American Economic Review，94（3）：781-784.

[23] Chamley.C，1986. Optimal Taxation of Capital Income in General Equilibrium with Infinite Lives[J]. Econometrica，54（3）:607-622.

[24] Chari, .V，Kehoe.P，1994. Optimal fiscal policy in a business cycle model[J]. Journal of Political Economy，102：617-652.

[25] Chetty.R，Finkelstein.A，2012. The Changing Focus of Public Economics Research, 1980-2010[R]. Academic journal article，NBER Reporter，2012（1）.

[26] Chetty.R，Saez.E，2009. Teaching the Tax Code: Earnings Responses to an Experiment with EITC Recipients[J]. NBER Working Paper No. 14836.

[27] Choi.J，Laibson.D，Madrian.B，Metrick.A，2004. For better or for worse: Default effects and 401（k）savings behavior[J].NEBR working paper.

[28] Corlett.W and Hague.D，1953. Complementarity and the Excess Burden of Taxation[J]. The Review of Economic Studies，21（1）: 21-30.

[29] Diamond.P，1998. Optimal Income Taxation: An Example with a U-Shaped Pattern of Optimal Marginal Tax Rates[J]. American Economic Review，88（1）: 83-95.

[30] Downs.A，1957. An Economic Theory of Democracy[M]. Stanford University Press.

[31] Drazen.A，2000. The political business cycle after 25 years[J]. NBER Macroeconomics Annual 2000（15）.

[32] Fisher.I，1930. The theory of interest[M].New York: The Macmillan Company.

[33] Flavin.M，1981. The Adjustment of Consumption to Changing Expectations About Future Income[J]. Journal of Political Economy，89（5）: 974-1009.

[34] Frye.T，Shleifer.A，1997. The Invisible hand and the grabbing hand[J].American Economic Review，87: 354-358.

[35] Galí.J，López-Salido.D，Vallés，J，2007. Understanding the effects of government spending on consumption[J]. Journal of the European Economic Association，5（1）: 227-270.

[36] Glaeser.E and Shleifer.A，2002. Legal Origins[J]. The Quarterly Journal of Economics，117（4）: 1193-1229.

[37] Gul.F and Pesendorfer.W，2004. Self-Control and the Theory of Consumption[J]. Econometrica，72（1）: 119-158.

[38] Hall.R，1978. Stochastic Implications of the Life Cycle: Permanent Income Hypothesis: Theory and Evidence[J]. Journal of Political Economy: 971-987.

[39] Harbaugh.W，1998. The Prestige Motive for Making Charitable Transfers[J]. American Economic Review，88（2）: 277-282.

[40] Hardin.G，1968. The Tragedy of the Commons[J]. Science，162（3859）：1243-1248.

[41] Helpman.E，Innovation，Imitation，and Intellectual Property Rights[J]. Econometrica，61（6）：1247-1280.

[42] Hibbs.D，1977. Political parties and macroeconomic policy[J]. American Political Science Review，71：1467-1487.

[43] Horii.R，Iwaisako.T，2007. Economic Growth with Imperfect Protection of Intellectual Property Rights[J]. Journal of Economics，90（1）：45-85.

[44] Hungerbühler.M，Lehmann.E，Parmentier.A，Linden.B，2006. Optimal Redistributive Taxation in a Search Equilibrium Model[J]. Review of Economic Studies，73（3）：743-767.

[45] Jacobs.J，Ligthart.J，Vrijburg.H，2010. Consumption tax competition among governments: Evidence from the United States[J]. International Tax and Public Finance，17（3）：271-294.

[46] Keynes.J, 1936. The General Theory of Unemployment，Interest and Money[M]. Harcourt，Brace and World，New York.

[47] Kydland.F，Prescott.E，1977. Rules rather than discretion: The inconsistency of optimal plans[J]. The Journal of Political Economy，85（3）：473-492.

[48] La Porta.R，Lopez-de-Silanes.F，Shleifer.A and Vishny.A，1998. Law and finance[J]. Journal of Political Economy，106：1113-1155.

[49] Laibson.D，1977. Golden Eggs and Hyperbolic Discounting[J]. The Quarterly Journal of Economics，112（2），In Memory of Amos Tversky（1937-1996）：443-477.

[50] Larry.E ，Rodolfo.E and Peter.E，1993. Optimal Taxation in Models of Endogenous Growth[J]. Journal of Political Economy，101（3）：485-517.

[52] Lipset.S，1959. Some social requisites of democracy: Economic development and political legitimacy[J]. American Political Science Review，53（1）：69-105.

[53] Mariger.R，1987. A Life-Cycle Consumption Model with Liquidity Constraints: Theory and Empirical Results[J]. Econometrica，55（3）：533-557.

[54] Maskin.E，Qian.Y and Xu.C，2000. Incentives，Information，and Organizational

Form[J]. The Review of Economic Studies.

[55] Mirrlees.J，1971. An Exploration in the Theory of Optimum Income Taxation[J]. The Review of Economic Studies，38（2）: 175-208.

[56] Mirrlees.J，1976. Optimal tax theory: A synthesis[J]. Journal of Public Economics，6（4）: 327-358.

[57] Modigliani.F，Brumberg.R，1954. Utility analysis and the consumption function: An interpretation of cross-section data[J]. In Post Keynesian Economics，edited by.

[58] Mulligan.C，Sala-i-Martin.X，2004. Internationally Common Features of Public Old-Age Pensions，and Their Implications for Models of the Public Sector[J]. The B.E. Journal of Economic Analysis & Policy，4（1）.

[59] Musgrave.R，1959. The Theory of Public Finance:A Study in Public Economy[M]. Mcgraw-Hill Book Company，NY.

[60] Musgrave.R，1959. Theory of public finance: a study in public economy.

[61] Musgrave.R，1985. Excess bias and the nature of budget growth. Journal of Public Economics，25: 287-308.

[62] Nordhaus.W，1975. The Political Business Cycle[J]. The Review of Economic Studies，42（2）: 169-190.

[63] North.D，1990. Institutions，Institutional Change and Economic Performance[M]. Cambridge University Press.

[64] Oates.W，1999. An essay on fiscal federalism[J]. Journal of Economic Literature，37: 1120-1149.

[65] Olson.M，1965. The logic of collective action[M]. Harvard University Press，Cambridge，MA.

[66] Olson.M，1982. The rise and decline of nations[M]. Yale University Press，New Haven.

[67] Olson.M，2000. Power and prosperity: Outgrowing communist and capitalist dictatorships[M]. Basic Books，New York.

[68] Ordover.J and Phelps.E，1975. Linear Taxation of Wealth and Wages for Intragenerational Lifetime Justice: Some Steady-State Cases[J]. American Economic

Review，65（4）：660-673.

[69] Ostrom.E，1990. Governing the Commons: The Evolution of Institutions for Collective Action[M]. New York: Cambridge University Press.

[70] Ostrom.E，2009. A general framework for analyzing sustainability of social ecological systems[J]. Science，7：419-422.

[71] Persson.T and Tabellini.G，1990. Macroeconomic policy，credibility and politics[J]. Harwood Academic Publishers.

[72] Persson.T and Tabellini.G，1996. Federal Fiscal Constitutions: Risk Sharing and Redistribution[J]. Journal of Political Economy，104（5）：979-1009.

[73] Prelec.D，Loewenstein.G，1998. The red and the black: Mental accounting of savings and debt[J]. Marketing Science.

[74] Przeworski.A and Limongi.F，1993. Political Regimes and Economic Growth[J]. The Journal of Economic Perspectives，7（3）：51-69.

[75] Qian，Y and Weingast.B，1997. Federalism as a Commitment to Perserving Market Incentives[J]. The Journal of Economic Perspectives，11（4）：83-92.

[76] Qian.Y and Xu.C，1993. The M-form hierarchy and China’s economic reform[J]. European Economic Review，37（2）：541-548.

[77] Ramsey.F，1927. A Contribution to the Theory of Taxation[J].The Economic Journal，37（145）：47-61.

[78] Riker.W，1962. the theory of political coalitions[M].Yale university press.

[79] Robert.E and Lucas.J，1990. Why Doesn’t Capital Flow from Rich to Poor Countries? [J]. American Economic Review，80（2）：92-96.

[80] Robert.M and Oates.W，1991. Community composition and the provision of local public goods: A normative analysis[J]. Journal of Public Economics，44（2）：217-237.

[81] Rodden.J，Wibbels.E，2010. Fiscal decentralization and the business cycle: an empirical study of seven federations[J]. Economics & Politics，22（1）：37-67.

[82] Rogoff.K and Sibert.A，1988. Elections and macroeconomic policy cycles[J]. The Review of Economic Studies，55：1-16.

[83] Rogoff.K，1990. Equilibrium Political Budget Cycles[J]. American Economic Review，80：21-36.

[84] Rustow.D，1970. Transitions to Democracy: Toward a Dynamic Model[J]. Comparative Politics，2（3）：337-363.

[85] Saez，E. 2001. Using Elasticities to Derive Optimal Income Tax Rates[J]. Review of Economic Studies，68：205-229.

[86] Saez.E，2010. Do taxpayers bunch at kink points?[J]. American Economic Journal: Economic Policy，2（3）：180-212.

[87] Samuelson.P，1954. The Pure Theory of Public Expenditure[J]. Review of Economics and Statistics，36（4）：387-389.

[88] Schmitt-Groh'e，Stephanie and Mart' ın Uribe，2004. Optimal Fiscal and Monetary Policy under Imperfect Competition[J]. Journal of Macroeconomics，26：183-209.

[89] Sen.A 1981. Poverty and famines: an essay on entitlement and famines[M]. Oxford: Clarendon Press.

[90] Sen.A 1999. Development as freedom[M]. Knopf，New York.

[91] Sen.A 2004. Rationality and Freedom[M]. Belknap Press of Harvard University Press.

[92] Shang.J and Croson.R，2005. Field Experiments in Charitable Contribution: The Impact of Social Influence on the Voluntary Provision of Public Goods[J]. working paper.

[93] Shefrin.H and Thaler.R，1988. the behavioral life-cycle hypothesis[J]. Economic Inquiry，26（4）：609-643.

[94] Stokey.N and Rebelo.S，1995. Growth Effects of Flat-Rate Taxes[J]. Journal of Political Economy，103：519-550.

[95] Tiebout.C，1956. A Pure Theory of Local Expenditures[J]. Journal of Political Economy，64（5）：416-424.

[96] Weingast.B，1995. The Economic Role of Political Institutions: Market-Preserving Federalism and Economic Development[J]. Journal of Law，Economics，& Organization，11（1）：1-31.

我国政府社会管理的路径演变与创新

何　跃[*]　张　科　梁丹丹

摘要：社会管理包括政府社会管理和社会自我管理两个大类，是政府与社会此消彼长或合作共治的管理过程，政府社会管理的程度和深度直接决定了社会自我管理的能动空间。本文对我国政府社会管理的实践进行纵向梳理发现，自新中国成立以来，我国政府的社会管理大致沿着“单位社会及其消解——社区社会的崛起——社会组织参与社会治理”的路径在演绎，与之对应的政府社会管理理念则依循“政治管控——社会管理——社会治理”的逻辑不断更新与调整。通过梳理，本文试图揭示我国政府社会管理的走向与路径创新，在有助于社会治理新格局构架的同时，以期对推进国家治理体系和治理能力现代化带来新的思考。

关键词：政府社会管理；社会管理；社会治理；社会组织

新一轮的政府改革正在发起，公正、廉洁、高效、务实、为民的服务型政府的构建正在被需要，日益强烈的公民权利意识正在觉醒，这些变化暗含了对政府改变传统“单中心”政府社会管理模式的要求，呼吁着能够适应新时期的政府社会管理模式的诞生与到来。党的十八届三中全会报告中，国家治理、政府治理、社会治理的字眼频频出现，并提出创新社会治理体制，改进社会治理方式，必须“坚持系统治理，加强党委领导，发挥政府主导作用，鼓励和支持社会各方面参与，实现政府治理和社会自我调节、居民自治良性互动”。[1] 这些变化都为政府社会管理模式的转变提供了新的契机，提出了新的要求，同时也为“治理”这一源自西方的政府管理理论在中国的应用和实现提供了政策性保障和依据。

*　作者简介：何跃，heyue1120@126.com，重庆大学社会组织发展研究中心主任，教授/博士，博士生导师，重庆市学术技术带头人。研究方向：基层社会治理，自组织城市与管理。张科，614597127@qq.com，重庆大学公共管理学院公共管理专业硕士研究生。梁丹丹，649935660@qq.com，重庆大学马克思主义理论教研部马克思主义理论专业硕士研究生。

一、概念的界定与综述

（一）社会管理

在中国，“社会管理”作为一个相对独立的概念以及所涵盖的知识体系，形成于20世纪80年代初期。对于社会管理的界定有广义和狭义上的区分，广义上的社会管理需要依靠政治、经济、文化等各个子系统的建设和管理来支撑，其中必然包括狭义上的社会管理内容。狭义上的社会管理则侧重于较为具象化的社会事务、社会生活的管理。

社会学辞典从狭义上定义社会管理，专指社会学意义上的控制人们的社会行为、调整社会关系和规划社会生活的行为。[2]

郑杭生认为，广义的社会管理指的是对整个社会的管理，即对包括政治子系统、经济子系统、思想文化子系统、社会生活子系统在内的整个社会大系统的管理；狭义的社会管理，则着重指与政治、经济、思想文化各子系统并列的社会子系统的管理，也即对社会生活的管理。[3]

李学举认为，社会管理主要是政府和社会组织为促进社会系统协调运转，对社会系统的组成部分、社会生活的不同领域，以及社会发展的各个环节有目的、有计划地进行规划、组织、指导、调节和控制的过程。[4]

陈振明认为，良好的社会管理是人类生活井然有序、自由演进的根基，也是社会走向文明、繁荣和富强的涓涓挹注，是政府通过制定专门的、系统的、规范的社会政策和法规，管理和规范社会组织，培育合理的现代社会结构，调整社会利益关系、回应社会诉求、化解社会矛盾、维护社会公正、社会秩序和社会稳定，孕育理性、宽容、和谐、文明的社会氛围，建设经济、社会和自然协调发展的社会环境。[5]

郎友兴认为，社会管理涉及两大主体、两个方面的内容：其一是以政府为主体，对有关社会事务进行规范和制约；其二是以社会为中心，即企业、社会组织和公民，依据一定的规章制度和道德约束，规范和制约自身的行为。[6]

李培林指出，现代社会管理既是政府向社会提供公共服务并依法对有关社会事务进行规范和调节的过程，也是社会自我服务并且依据法律和道德进行自我规范和调节的过程，这两个过程相辅相成，缺一不可，不能相互替代。[7]

（二）政府社会管理

王郅强认为，政府社会管理即政府对社会实施有效的管理："政府通过整合社会资源，动员社会力量，为增进公共利益，依法对社会事务实施的组织化活动。"[8]

陈振明认为，随着城市化和社会现代化进程，人民群众的社会需求发生了重大变化。人民要求政府的社会规制具有可预期性、透明性和回应性。人民要求提供系统性、制度性的公共服务，而不是临时性、非经常性、非规范性、运动型的公共服务。这要求政府社会管理从"行政-控制型"转变为"规制-服务型"，通过相应的体制设计和制度安排来化解社会矛盾、调节社会利益、反映社会诉求。[9]

周红云认为，政府社会管理是指政府对整个社会的管理，包括政治、经济、文化、社会等各个方面的管理。[10] 在这里的社会，应该是与自然相对应，和民族国家的范围重合，包括政治、经济、思想文化和社会生活各个子系统在内的整个社会。

陆文荣认为，政府社会管理是指政府对除政治、经济、文化等事务以外的社会公共事务的管理。[11]

综上所述，我们认为社会管理内含了政府社会管理和社会自我管理两个方面。其中，政府社会管理是政府通过各种恰当的治理工具与手段，激发社会活力，与社会组织、社会团体在协同合作价值认同的基础上，对社会进行的治理。主要体现在社会公共事务、公共服务、公共产品的提供与保障上。其终极目标是保证和谐社会的有序健康运行、保证公民的各项权利得以实现的同时，促进社会自治的实现。

二、中华人民共和国成立以来我国政府社会管理实践的路径变迁

（一）单位社会的形成与消解

1. 单位社会的形成

在计划经济体制时期，我国形成了以"单位"为其核心构成的社会结构形式，众多的单位不仅仅作为一般意义上的组织而存在，它还被赋予了特定的政治意义，是党的组织系统向一切社会组织延伸的基本载体，是各级政府高效实现其政治管控的中介工具。就像路风教授所说，单位是一种特殊的社会组织形式，是我国政治经济和社会体制的基础，人们把自己生活于其中的诸如工厂、商店、医院、学校、文

化团体、党政机关等等统统称为“单位”。[12] 李海金对李路路关于单位社会变迁的研究进行了总结。李路路从政治学和社会学的视角上对单位社会进行了系统、深入的研究，认为单位是社会主义再分配体制下的一种制度化组织，是社会主义政治体制的基本单元，承担着整个社会的资源分配与调控的功能，承担着对社会成员进行政治管控的功能。[13] 单位的出现与盛行，为当时的中国社会中构建了一种新型的社会秩序——“单位社会”：几乎一切基层单位都表现为国家行政组织的延伸，自上而下的国家行政权力控制着每一个单位，又通过单位控制着每一个人，整个社会按照“国家—单位—个人”的结构运作演绎。单位承包了归属其中的每个成员从摇篮到坟墓的一切，尽管在单位组织中个人的社会化程度是不彻底的，但对于生活在单位社会的人来说，找到一个单位就等于在社会体系中寻找到了自己的定位。[14] 单位社会在很长一段时期内影响着中国社会，主要是中国城市社会各个方面的发展，是解读特定时期中国社会结构的关键概念。

单位社会时期，单位本质上就是一个小社会。政府社会管理主要是通过控制名称各异的单位来具体实施的。

2. 单位社会的消解

单位社会的消解属于社会管理体制变革的范畴，是指 1949 年以来形成的中国社会宏观连接方式的根本性变化，具体表现为那种基于“国家—单位—个人”的社会管理体制向“国家—社区、社会团体—个人”社会管理体制的转变。[15]

由“国家—单位—个人”纵向体系构成的社会体制有着较为浓厚的政治色彩。在这种体制下，个人的首创精神、社会组织自治权以及市场经济运作机制都难以得到有效的尊重、维护和运行。具有明显行政导向的组织代替了社会，单位淹没了个人；政治机构的权力可以随时无限制地侵入和控制社会每一个阶层和每一个领域。[16]20 世纪 80 年代以后，伴随着中国由计划经济向市场经济体制的过度，单位社会赖以存在的经济基础逐渐瓦解，加上社会成员的思想观念呈现出一种多元化的发展趋向，政府已经不再可能像以前那样仅仅只通过单位就能够实现对社会成员的控制和整合了，“单位”这种纵向到底横向到边的组织形式已经不再适应社会发展的需要，走出以“单位”为其核心构成的单位社会是中国社会现代化发展的必然选择。

随着越来越多的不适应社会主义市场经济的单位倒闭，大量的“单位人”流失到了单位之外，散布在社会的各个角落，超出了单位可以有效管控的范围，主要通过单位来实施的政府社会管理模式已经不再适应新的时代。

（二）社区社会的兴起与发展

1. 社区社会的兴起

单位社会消解之后，谁来承接有效管控由单位流失出来的越来越多的“社会人”的任务？谁来扮演过去主要由单位扮演的基层社会单元的角色？除了继续存在的各种名目的单位之外，就是迅速兴起的社区。

社区主要是指由居住在固定地域的社会成员在日常行为习惯中建立起某种相对稳定的联系，并共同从事多种社会活动而构成的生活共同体。众所周知，我国的单位及单位体制是计划经济的特殊产物，改革开放以来，计划体制逐步实现了向市场体制的转轨，这些转变深刻影响着我国社会结构的变迁，单位社会的消解位列其中。随着单位社会的逐渐消解，相当数量的社会成员也由“单位人”转向“社会人”，那些原本由政府和企事业单位统包统揽的诸多社会管理和服务功能从中剥离出来复归社会所有，被剥离出来的这些社会功能要求一种新型组织实体来承接，于是，基层社区组织应运而生并逐渐遍布社会的各个角落，改变着政府管理社会的理念与模式，影响着每个社会成员的基本生活，逐渐成为现代城市居民生活的重心和中心。

2. 社区社会的发展

社区建设是一个国家权力向公民社会回归的过程，是还政于民的过程，是国家与公民社会合作协商、共同治理社区公共事务的过程。[17]改革开放之后，尤其是20世纪80年代末以来，社会资源的配置结构开始发生改变，资源配置主体向多元化发展，以城市社区为主体的市民社会逐渐成为影响资源配置的重要力量，催生了社区服务与社区建设，推动了社区社会的发展。自1986年启动社区建设以来，我国政府主导的社区建设已经走过了30年的发展历程。目前，我国的社区建设已经到了发展的拐点，如果不能找到社区建设的突破点，就不能使社区更好地承载起基层社会建设与管理的职能。根据我国城市社区组织的发展现状及其制度环境，结合国内外社区发展的经验，学界认为，“政府主导下的社区治理”这一基本模式可作为当前社会建设实现转型的模式选择。首先，政府要充分认可社区这一社会实体对当前中国社会结构整合与重构的重要意义，这是实现这一模式的基本前提。在这一前提下逐渐改变过去控制为主的管理模式，并将社区社会的发展纳入基层政府经济社会发展的总体规划、整体目标中来，同时为社区的发展与转型提供宏观的政策制度保障与社会环境空间。其次，创新社区治理模式，加快社区居委会的去行政化步伐，推动社区居民委员会向自我管理、自我教育、自我服务的方向发展，从而更好地承担社区公共事务。只有这样，才能实现社区取代单位的价值转换，推动社区社会的健康有序发展。

社区社会的衍生、发展以及社区队伍、社区职能的不断扩散，对社区自身的治理模式转型提出了新需求。2008 年以后随着诸如社工组织、志愿者协会、慈善基金会、社会组织等逐渐深入地加入社区治理的队列，为社区建设提供了极大的帮助，提高了社区建设的效率，改善了社区发展各个环节的质量，在极大程度上缓解了社区发展的困境。

（三）社会组织的崛起

20 世纪 90 年代以来，伴随着中国改革开放的历史进程和全球结社浪潮，党和政府对民间组织的态度逐渐发生了改变，特别是党的十八届三中全会中进一步明确了社会事务管理中党和政府主导、社会协同、公民参与的多元治理格局，充分肯定了社会组织在提供公共服务、提出利益诉求以及行为规范方面的积极作用，奠定了培育发展与监督管理并重的政策基调。

社会组织，又称民间组织、非政府组织，泛指那些在社会转型过程中由各个不同社会阶层的公民自发成立的，在一定程度上具有非营利性、非政府性和社会性特征的各种组织形式及其网络形态。[18] 在门类众多的社会组织出现之初，并没有得到政府及大众的重视与支持，社会各界尤其是政府方面对其存在与发展的合理性、必要性仍持质疑态度，这种态度直到 2008 年汶川大地震之后才有了根本性的改观。2008 年 5 月 12 日的汶川大地震发生后，以社会组织为代表的民间力量迅速行动起来，积极赶往救灾第一线并合力为灾区人民捐款捐物。据民政部统计，截至 5 月 26 日，在地震后短短的 14 天内，国内外的捐赠款物就达 308.76 亿元。[19] 这些完全从人道主义出发，完全公益性且组织性极高的自发性行动，使社会组织的救助和服务功能得到了充分的发挥，公益性得到了充分的彰显，社会公信力也迅速飙升，使得 2008 年作为中国的公益年、志愿者年而载入史册。[20]

除此之外，社会转型期频繁发生的各种突发事件，亦在考验着我国政府应对突发事件尤其是突发性危机事件的弹性能力，政府在很多时候需要社会组织的帮助，以实现预期的政策目标。而具有强烈公益性、组织性、自治性的社会组织的出现恰巧弥补了政府力量在这方面的不足与乏力，在对突发事件的预防与应对，以及对危害发生之后的恢复和重建过程发挥着日益重要的作用。可以说，2008 年的汶川大地震是我国社会组织发展的一个重要转折点，自此之后社会组织得到了来自体制的认可和支持。有了国家政策上的许可，社会组织就有更为广阔的发展空间，才能以被需要的各种姿态出现在公众的视野中、社会的舞台上。正如韦森教授所说："中国的制度变迁，表面上是政府主导，实际上只是政府对民间自发行为产生的制度创新的认可和确立而已"。[21] 根据 2013 年民政部社会服务发展统计公报上统计的最新数据显示，截至 2013 年底，全国依法登记的社会组织有 54.7 万个，其中，社会团体 28.9 万个，民办非企业单位 25.5 万个，基金会 3 549 个。全国社会组织数量较 2006 年底的 35.3 万个增长 54.1%，与 1988 年我国社会组织数量 4 446 个相比，增长了 120 倍有余。[22] 在党和政府的领导下，社会组织作为社区治理、社会治理的重要主体和主要依托，已经成为政府社会管理不可或缺的重要力量，也是推动中国社区社会进一步深化和发展的重要力量之一。

三、我国政府社会管理创新：社会治理的提出

（一）社会治理——新时期政府社会管理创新的路径选择

自改革开放以来，尽管政府的社会管理模式部分的摆脱并淡化了政治管控的单向意志性和政治目的性，但是社会管理仍属于政府的单方面职能，从这个意义上讲，与统治没有根本的区别，被公众诟病已久的行政审批体制就是政府单方面管理的典型代表。政府利用各种现代技术和经济手段创造性地为公民提供公共服务和公共产品，但是缺少政府以外其他社会力量的参与，政府社会管理的单向性也越来越不能满足公民的自主意识和参与意识的更高层次要求。正如美国公共治理专家理查德·博克斯说的一样："如果说 19 世纪至 20 世纪之交的改革家们倡导建立最大限度的中央控制和高效率的组织机构的话，那么 21 世纪的改革家们则将今天的创新视为是

一个以公民为中心的社会治理的复兴实验过程。”[23]公民已经不仅仅满足于成为公共福利的单纯受众，而是趋向于成为公共福利活动的提供主体之一，以期实现自己的价值诉求。20世纪末期出现的治理理念填补了政府社会管理理念在如何调动社会力量参与社会管理方面的空白，它将工商企业、社会组织，甚至公民个体纳入管理过程中来，形成了一种国家与社会互动关系的网络治理新模式。

关于治理，全球治理委员会给出的定义是：治理是各种公共的或私人的个人和机构管理其共同事务的诸多方式的总和。[24]美国学者贝维尔指出：“治理在两种不同的公共部门改革浪潮中兴起：第一种是与经济理性观相联系的改革，包括新自由主义、新公共管理，以及合同外包；第二种是与社会理性观相联系的改革，包括第三条道路、联合治理，以及网络化与伙伴关系。”[25]我国学者王浦劬认为，社会治理也就是治理社会，就是特定的主体对社会实施的管理。[26]也有学者认为，所谓社会治理，就是指政府及其他社会主体，为实现社会的良性运转而采取的一系列管理理念、方法和手段，从而在社会稳定的基础上保障公民权利，实现公共利益的最大化。[27]按照十八大报告，我国的社会治理是在“党委领导、政府负责、社会协同、公众参与、法治保障”的总体格局下运行的中国特色社会主义社会管理。[30]总之，社会治理作为一种改革思路，对市场机制和公民社会的肯定开阔了管理者与公众的视野，对于我国政府职能的重构亦具有重要的参考价值，治理主体的多元化是其内在要义。在这种思路的指引下，日渐形成的治理格局和公民社会的发育会进一步推动中国政府社会管理制度创新的改革进程。[29]

综上所述，我们认为，大致可以将社会治理定义为由政府、工商企业、社会组织以及社会成员通过面对面的协商合作方式形成的，旨在解决社会矛盾冲突，有效地为公民提供公共产品和公共服务的网络治理模式。社会治理大致包含了以下几方面的内容：①社会治理主体的多元化。这是社会治理理论最为凸显的内涵所在——政府不再是管理社会的唯一权力中心，社会上存在的各种组织，不论是公共部门、私营部门抑或是第三部门，只要能够得到公众的认可，并符合公共利益，不违背国家政策规定，不违背法律规范，都可以参与社会治理，都有成为不同层面权力中心的可能。②多元主体间的互动过程以相互依赖与合作关系为主要基调。也就是说致力于集体行动的组织，依靠互相依赖的权力和资源关系实现互相促进和支持，在实现共同目标的过程中形成协作性的合作伙伴关系。③合作治理的网络结构。张康之认为，合作治理是社会治理变革的最终归宿，他认为今后中国社会的治理变革中，应更为积极地根据后工业化的要求，重新构建人类社会的治理体系和生活模式，建构全新的合作治理模式。[30] 在主体多元化的治理模式下，相互依赖的主体之间必然形成合作治理的网络，其中各种治理主体都会部分放弃自己的权力，通过对话与协商来增进理解与相互信任，最终建立起共担风险的联合体。

（二）十八届三中全会有关社会治理的新探索

实践的需求对理论创新提出了新的要求，同时也为治理理论的探索研究提供了动力源泉。党的十八届三中全会站在新的历史起点上，全面总结改革开放35年来的宝贵经验，深入分析今后一个时期国内外环境和形势的变化，明确提出全面深化改革的总目标，要“完善和发展中国特色社会主义制度，推进国家治理体系和治理能力现代化”。这是在党的文件中首次提出推进国家治理体系和治理能力现代化的观点，是公报内容的亮点之一。国家、社会、人民的关系问题上我们党从过去“政治管控”“社会管理”到当前提出的“社会治理”，是一次伟大的变革，也是完善和发展中国特色社会主义制度的必然要求。

四、展望

纵观我国政府社会管理路径的演变与创新过程，在“国家—社会—公民”这一链条上，最早以政治管控为单一选项，继而转为社会管理，现在我们正大力倡导社会治理。从中我们可以看出，随着社会结构的变迁，随着以第三部门为主导力量的社会组织的蓬勃发展，随着改革进入深水期、社会转型进入关键点，政府管理社会的理念也在与时俱进地不断更新与调整中。现代政府尤其是当前我国政府更应从社会组织参与社会管理的实际效果中坚定社会治理的理念，从以“强国家——弱社会”的政治管控、“大政府——小社会”的社会管理为主向以“大社会——小政府”的社会治理合作模式为主转变，实际上也就是从单一主体的社会管理模式向多元化主体协同合作治理的社会治理模式的转变。在这一进程中，充分发挥政府与社会组织、工商企业等治理主体各自优势，使它们在增进公民福祉、高效提供公共服务的过程中充分合作，在顺利实现社会转型的进程中，切实按照党的十八届三中、四中全会的精神，推进国家治理体系和治理能力现代化，不断创新基层社会治理的具体形式，实现政府社会管理理念和实践的现代化转型。

参考文献

[1] 中共中央关于全面深化改革若干重大问题的决定 . 北京 : 人民出版社，2013 : 49.

[2] 邓伟志 . 社会学辞典 [M]. 上海 : 上海辞书出版社，2009.

[3] 郑杭生 . 社会学视野中的社会建设与社会管理 [J]. 中国人民大学学报，2006（2）：1-10.

[4] 李学举 . 加强社会建设和管理促进社会和谐与发展 [J]. 求是，2005（7）：16.

[5] [9] 陈振明 . 政府社会管理职能的概念辨析——《“政府社会管理”课题的研究报告》之一 [J]. 东南学术，2005（4）：5-11.

[6] 郎友兴，汪锦军，徐东涛 . 社会管理体制创新研究论纲 [J]. 浙江社会科学，2011（4）：66-70.

[7] 李培林 . 创新社会管理是我国改革的新任务 [J]. 决策与信息，2011（6）：24-26.

[8] 王郅强，靳江好 . 坚持科学发展观强化社会管理和公共服务职能 [J]. 中国行政管理，2004（10）：60-63.

[10] 周红云 . 社会管理创新的实质与政府改革——社会管理创新的杭州经验与启示 [J]. 中共杭州市委党校学报，2011（5）：55-61.

[11] 陆文荣 . 社会管理 : 作为实践和概念 [J]. 社会科学管理与评论，2011（2）：17-25，111-112.

[12] 路风 . 单位 : 一种特殊的社会组织形式 [J]. 中国社会科学，1989（1）：71-88.

[13] 李海金 . 改革以来单位社会的变化、问题与治理走向——立足于民主治理与社会和谐的分析 [J]. 四川大学学报（哲学社会科学版），2015（1）：129-137.

[14] 李汉林 . 关于中国单位社会的一些议论 [C]// 潘乃谷，马戎 . 社区研究与社会发展 . 天津 : 天津人民出版社，1996.

[15] 田毅鹏，吕方 . 单位社会的终结及其社会风险 [J]. 吉林大学社会科学学报，2009（6）：17-23.

[16] 邹谠 . 二十世纪中国政治 [M]. 香港 : 牛津大学出版社，1994：8.

[17] 高红 . 社区社会组织参与社会建设的模式创新与制度保障 [J]. 社会科学，2011（6）：76-83.

[18] 王名 . 走向公民社会——我国社会组织发展的历史及趋势 [J]. 吉林大学社会科学学报，2009（3）：5-12，159.

[19] 郭小刚 . 众志成城共度难关全国社会组织紧急行动积极投身抗震救灾 [J]. 社团管理研究，2008（5）：6-7.

[20] 崔月琴 . 转型期中国社会组织发展的契机及其限制 [J]. 吉林大学社会科学学报，2009（3）：20-26.

[21] 韦森 . 社会秩序的经济分析导论 [M]. 上海 : 上海三联书店，2004.

[22] 中华人民共和国民政部 .2013 年社会服务发展统计公报 [EB/OL].

[23] Richard Box. Citizen Governance: Leading American Communities into the 21st Century[M]. Newyork: Sage，1998.

[24] 全球治理委员 . 我们的全球伙伴关系（Our Global Neighborhood）[M]. 伦敦 : 牛津大学出版社，1995：23.

[25] Mark Bevir.Democratic governance: A Genealogy， Local Government Studies，2011（1）.

[26][28] 王浦劬 . 国家治理、政府治理和社会治理的含义及其相互关系 [J]. 国家行政学院学报，2014（3）：11-17.

[27] 周晓丽，党秀云 . 西方国家的社会治理 : 机制、理念及其启示 [J]. 南京社会科学，2013（10）：75-81.

[29] 薛澜，张帆 . 治理理论与中国政府职能重构 [J]. 人民论坛，2012（4）：6-15.

[30] 张康之 . 合作治理是社会治理变革的归宿 [J]. 社会科学研究，2012（3）：35-42.

中国制造业技能人才稳定性特征及相关政策建议*

李　志　朱欣灵　贺　菲

摘要：本研究采用问卷调查法和访谈法对中国 178 家制造型企业 2 238 名技能人才稳定性进行调研，结果发现：技能人才流失率远高于其他类别员工，流失问题突出；职业认同度不高，离职意愿强烈；工作满意度较低，基础需求未满足成离职主要动因；岗位稳定性脆弱，离职临界点低；中部地区离职意愿和职业转换意愿强烈，吸引东部地区技能人才流向西部十分困难。在此基础上提出提高技能人才薪酬待遇、拓宽技能人才发展渠道、营造尊重技能文化氛围、完善技能人才服务体系四条有针对性的建议。

关键词：制造型企业；技能人才；稳定性；离职意愿

一、研究背景

制造业是国民经济的支柱产业，其发展能力和水平标志着一个国家经济实力和综合竞争能力的强弱。随着经济全球化进程加快，新一轮技术革命日新月异，美、英等制造业强国为抢占经济发展制高点实施重振制造业战略。作为排名世界第一，但在全球价值链分工中处于低端地位[1]的制造业大国，中国的制造业发展正面临着严峻的挑战。为加速由“制造业大国”向“制造业强国”转变，在第十二届人大三次会议上，国务院总理李克强提出，要实施“中国制造 2025”，坚持创新驱动、智能转型、强化基础、绿色发展，推动产业结构迈向中高端，使中国在十年内跻身全球制造业的第二方阵[2]。

---

* 基金项目：国家社会科学基金项目《基于中国“制造业强国”需求的技能人才队伍建设问题及保障机制研究》资助（项目批准号：13BGL076）

作者简介：李志（1964—），男，四川人，重庆大学公共管理学院博士、教授、博士研究生导师，主要从事公共经济与公共服务、人力资源管理研究。朱欣灵（1991—），女，安徽人，重庆大学公共管理学院硕士研究生，研究方向为人力资源开发与管理。贺菲（1991—），女，重庆人，重庆大学公共管理学院硕士研究生，研究方向为人力资源开发与管理。

制造业发展需要人才的支撑，尤其是技能人才。技能人才是指在生产和服务等领域岗位一线，掌握专门知识和技术，具备一定的操作技能，并在工作实践中能够运用自己的技术和能力进行实际操作的人员，包括无技能证书的普工及获得技能证书的技能工人[3]。作为制造型企业中技术应用、创新和科技成果转化的重要载体，技能人才已成为制约制造业发展的重要因素。目前，我国人口红利正逐渐消失，劳动年龄人口连续三年下降，技能人才在数量上存在严重的短缺问题。随着新型工业化进程的加快和科技创新驱动战略的实施，制造型企业对技能人才的高素质要求与当前技能人才素质现状难以满足的矛盾日益突出。“技工荒”问题从沿海地区向中西部地区蔓延，逐渐成为全国性问题，各省市为推动制造业优化升级，出台了各种措施吸引和培训高端技术人才及一线操作人才的措施。地区间竞争加剧技能人才结构失衡，技能人才在数量、质量和结构上的短缺特点引起了国内专家学者的普遍关注。

在对缓解技能人才短缺现象的对策探索中，许多专家学者认为增强技能人才稳定性具有重要意义。“前程无忧”2015 年离职与调薪调研报告中指出：从行业看，制造业员工离职率居于首位，达到 20.4%，明显超过企业员工整体 17.4% 的离职率；从地区看，非一线城市离职率攀升逐渐靠近一线城市；从人员类型看，操作人员离职率仍最高，达到 25.1%。[4] 制造业技能人才稳定性较差将会减少制造型企业技能人才存量，加剧技能人才供求矛盾，限制制造型企业的进一步发展。因此，在把握制造业技能人才稳定性特征基础上对保障制造业技能人才队伍措施进行积极探讨非常必要。但从整个研究来看，以经验分析为主，理论研究较多，实证研究明显不足；内容多以流失、离职为关键词，较为零散，系统性较差；对影响稳定性因素挖掘深度不够。为了更好地把握制造业技能人才稳定性规律，以充分满足制造业可持续发展对技能人才的需要，本研究通过对中国制造业技能人才的稳定性特征的深入分析，为保障制造业技能人才提供依据和支撑。

二、研究设计

（一）主要研究方法

问卷调查法。基于地区人才的分布差异，本研究对我国广东、江苏、浙江、四川、重庆、贵州、云南、安徽、湖北、山东、河南11省、直辖市178家制造型企业和2 238名制造型企业技能人才进行了调研。制造型企业样本中国有企业27家，民营企业77家，外资企业53家，合资企业13家，其他企业8家，分别占15.1%、43.0%、30.0%、7.3%和4.7%。技能人才样本中男性1 614人，女性624人，分别占72.1%和27.9%；初中及以下学历548人，高中学历562人，技校/中职学历582人，高职/大专学历490人，本科及以上56人，分别占24.5%、25.1%、26.0%、21.9%、2.5%；东部地区1 082人，中部地区703人，西部地区453人，分别占48.3%、31.4%、20.2%。调查对象具有较强代表性。

深入访谈法。为进一步挖掘企业面临的技能人才困境和技能人才离职的动因，全面、真实搜集所需信息，采用随机抽样法，对20家制造型企业中高层管理者及技能人才进行了深度访谈。通过多方法的使用保证结果的科学性。

（二）研究工具

研究工具包括调查问卷和访谈提纲。针对制造型企业编制了《制造型企业调查问卷》，主要内容包括企业技能人才素质满意、稳定性、培训和激励等方面；针对技能人才编制了《制造型企业技能人才调查问卷》，主要内容包括技能人才工作满意度、稳定性及影响因素、工作认知等方面。检验表明，问卷具有良好的信度和效度。访谈提纲采用半结构化和开放式问题结合的方式，对问卷数据进行补充和完善。

（三）统计方法

采用SPSS20.0软件对数据进行处理。

三、制造型企业技能人才稳定性特点分析

（一）技能人才流失率远高于其他类别员工，流失问题突出

技能人才的稳定对于维持制造型企业正常运转具有重要意义，作为制造型企业人才需求的重要部分，技能人才流失率居高不下将直接导致企业的生产难以为继。早在2005年，湖北日报就指出：高级工、技师、高级技师等高技能人才在黄石日渐难觅，成为企业发展的“瓶颈”，“黄石若不出台相关保护人才的政策，老工业城市的优势将日趋消失”[5]。企业内部高技能人才因种种原因频繁辞职或跳槽使工

作难以为继，影响企业的扩张发展[6]。通过对178家制造型企业的调研发现，高达79.50%的制造型企业反映生产操作类人员的年流失率最高，其比例是技术研发类人员流失率的四倍、经营管理人才和采购营销人才的八倍。这表明，制造型企业普遍认为技能人才的流失率非常突出。

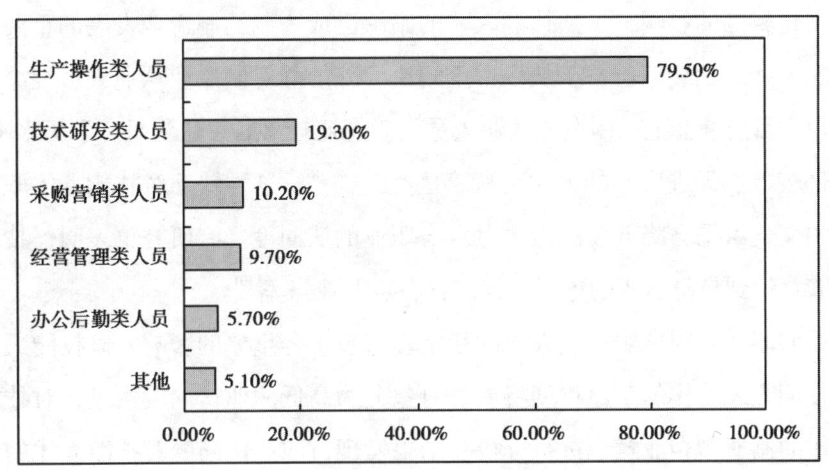

图1 178家制造型企业不同岗位人员流失对比

深入分析技能人才高流失率的原因发现，制造型企业认为，工资收入不高是制造型企业技能人才流失的主因（54.0%），企业的非物质激励不足（25.3%）、工作环境和条件差（22.4%）、工作压力大（21.8%）、缺乏个人发展机会（21.3%）对技能人才流失具有重要影响。

（二）技能人才职业认同度不高，离职意愿强烈

职业认同是指个体对于所从事的职业目标、职业社会价值及其他因素的看法，与社会对该职业的价值及期望的一致。[7]职业认同度代表着个人对职业的内隐态度，较低的职业认同度将会引起积极性降低，甚至是职业倦怠和离职行为的产生。对技能人才的各岗位声誉和地位排序分析发现，技术研发人员排在第一位（排序均值为3.95），管理人员排在第二位（排序均值为3.76），营销人员排在第三位（排序均值为3.12），而技能人员排序靠后（排序均值为2.53）[1]。这表明技能人才认为自身的职业声望和地位在企业不高。人们往往希望子女从事职业声望和社会地位较高的

1 采用加权方法按排序等级赋予权重，以人员选择人数与不同排序权重乘积总和为分母，以人员总选择人数为分子，计算出人员排序的先后，将其命名为排序均值。排序均值越大，表示排序越靠前。

职业，而不希望子女从事职业认同度较低的职业。对此，让技能人才回答让其子女从事制造业技能人才工作的意愿程度，结果发现 74.0% 的技能人才不愿意子女与自己从事一样的职业（其中，33.3% 的技能人才很不愿意），18.4% 的不置可否，仅有 7.6% 的愿意子女当技能人才。两项结果充分表明，制造业技能人才自身职业认同度较低。受社会文化氛围的影响，虽然技能人才的紧缺已成为制约制造业发展的重要瓶颈，但是技能人才的社会地位并未从根本上解决。陈静静对制造业从业人员社会地位的研究发现，目前社会上对制造业从业人员的观念比较落后，认为只有学历水平不高、家庭条件较差、无进取心的人才会从事这类工作 [8]。这种缺乏对技能人才职业积极性评价的文化氛围会降低技能人才对自身职业的认同度。有研究也表明，技能人才虽然能够意识到自身职业的重要性，却存在着职业自卑 [9]。

较低的职业认同度对技能人才的稳定性有着十分重要的影响。以技能人才对子女从事技能人才工作的意愿程度将调查对象分为高低职业认同度两组，对技能人才离开工作的制造型企业意愿进行分析。结果发现，职业认同度对技能人才的离职意愿影响显著（$P > 0.001$），职业认同度较低的技能人才离职意愿显著大于职业认同度较高的技能人才。应充分重视提高技能人才的职业认同度，减少因职业认同度较低而导致的技能人才离职情况。

表 1　不同职业认同度技能人才离职意愿

变　量	类　别	离职意愿（$M \pm SD$）	T 值及显著性
认同度类型	高职业认同度	3.02 ± 1.05	T=4.103***
	低职业认同度	3.46 ± 1.13	

（三）技能人才工作满意度较低，基础需求未满足成离职主要动因

大量研究表明，工作满意度与离职意愿存在负相关，低工作满意度将会导致高离职意愿 [10]。本研究采用李克特五点计分量表，要求制造业技能人才对目前所在企业的工作相关感受进行满意度评分，其中，1 分代表非常不满意，5 分代表非常满意。结果发现，制造业技能人才的整体满意度均分为 2.89，评价低于一般水平。

从具体维度看，制造型企业技能人才的基础满意度为 2.91（主要代表技能人才

对薪酬福利、工作硬件设施等方面的满意度）、情感满意度为2.90（主要代表技能人才对企业氛围和人际感知的满意度）、发展满意度为2.85（主要代表技能人才对所在企业现状发展和自身职业发展的满意度）[1]。技能人才的三个满意度均较低，其中以发展满意度问题最为突出。值得注意的是，发展满意度是员工衡量自身职业生涯发展的标尺，较低的发展满意度将使员工看不到未来的发展和前进的方向，进而降低员工的工作积极性与主观能动性，激发员工的离职意愿。在制造型企业里，技能人才发展满意度较低与技能人才的晋升渠道狭窄、职业生涯规划不足和企业引导力度不够有关。由于缺乏足够的职业发展通道，往往会出现“技而优则管”的现象。业绩较好的技能人才往往晋升到管理岗位，这不仅会限制技能人才在专业技能知识上的提升，还有可能会因为技能人才素质与管理岗位的不匹配而导致企业管理出现混乱。整体而言，由于技能人才的工作满意度较低，其离职的可能性较大，这将加剧制造业技能人才的不稳定性。

表2　在岗技能人才工作满意度评分表

满意度维度	满意度条目	均　值	标准差
基础满意度	工资收入水平	2.54	1.00
	工作比较稳定	3.31	1.04
	工作场所的舒适性	2.66	1.05
	工作地点的便捷性	3.03	1.05
	工作具有自主性	2.98	0.96
	工作内容多样化	2.72	1.05
	工作设备的齐全性	3.03	0.99
	工作条件的安全性	3.05	1.00
	工作压力程度	2.84	0.98
	假期制度与安排	2.72	1.12
	五险一金等法定福利项目的执行	3.04	1.12
	责任和权力对应情况	2.94	0.92

1　根据李志教授在《企业“人本管理”内容要素的实证研究》一文中提出的三大满意度要素为依据：基础满意度、情感满意度和发展满意度。

续表

满意度维度	满意度条目	均　值	标准差
情感满意度	单位的人际氛围	3.06	0.97
	单位能够听取员工的建议	2.81	1.05
	单位文体、娱乐活动的安排	2.59	1.12
	领导对待下属的方式	3.07	1.00
	领导对工作的认可程度	3.09	0.99
	员工的组织归属感	2.81	1.00
	在单位获得的尊严感	2.91	0.96
发展满意度	单位的发展前景	3.00	1.07
	单位的用人机制	2.74	0.95
	单位管理制度规范完善	3.04	1.01
	个人能力与特长发挥	3.02	0.94
	工作具有挑战性	2.91	0.95
	工作能够获得成就感	2.89	0.98
	工作能力的不断提升	3.04	0.93
	工作社会地位	2.74	0.94
	升职机会的公平性	2.65	1.04
	升职渠道的合理性	2.55	0.97
	在团体中成为重要角色的机会	2.86	0.93

进一步对技能人才的离职影响因素分析发现，73.9% 的技能人才认为自己会在工资水平低的情况下离开企业，58.8% 的技能人才认为自己会在福利待遇差的情况下离开企业。这表明，工资待遇需求对技能人才离职的影响突出。同时，41.7% 的技能人才认为自己会在工作环境和条件差的情况下离开企业，32.5% 的技能人才表示工作安全没有保障的时候会离职，25.9% 的技能人才在工作稳定性较差的情况下会选择离职。工作环境、安全保障和工作稳定性等因素隶属于员工的基础需求。两者表明，技能人才在工资、待遇和工作条件等基础需求是影响其离职的主要因素。

此外，还有 32.6% 的技能人才在缺乏个人发展机会的时候会离职，19.0% 和 16.5% 的技能人才表示在自身能力得不到发挥、培训机会较少的情况下会选择离职。技能人才的发展性需求也是影响其离职的重要因素。

结合制造型企业对人才流失原因认知结果可以发现，技能人才对基础需求较为看重，但也兼顾发展性需求。因此，制造型企业应通过对技能人才多方位满意度的提升，才能调动技能人才的工作积极性和对企业的归属感，实现稳定技能人才的效果。

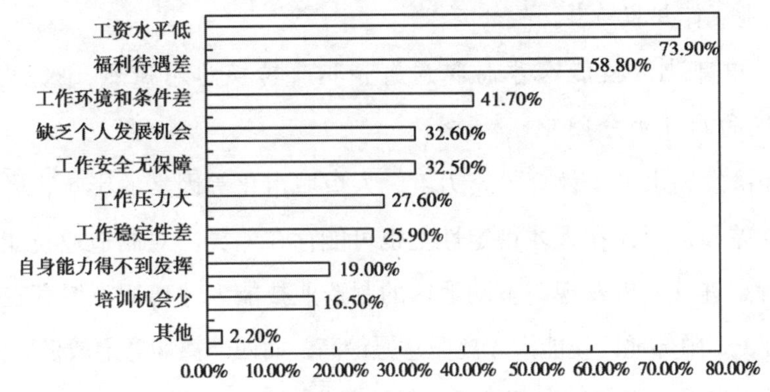

图 2　制造型企业技能人才离职影响因素

（四）制造业技能人才岗位稳定性脆弱，离职的临界点低

近年来，我国在推动制造业发展的同时，也在大力发展服务业。规划指出，到 2015 年，要实现服务业增加值占国内生产总值的比重较 2010 年提高 4 个百分点，成为三次产业中比重最高的产业，要使服务业就业人数占全社会就业人数的比重较 2010 年提高 4 个百分点，服务业从业人员素质明显提高。[11] 服务业的发展必然会导致从业人员的扩大。由于制造业技能人才岗位工作与服务人员工作具有较大的共同性，如学习要求低、待遇不高、工作内容单一枯燥且辛苦，服务业与制造业之间的人才争夺将日益明显。而制造业技能人才岗位是否具有优势将成为其决胜的关键点。基于此，本研究对制造型企业的技能人才进行了如下调查："如果本地区某服务行业需要技能人才去从事一线服务工作，是否会引发技能人才离职去从事服务行业工作"。结果显示，有 15.4% 的技能人才表示，薪酬水平增加再多也不愿意去从事一线服务工作，但高达 35.1% 的技能人才表示薪酬水平上浮 25% 以上就会离开现有企业去从事一线服务工作，还有 21.2% 的技能人才表示薪酬水平上浮 20% 就会离开现

有企业去从事一线服务工作，9% 左右的技能人才表示薪酬水平上浮 10% 或 15% 就会离开现有企业去从事一线服务工作，甚至还存在 5.9% 的技能人才表示不增加薪酬，也会选择去从事一线服务工作。可见，与一线服务工作相比，制造业有略微的优势，但是随着服务业薪酬水平的提升，制造业技能人才的稳定性明显受到一定的冲击，并将出现人才流失的情况。而当前的情况是，一些服务业薪酬水平和工作环境条件并不弱于制造业，面对服务业对于制造业技能人才的争夺，要使制造业技能人才稳定地在制造业工作并非易事。

（五）中部地区技能人才离职意愿和职业转换意愿强烈，吸引东部地区技能人才流向西部十分困难

由于经济发展水平、教育投资力度、人口城市化等因素的影响，人才分布在地区上存在差异，因此在人才稳定性上也可能存在差异。对制造业技能人才稳定性的地区特点进行分析发现，不同地区的制造业技能人才离职意愿存在显著差异（$P < 0.001$），中部地区技能人才离职意愿最高，而西部离职意愿较低。究其原因，中部地区经济发展水平相比东部较低，但由于与东部地区相邻，受到东部先进的用人理念、就业价值观的影响，会更倾向于作出对自己有利的职业选择。而西部地区经济发展水平最低，地区开放程度不高，技能人才受教育程度较低，因此在做出离职选择时，西部地区的技能人才比较谨慎。

表 3　不同地区制造业技能人才离职意愿

变　量	类　别	离职意愿（$M \pm SD$）	F 值及显著性
地区类型	东部	2.91 ± 1.04	F=34.816***
	中部	3.08 ± 1.04	
	西部	2.56 ± 0.97	

对离职意愿较强烈的技能人才的职业转换意愿进行分析发现，总体上，离职意愿较强烈的技能人才的职业转换意愿处于一般水平，但是在地区上却存在显著差异，中部地区的技能人才职业转换意愿最为明显，而东部地区的技能人才更倾向于继续从事技能人才岗位。这与技能人才就业的社会文化氛围有关。随着经济发展水平和人民受教育水平的提高，社会越来越认识到技能人才在经济发展中发挥的作用，在

制造业技能人才非常短缺的背景下，技能人才的地位有所提高。陈淑丽认为，观念形态的文化环境会直接影响人才的精神境界和思维方式的形成[12]。东部地区对技能人才较高的重视程度会对其职业转换意愿存在影响，数据分析也显示东部地区技能人才的职业转换意愿最低。而中西部地区对技能人才的观念相对落后，认为只有学历水平不高、家庭条件较差、无进取心的人才会从事这类工作，所以更倾向于转换职业。中部地区技能人才的职业转换意愿最高是环境和观念双重作用的结果。中部地区长期受东部经济发达地区的影响，就业环境较为宽松，在职业上有更多的选择，但是由于受传统技工观念的影响，转换职业的可能性更大。综上所述，东部地区技能人才的职业转换意愿较低，吸引技能人才流向西部非常困难。

表 4　不同地区制造业技能人才职业转换意愿

变　量	类　别	职业转换意愿（$M \pm SD$）	F 值及显著性
地区类型	东部	3.11 ± 1.20	F=17.763***
	中部	3.80 ± 1.24	
	西部	3.31 ± 1.33	

四、保障制造业技能人才稳定性的相关政策建议

要促进制造业的健康持续发展，必须确保制造业技能人才的稳定性。从本研究看，影响制造业技能人才稳定性既有地区、企业、社会环境等外部因素，也有制造业技能人才对职业认同度不高、工作满意度较低、基础需要得不到满足，存在着离职率高、职业转换意愿强烈等主观因素。因此，要确保制造业发展所需要的技能人才稳定供给，必须从多方面着手进行系统考虑。

（一）以发挥市场调节作用为基础，提高技能人才薪酬待遇，满足技能人才基础性需求

本研究表明，技能人才离职的主要动因是基础需求满足度不够，其中工资需求影响最大。数据显示，当工资较少时，技能人才更倾向于离职，而同类型岗位如服务业提供的工资水平比制造业技能人才工资上浮 20% 时，超过一半的技能人才将为此转换职业。结合企业薪酬管理实际发现，由于技能人才大多为一线操作人员，其工作岗位

对学历水平和技能水平等素质要求不高，尽管技能人才工作任务繁重，其岗位价值系数并不高，致使技能人才的工资水平较其他人才而言普遍较低，加之职业发展通道不畅，技能人才的薪酬与工作满意度低，进而导致其工作稳定性明显不足。此外，基本养老保险待遇是与劳动者个人缴费的工资成正比，而技能人才的工资又普遍较低，技能人才在企业的生存环境步履维艰，过低的社会保险与薪酬福利，严重阻碍其往高技能人才的方向成长和发展。因此，工资的提升会成为其离职的重要影响因素。针对这些特点，政府和企业应建立共同作用机制，充分满足技能人才的基础需要。

政府是技能人才宏观开发的政策指导[13]，应在尊重市场因素的基础上，结合产业发展战略和人才现状，出台相应的技能人才薪酬标准，构建公平合理的薪酬福利制度，引导企业健全技能人才科学的薪酬体系，达到使从事技能岗位工作的人才获得与其劳动贡献相符的有竞争性的报酬。第一，建立劳动力市场“工资指导价位”制度，宏观指导和调节市场劳动力工资指导价位水平，形成合理的工资引导激励机制，使技师、高级技师在工资福利方面的待遇相当于或者高于工程师、高级工程师的待遇，打通制造业技能人才的职业发展通道。第二，比照企业其他有关科技人员的政策，引导有条件的企业建立以绩效为基础的技能人才薪酬体系[14]，缩小同级别技能岗与管理岗的薪酬差距，拉大不同技术等级之间的差距，以提高技能人才待遇水平，创造有利于技能人才成长的工作环境。第三，逐步建立完善技能人才福利待遇，如给予特殊津贴、带薪休假、企业年金等，通过提高经济收入和加强尊重，激发他们的工作热情和岗位荣誉感，提高钻研技术业务的积极性。

（二）以拓宽技能人才成长渠道为重点，关注技能人才发展性需求，打造学习型技能人才队伍

技能人才在制造业能够得到充分的发展，能够最大限度地稳定制造业技能人才队伍。调研发现，技能人才对发展性需求的满意度不高，在对升职渠道的合理性和升职机会的公平性、工作社会地位和单位的用人机制上评价较低，正是因为如此，使制造业技能人才的稳定性问题十分突出，从而加大了制造业技能人才供给与需求之间的矛盾。针对此，政府应该加强职业技能鉴定的社会化管理和职称评定的专业化管理，提高职业技能鉴定和职称鉴定的质量，并基于技能人才发展性需求，积极探索建立以职业能力为导向、以工作业绩为重点、注重职业道德和职业知识水平的

技能人才评价新体系，扩大技能人才成长空间，提高技能人才提高自身素质的积极性。

企业应在政府的引导下，结合自身实际进行员工成长的积极探索。第一，为稳定技能人才，提高技能人才工作兴趣，可为技能人才提供更合理的双通道晋升模式。一方面，在企业内部建立和拓展职业资格认定渠道，延长技能人才的职业生涯，使技能人才能在技术领域中获得突破。另一方面，允许技能人才在一定范围内体验管理岗位，让更多有管理才能的技能人才进入管理通道。第二，企业也应建立公正、公开、透明的技能人才升职机制，营造公平的晋升环境，给予技能人才公平的发展机会。要充分尊重技能人才的发展选择，为技能人才提供针对性的技能知识、技能水平和发展素质的培训。要实行“老中青”传帮带，通过开展高技能人才和优秀技能人才经验交流活动和实训指导活动，鼓励技能人才自主学习、自主提升，构建学习型技能人才队伍，在企业中营造良好的学习氛围。

（三）以营造尊重技能文化氛围为保障，发挥多主体协同作用，切实提高技能人才社会地位

文化以其巨大的惯性在日常生活中潜移默化地影响着人们对事物的认知和评价[15]。受“劳心者治人，劳力者治于人”和重学历、轻职业技能的知识至上的传统观念的影响，虽然技能人才的重要性能为社会认识，但社会对技能人才的实质性的肯定评价仍然较少，技能人才的社会地位未得到根本提升。这也是导致技能人才的职业认同度较低的重要原因。面临着制造业快速发展、技能人才短缺的现实，应通过发挥政府、企业和个人的主体协同作用，营造全社会尊重技能人才的文化氛围，以形成技能人才短缺和稳定性治理的有效机制，从根本上提高技能人才的社会地位。

政府要创新技能人才宣传方式，借助新媒体宣传技能人才典型，塑造技能人才新形象，提高社会对技能人才的认可度。要引导职业学校转变理念，开展职业技能培训，加强对技能人才的培养，坚定学生从事技能人才工作的信念。要加强各行业企业技能人才典型的创先选树，加大对高技能人才的表彰力度，塑造“鼓励从业，技术为荣”的文化氛围。要采取切实措施促进社会各界增强对技能人才工作的理解，减少对技能人才的歧视，积极关注技能人才实时动态和优秀技能人才评选等活动。

企业要从观念上认识到培养和造就一支高素质、具有一技之长的技能型人才队伍对企业的设备更新、技术改造、产品质量和工艺水平提升、效益增加至关重要。

要主动改变传统的人才观念，强化对技能人才作用的认识，将技能人才纳入作为企业重要的人才资源加以重视，切实改变并纠正歧视技能人才的错误观念，逐渐形成“尊重劳动、尊重知识、尊重技能、尊重人才”的企业文化。要坚持人本管理，实行员工心理援助计划和员工关爱计划，帮助技能人才满足合理需求，增强其对企业的归属感和荣誉感。

要采取切实措施促进技能人才转变自身观念，充分认识到自己在推动产业发展中的重要性，提高职业认同度，积极投身于制造业发展事业中。此外，个人也应主动了解政府在人才引进、培训、服务和评价等方面政策，切实享受到技能岗位带来的益处。

（四）以完善技能人才服务体系为手段，加强技能人才工作扶持力度，全面增强制造业技能人才队伍的稳定性

调查发现，经济条件不好的地区、企业，技能人才离职意愿和职业转换意愿最高，技能人才稳定性较差。要全面提升技能人才队伍的稳定性，就必须要完善技能人才服务体系，进一步提高技能人才工作扶持力度，为技能人才的权益保障提供更多针对性政策，并做好政策落实，以完备的服务体系保障技能人才。第一，要加强技能人才工作的财政支持，大力实施人才安居助业工程，进一步加大对企业内部的中高端技能人才的户籍、住房、医疗、配偶、子女教育等方面的优惠力度。第二，要完善人才的法治保障，加大技能人才工作立法力度，建立健全涵盖人才培养、吸引、使用等各个环节的人才法律法规，推进技能人才工作的科学化、规范化、法制化。第三，要加强技能人才民意监督，由行业协会、工会等机构搜集并传达技能人才服务评价、期待与需求，推动形成技能人才生存发展的良好服务环境。第四，要充分利用报纸、新闻等公共媒体，加强对技能人才相关政策的宣传，塑造良好用工形象，吸引和激励更多的技能人才从事技能岗位。

参考文献

[1] 国务院发展研究中心 . 发达国家再制造业化战略及对我国的影响 [J]. 管理世界，2013（3）:13-17,31.

[2] 中国经济网 .“中国制造 2025”呼之欲出 力推数控机床等十大领域 [DB/OL].(2015.4.27). [2015.5.15].

[3] 李志，徐涵 . 重庆地区技能人才队伍建设研究 [J]. 重庆大学学报（社会科学版），2013（1）: 14-19.

[4] 凤凰网 . 前程无忧发布《2015 离职与调薪调研报告》[DB/OL].（2014.12.08）. [2015.5.15].

[5] 刘艳新，方昕 . 黄石高技能人才流失严重 [N]. 湖北日报 , 2005-11-02（B01）.

[6] 廉锦英 . 如何防止企业高技能人才流失 [J]. 企业家天地下半月刊（理论版），2007（2）:190-191.

[7] 车文博 . 心理咨询大百科全书 [M]. 杭州 : 浙江科学技术出版社 , 2001, 55.

[8] 陈静静 . 从社会分层的视角探微我国中等职业学校招生难题 [J]. 职业教育研究，2007（7）: 44-45.

[9] 刘须宽 . 青年技术工人成长的文化遭遇 [J]. 中国青年研究 , 2005（10）: 10-15.

[10] 张勉 . 企业雇员离职意向模型的研究与应用 [M]. 北京 : 清华大学出版社 , 2006.

[11] 国务院关于印发服务业发展“十二五”规划的通知 [Z].2012.

[12] 陈淑丽 . 社会文化环境对人才成长的影响探析 [J]. 理论研究 , 2010（6）: 24-25.

[13] 李援越，吴国蔚 . 基于生态学的高技能人才开发研究 [J]. 科技管理研究，2010 （16）: 134-138.

[14] 孔凡柱 , 罗瑾琏 , 赵莉 . 基于知识管理的企业技能人才开发模型及实施策略 [J]. 科技进步与对策，2010（7）:150-153.

[15] 陈建领 , 赵立军，于海蛟 . 首都地区高技能人才队伍建设面临的挑战与对策 [J]. 中国人力资源开发 , 2006（2）: 4.

复杂“粘着”：构建太湖治污效果存续的新框架

罗　章[*]　凌剑峰

摘要：太湖治污是我国流域治理的典型样本。其治理过程是环境治理问题认识逐步深化的过程，其治理历史反映了我国流域治理政策变迁的过程。本研究采用个案研究法，通过对太湖流域治理实践过程的研究，发现近20年的太湖治污中采用了包括行政执法、工程技术、协作治理、制度治理等方式，这些方式在短期内都取得了一定成效。然而长期来看，“2000年蓝藻”事件和“2007年蓝藻”事件标志着太湖水污染治理屡战屡败。本研究认为太湖治污的关键问题是治理效果如何存续与改善。复杂理论的“粘着”模型为我们探索治污效果的存续提供了一个新的分析框架。

关键词：太湖治污；治理效果；“粘着”模型

太湖流域地处长三角，是我国经济发达、城市化水平最高的地区之一。然而伴随着地区经济、社会的高速发展，大量人口的生活污水、农业生产废水、工业污水的大量排放使得太湖流域水质每况愈下。太湖水污染问题严重影响着太湖流域的经济发展质量，水资源短缺、水污染严重、水生态环境恶化等问题日益突出，已成为制约经济社会可持续发展的重要瓶颈[1]。“2000年蓝藻”事件和“2007年蓝藻”事件两起太湖水污染事故破坏了环太湖城市的形象和人民群众日常的生活和工作。太湖水污染治理一直是摆在中央政府和流域内地方政府面前的难题。同时，太湖治污问题涉及中央政府、有关政府职能部门、流域内各级地方政府、社会组织、企业等多个治理主体，涉及流域内跨行政区的合作治理，是我国流域水污染治理的典型样本。透过这一样本，我们能够窥视我国流域治理的历史，总结治理成败的经验并由此探索改善治理绩效的可能途径。

---

* 作者简介：罗章，重庆大学公共管理学院教授、博士生导师。凌剑峰，重庆大学公共管理学院硕士研究生。

当前，国内对这一问题的研究，或者偏重于从纯技术的角度提出治理措施，或者从大江大河的角度研究治理机制[2]。在近20年的太湖治污的历史中，不仅采取了工程技术手段治污，也采取了行政执法、协作治污、制度治污等治理手段。研究中我们发现不管是纯技术手段还是制度手段，短期内都取得了一定成效，关键问题是这些成效难以存续和改善。由此，本文的基本观点：环境治理是一个长期过程，如何保持短期治理效果的存续并进一步改善是流域治理的核心所在。本研究的结论：在短期治理成效的基础上，供给适当的制度是治污效果存续和改善的重要保障和有效途径。

一、太湖流域污染及其治理

（一）太湖流域的污染情况

太湖是我国第三大淡水湖，流域面积36 895平方千米，是我国经济最发达的地区之一，在全国占有举足轻重的地位。太湖流域河网如织，湖泊星罗棋布，水面总面积约5 551平方千米，水面面积在0.5平方千米以上的大小湖泊共有189个，湖泊面积40平方千米以上的6个。流域内河道总长约12万千米，河网密度每平方千米3.3千米。出入太湖河流228条，其中主要入湖河流有苕溪、南溪和洮滆等；出湖河流有太浦河、瓜泾港、胥江等。

太湖流域主要涵盖上海、苏州、无锡、常州、镇江、杭州、嘉兴、湖州等8个大城市。2012年流域内总人口5 920万人，占全国总人口4.4%；GDP 54 188亿元，占全国GDP 10.45%；人均GDP 9.6万元，是全国人均GDP的2.4倍；城镇化率73%。第一、二、三产业所占比重分别为3.7%、61.3%和35.0%。

20世纪50年代太湖流域水质基本没有污染。60年代初上海黄浦江水质出现恶化。随着经济腾飞，太湖流域城市化程度不断提高，大量的工业污水、城市生活污水排放进入太湖流域河流并最终流入太湖。至80年代中期，太湖流域的主要纳污河道，即江南运河各城市段已相继出现黑臭，太湖水域也有1%的水面受到轻度污染。据统计，20世纪80年代至90年代初，太湖平均水体水质由以Ⅱ类水为主下降到以Ⅲ类水为主；从90年代中期至今，全湖平均水质下降为劣Ⅴ类。太湖的富营养化程度不断加剧，已由90年代中期的轻度富营养化水平升至中度富营养化水平。中度富营养化面积2005年比1998年增加近1 600平方千米[3]。据水利部太湖流域管理局的统计，2012年，太湖水质19.1%为Ⅳ类，7.0%为Ⅴ类，73.9%劣于Ⅴ类。

随着太湖流域污染的加重，水体富营养化程度的不断加剧，在2000年和2007年分别爆发了太湖蓝藻事件，其中2007年的事件引起社会的广泛关注。

（二）太湖流域水污染治理

面对日益严重的太湖水污染问题，特别是两次“太湖蓝藻”事件的爆发，中央政府、太湖流域内各级地方政府以及主要的利益相关方开始意识到问题的严重性并着手展开治理。以20世纪末的“零点行动”为大规模治理的起点，以两次“蓝藻”事件为节点，可以大致将太湖水污染治理分为“零点行动”后太湖治污（1998—2000年）、“2000年蓝藻”事件后太湖治污（2001—2007年）、“2007年蓝藻”事件后太湖治污（2007年至今）等三个阶段（见图1）。

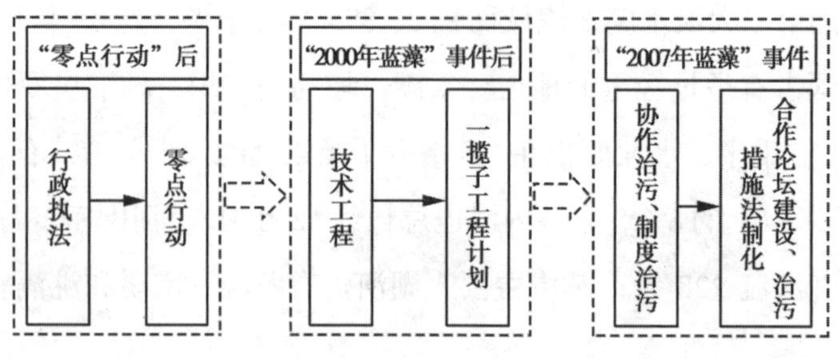

图1　各阶段治理方式

1.“零点行动”后太湖治污：行政执法

1996年，国务院环委会在无锡召开了太湖流域环保执法检查现场会，成立了太湖水污染防治领导小组，确立了执法控制工业和农业污染的排放治理策略，制定了到1998年达到相关的排放标准，到2000年使湖水变清的目标。全国人大通过、国务院批准了《国民经济和社会发展“九五”计划和2010年远景目标纲要》将太湖治污问题列为国家水污染防治的重点工作。

但是据中国环境监测总站提供的监测报告，出入湖河流的有机污染及太湖湖体富营养化仍然不断加重。至1997年22条入湖河流断面约有45%的断面为Ⅱ至Ⅲ类水质，50%的断面水质在Ⅳ至Ⅴ类。1998年2月23日～3月3日，太湖流域水污染防治领导小组组织有关部门及专家赴太湖实地检查，数据显示，太湖流域日排水百吨以上或日排 COD 30 千克以上的排污单位 1 035 家，其中江苏省 770 家，浙江省 257 家，上海市 8 家，截止到 1997 年底仅有 328 家完成了治理任务。

1998 年 12 月 26 日，国家环保总局发出了《关于开展“聚焦太湖”零点行动的通知》,决定于1998 年12月31 日深夜开始开展流域内工业污染达标排放的执法活动。截至 1998 年 12 月 31 日，太湖流域 1 035 家重点污染单位的达标率为 97.3%，非重点污染单位的治污设施完工率为 70%。

但是，根据华东新闻网在 2000 年所作的《环太湖治污调查》，太湖流域水环境监测中心的工程师高怡却表示：“‘零点行动’后，水污染加重的局势有所控制。但是，从我们监测的情况看，除个别月份因为洪水稀释的作用，局部地区的污染情况明显改善外，全流域的水污染指标 1999 年与 1998 年基本持平，今年局部地区水质反而恶化。”中心的一位负责人表示：“今年水污染反弹，可能是因为近来国内经济形势转暖，在‘零点行动’时因治污不力被强行关闭的企业或因效益欠佳关停的企业，如今又蠢蠢欲动、开工排污。另外一个原因是生活垃圾和城镇生活污水增多”[4]。

2.“2000 年蓝藻”事件后太湖治污：技术工程

2000年7月,太湖蓝藻大规模爆发,蓝藻最严重的梅梁湖,藻类数量达到2.1亿个,太湖水变清计划宣告破产，2000 年太湖工业废水排放量已猛增为 32.4 亿立方米。

2001 年国务院制定《太湖水污染防治“十五”计划》，安排了治污工程、生态恢复工程、强化管理工程等 225 个配套的治污工程。2001 年 7 月，国家环境保护总局制定了《淮河和太湖流域排放重点水污染物许可证管理办法（试行）》。2002 年开始实行 “引江济太”水利工程的建设，以求加快太湖的水流速度增加其储水量，以期改善太湖水质。作为“863”计划的重要组成部分，科技部于 2002 年做出了专项研究太湖治污课题的重大决策。“太湖水污染控制与水体修复技术工程示范”课题旨在通过对太湖典型污染区域系统的研究开发，建立高效集成技术并进行综合示范，形成具有我国特点的湖泊污染控制与水体修复技术支撑，探索出解决河流湖泊污染水体修复、城市水环境质量改善、饮用水安全等问题的有效途径。整个课题由 3 个子课题组成，分别为太湖梅梁湾水源地水质改善技术、河网区面源污染控制成套技术、重污染水体底泥环保疏浚与生态重建技术。课题总投资为2.1亿元。

随着一揽子工程计划的实施，带来了太湖流域水质的有效改善。以“专项研究太湖治污课题”为例。①太湖梅梁湾水源地水质改善技术项目实施中，饮用水源区的氮、总磷和氨氮量下降50%以上，水厂取水口水质基本达到饮用水源地水质Ⅲ类标准，湖区生物多样性增加，水体净化能力逐步增强。②河网区面源污染控制成套技术项目实施中，共建成农村生活污水处理示范工程19项，污水处理设施83套，使村镇生活污水处理率超过80%，总氮去除率大于70%，总磷去除率大于80%。③在重污染水体底泥环保疏浚与生态重建技术项目实施中，2005年的监测结果表明，东五里湖总氮、氨氮都为劣于Ⅴ类、总磷为Ⅴ类水质，而示范区所在的西五里湖水质至少高出一个等级。

2007年的“蓝藻”事件让国人不得不接受“太湖治污16年无功而返”的事实。2007年6月在无锡召开的太湖流域水污染防治座谈会上，时任国务院总理温家宝指出：太湖水污染治理工作开展多年，但未能从根本上解决问题。

世界水协理事刘光钊与南京大学藻菌学科带头人刘志礼教授在谈及太湖治理时表示：倘若单从技术层面上看，太湖要在三五年内实现治污，绝对有此可能，现在治理的关键是管理体制问题。蓝藻不是不可治理，但要治水，先要治人[5]。

3.“2007年蓝藻”事件后太湖治污：协作治污、制度治污

2006年底，联合国国际湖泊环委会专家哈里应无锡市要求问诊太湖，作出《太湖水环境状况及水质修复评估报告》认为：“建立流域领导机构至关重要。这个领导机构必须是官方机构，要由环保、水利、建设、农林等相关部门组成，这便于通盘考虑整个流域水环境修复管理措施的制订。”2007年5月，无锡蓝藻再次暴发，并引发饮用水危机。

时任江苏省常务副省长苏常锡指出应该树立“三市一体”“一荣俱荣、一损俱损”的意识，合力治污。2008年，国务院批复了《太湖流域水环境综合治理总体方案》，对太湖水污染治理做出了总体部署，确立了到2012年和2020年分段治理的目标。2008年召开了第二届长三角（太湖）发展论坛，众多官员和专家达成共识，认为太湖治理必须走向一体化，构建一个环太湖城市发展共同体。2011年，国务院颁布了《太湖流域管理条例》将太湖治理的有关措施法律化、常态化。

根据2003年至2012年《太湖流域及东南水资源公报》显示：经过多年治理，失去一般水体功能的劣Ⅴ类水所占比例明显下降，由2003年的57.4%下降至2012年的36.5%。2007年以来，可用于工农业的Ⅳ类、Ⅴ类水所占比重由2007年的21.5%上升至2012年的44.8%。经过2007年以来的制度治理、协作治理，太湖流域水污染治理取得了明显的成效（图2）。2009年以来太湖湖心区的富营养化程度由中度转变为轻度，太湖流域的蓝藻问题得到大大的缓解。

表1 2003—2013年太湖流域河流全年期水质变化表

2003—2013年太湖流域河流全年期水质变化					
年　份	Ⅱ类	Ⅲ类	Ⅳ类	Ⅴ类	劣Ⅴ类
2003	2.20%	7.20%	18.30%	14.90%	57.40%
2004	0	6.50%	15.30%	14.00%	64.20%
2005	0.50%	10.20%	13.50%	14.50%	61.30%
2006	4.00%	9.50%	11.90%	11.70%	62.90%
2007	4.40%	9.90%	10.60%	10.90%	64.20%
2008	4.20%	10.60%	13.60%	15.90%	55.70%
2009	3.40%	8.40%	19.10%	18.50%	50.60%
2010	1.90%	10.60%	21.20%	22.70%	43.60%
2011	4.60%	12.00%	22.50%	16.40%	44.50%
2012	6.10%	12.40%	21.80%	23.00%	36.50%

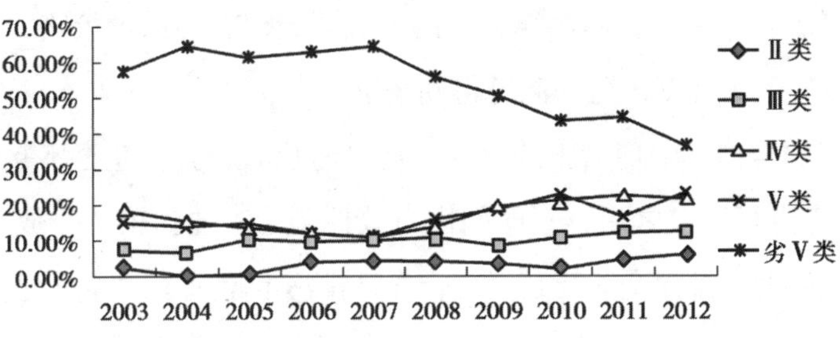

图2 2003—2013年太湖流域河流全年期水质变化图

二、太湖水污染治理“屡战屡败”困境原因分析

通过对自20世纪90年代以来太湖治污三个阶段的分析，我们发现每一阶段的治理方式短期内都取得了一定的治理效果，通过行政执法行动，太湖水污染中的工业污染的排放得到有效的控制。“一揽子技术工程”的开展能够有效控制湖泊污染并利用技术修复污染水体。多级政府、多个部门的协作治污使得流域内河流水质明显好转，湖心区水体富营养化程度有效缓解。但是长期来看，太湖治污“屡战屡败”，陷入“短期效果显著，长期效果不显”的困境。

（一）“屡战屡败”：运动式治理的困境

整个太湖治污过程明显带有“运动”色彩，“运动式治理”是指对某些突发性事件或国内重大的久拖不决的社会疑难问题进行专项治理的一种暴风骤雨式的，有组织、有目的的重点治理过程[6]。在“运动”期间，集中力量“从重、从严、从快”，所采取的措施往往能起到良好的治理效果。“运动”结束后，无论行政执法还是工程技术手段所起到的作用呈递减趋势，甚至为零。这种治理方式最为显著的特征便是“短期效果显著，长期效果不显”。

太湖治污的三个阶段中，每当采用新的治污手段时，无论是行政执法、技术工程或者是协作治理、制度治理，不能否认其在短期内所取得的治理效果（图3）。零点行动后，经过近3个月的执法行动，使得工业污染物的排放得到了有效控制，基本实现了一次执法活动的既定目标。一揽子工程计划实施后，通过采用新的治污技术有效控制湖泊污染并利用技术修复污染水体，缓解太湖水体的富营养化，提高了太湖的自净能力和水环境承载能力。多个部门、多级地方政府与社会组织以协作论坛的方式谋求合作治理，用法律文本的形式固定现有的治理策略，使得太湖营养化程度由中度转变为轻度，蓝藻问题得到缓解。

随着时间的推移，治理措施的效果呈现出递减的趋势，甚至不起任何效果。比如1998年“零点行动”之后，短时间内有效控制了工业污染的排放，但是在2000年的调查中我们发现排污企业死灰复燃，并且排污量超过了“零点行动”以前。

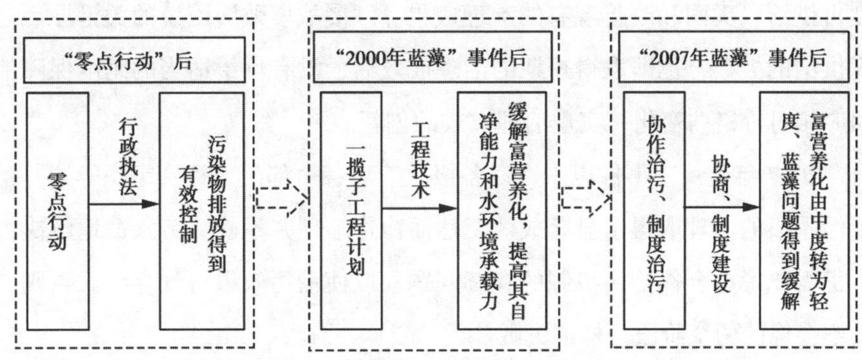

图3　各阶段治理方式及其效果

（二）“屡战屡败”困境的原因：制度供给失败

表2更为细致地展示了每个阶段的治理方式及主体、参与者等因素。结合图3，简单地将治理不善的责任归结为政府单一主体治理流域性污染问题捉襟见肘或者是行政执法、工程技术只能治标不能治本等因素是不负责任的。

表2　太湖治污各阶段特点表

治污阶段	“零点行动”后	“2000年蓝藻”事件后	“2007年蓝藻”事件后
治理主体	中央政府及中央各部门	中央政府特别是水利部门牵头主导	中央政府和地方政府共同治理
参与者	地方政府	地方政府	专家学者、环保组织、社会公众等
治理方式	行政执法	工程技术	协作治理、制度治理

我们必须从整个太湖治污的历史中寻找导致“屡战屡败”“短期效果明显，长期效果不显”“治理效果得不到存续和改善”的根本原因。如图3所展示的每个阶段内所采取的措施短期内强有力地将治理效果推向预定的治理目标，然而完成短期内的治理目标后，关于如何保持现有的治理效果，如何适应新的影响治污的因素等问题，得不到任何制度保障。此外，各阶段所采用的治理方式之间断裂而非叠加形成改善治理的合力，前后两个阶段的治污策略是一种取代关系而非整合关系。

奥斯特罗姆指出只在一个层级上建立规则而没有其他层级上的规则，就不会产生完整的、可长期存续的制度[7]。太湖治污“屡战屡败”主要就是因为整个治污过程中每个阶段只在一个层面上建立一套规则或采取一种措施，而没有供给其他层次的制度再供给以巩固和改善现有的治理成果。“屡战屡败”困境的关键原因是治理的制度供给的失败，也即取得短期的治理成效后，没有供给适当的制度保障治理成效，回应相对价格的变化，实现治理方式的创新。

自“2007年蓝藻”事件以来，以各级政府、各个部门、社会组织等协作治污为主要治污手段的治理取得了显著成效。然而协作治理并不能一劳永逸地解决太湖水污染，仍需要考虑合作治污机制的存续问题，以使治污效果得到存续。否则，很难保证其不会像前两个阶段一样的失败。

三、复杂“粘着”模型：太湖治污效果可持续的新思路

基于以上关于太湖治污历史和治污失败原因的分析，我们可以得出以下结论：首先，运动式治理在太湖治污的历史中正在式微。太湖治污的历史表明运动型治污只能短期治标，不能治本。正如冯仕政（2011）关于“国家运动”的论述中指出的从总体上看，运动式治理总是间歇性发生，不可能永续发展，并从长期来说趋于消退[8]；其次，治污制度供给的失败既是治理效果不得持续的原因所在，同时也是运动式治理模式的必然结果。最后，就目前而言，基于各级地方政府、职能部门、社会组织等治理主体的合作治理是太湖治理的新趋势。

如果我们将“合作治污”手段看成是太湖治污的新趋势和有效手段，那么如何保持“合作治污”机制和效果的存续成了问题的关键。一定程度上我们可以将问题置换成实现“合作治污”机制和效果存续的必要条件是什么？约翰·霍兰提出了复杂“粘着”模型为我们的思考提供了一种新的思考[9]。

（一）复杂“粘着”模型：一个合作治理的隐喻模型

霍兰在《隐秩序—适应性造就复杂性》一书中指出，从一个国家、城市，到一个生态系统，再到人体的神经系统、免疫系统这些具有聚集涌现特性的系统都可以冠以“复杂适应系统”之名。其中，霍兰提出的“粘着”模型为复杂系统内多主体聚集体的形成提供了形成方法。

此处的“多主体聚集”有两层含义：a. 简化复杂系统的一种标准方法，也即一个复杂系统由多个简单的部分（单个主体）组成；b. 较为简单的主题聚集相互作用，

必然涌现出复杂的大尺度行为。也即多主体聚集体拥有单个主体或多个简单主体相加所没有的功能。我们认为复杂系统内多主体聚集体的形成需要以下几个必要条件：

①主体选择性地相互粘着，并且形成“层次”，结果它们能够作为一个整体运动和交互活动。聚集体内一种主题通过资源收集和供应特定的资源，可以导致另一个主体充分利用这种资源，从而使它的活动专职化，以便更迅速地促进聚集体的演化。其中某些主体也可能会拥有一种抗争能力，拒绝这种诱导。

②聚集体内各个主体的交互是有边界限制的，主体只能与同属一条边界的主体或属于相邻边界的主体进行交互作用，用家族树表的方式表示，边界与相邻边界就是指该边界的直接外层或直接内层或与它并排相邻（同属于一个层次，因而与同一个结点直接相连）（见图 4）。

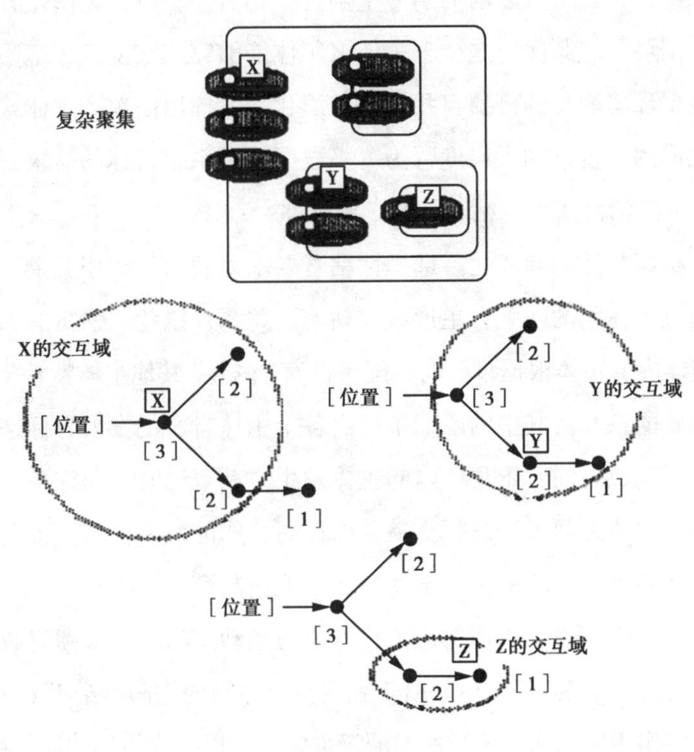

图 4　交互域

③除了聚集体内的各个主体的粘着交互作用之外，交互作用也可以在“随机接触”的基础上发生。这种情况主要发生在聚集体环境中出现“自由主体”的情况之下。

其中对一个特定的聚集体来说，“自由主体”的来源主要有两条途径：既可以是其他聚集体中的主体被驱逐出去形成的，也可以是来自于聚集体之外的环境中。这些“自由主体”既可以加入其他的聚集体，也可以成为新的聚集体的种子。

（二）复杂“粘着”：太湖合作治污可持续发展的几个必要条件

以上提及，霍兰关于复杂适应系统内各个主体要形成一个具有聚集涌现特性的多主体聚集体所必需的几个必要条件的论述，特别是其中聚集体内各个主体的交互粘着为我们研究太湖水污染治理短期效果的存续问题提供了一个很好的切入点。

首先，我们希望太湖治污所涉及的上到中央政府、下至各级地方政府、各个职能部门以及社会组织、企业等相关主体形成的聚集体是一个霍兰意义上的多主体聚集体。具体来说，这些功能目标、资源结构、利益目标等大相径庭的主体能够有机结合成一个聚集体，在中央政府的引导下实现“粘着”。以避免由差异和规模引起的“集体行动困境”。其次，这个多主体聚集体能够完成在复杂环境下的适应性，也就是能够根据环境变化的需要自我调试与演化，发挥出由单个主体或者多个主体相加所不能完成的“复杂的大尺度行为”。根据这个系统目标的需求，我们可以归纳出以下几个太湖治污实现“粘着”的必要条件：

①选择性粘着与活动专职化。选择性粘着要求太湖治污的相关主体在中央政府的引导下，通过主体间的匹配自主形成“粘着”关系，以免“强扭的瓜不甜”。也即多主体聚集体内的主体根据自己的匹配条件有“诱导”其他主体粘着，或者“拒绝”与其他主体粘着的权利。其中的匹配条件由各个主体自身的发展目标、资源结构、利益目标等要素构成。同时聚集体内的主体发生“粘着”时，允许各个主体实现分工协作，甚至各主体之间可以进行交易，以提高合作的效率。这为太湖流域治污的相关主体形成互补性合作以及进行排污权交易等创造了生存空间。

②严守交互边界，避免治理的错位、失位与运动式治理。太湖流域治污主体如果以体制内外划分，体制内的主体又由于我国行政体制的“条块结构”出现各级政府、各职能部门交错作用的局面；体制外的治污主体又可以分为市场主体、社会主体等。其中又以体制内的治污主体为主要主体。在这种复杂的交互结构中，明确每个主体的交互边界，更进一步地严守这个边界。能够有效解决各主体发挥治理功能时出现的失位、错位现象。更重要的是，避免太湖治污历史上反复发生的运动式治理现象。

运动式治理是国家权力直接干预各级官僚体制的运行，最大的特点是暂时叫停科层制常规过程，以政治动员代替之，以便超越科层制度。其结果常常导致失控危险和高昂的交易成本，表现为间断性和不确定性[10]。如果要保持太湖治污效果的可持续就要避免这种运动式的治理方式。

③关注“自由主体”，实现多主体聚集体的稳定与优化。随着信息技术、公民权利意识、社会主体和市场主体的发育，治理主体不再可能是单一的，治理边界再也不可能是封闭的。在复杂系统环境中出现了区别于传统治理主体——政府的“自由主体”，比如：各种社会组织、专家智库、企业组织等。这些“自由主体”对原有的多主体聚集体的稳定形成冲击，对原有的治理结构提出了新的要求。原有的多主体聚集体必须正确处理与这些“自由主体”之间的关系，使其不至于冲击原有多主体聚集体的稳定，在此基础上与原有的多主体聚集体形成新的合力，实现多主体聚集体的优化。

四、结论

流域污染治理已成为中国经济社会发展的重要问题。无论政府还是学界都高度关注这个问题，针对这个问题提出了技术工程、多中心治理、流域一体化等多种治理方式。本文以太湖流域的治污历史为样本，经过研究发现这些治理手段在一定时期内都发挥了治理污染、缓解污染的作用。本研究认为太湖治污的关键问题是治理效果如何存续与改善。复杂理论的“粘着”模型为我们探索治污效果的存续提供了一个新的分析框架。根据“粘着”模型为我们提供的关于合作治理的隐喻模型，本文提出了实现合作治理的几个必要条件：选择性粘着与活动专职化；严守交互边界，避免治理的错位、失位与运动式治理；关注“自由主体”，实现多主体聚集体的稳定与优化。

参考文献

[1] 中央人民政府门户网．国务院关于实行最严格水资源管理制度的意见 [EB/OL].（2012-01-12）.

[2] 张紧跟，唐玉亮 . 流域治理中的政府间环境协作机制研究——以小东江治理为例 [J]. 公共管理学报，2007（3）:50-56，123-124.

[3] 中国水网 . 太湖流域水环境综合治理总体方案 [EB/OL].（2008-08-22）.

[4] 邓建胜，屠知力 . 环太湖治污调查 [N]. 人民日报，2000-06-05（1）.

[5] 陈丽娟 . 太湖治污三五年本可实现百亿投入，16 年却收效甚微 [N]. 人民日报，2007.06.21（8）.

[6] 黄科 . 运动式治理：基于国内研究文献的述评 [J]. 中国行政管理，2013（10）：107-112.

[7] 埃莉诺 · 奥斯特罗姆 . 公共事务的治理之道 [M]. 余逊达，孙旭东，译 . 上海：上海译文出版社，2012.

[8] 冯仕政 . 中国国家运动的形成与变异：基于政体的整体性解释 [J]. 开放时代，2011（1）：73-97.

[9] 约翰·霍兰 . 隐秩序—适应性造就复杂性 [M]. 周晓牧，韩辉，译 . 上海：上海科技教育出版社，2000.

[10] 周雪光 . 运动型治理机制：中国国家治理的制度逻辑再思考 [J]. 开放时代，2012（9）：105-125.

环境约束下的中国资本投资效率研究

蒲艳萍　成　肖

摘要：本文采用加入非合意产出的SBM模型及共同前沿生产函数，对1985—2010年中国资本效率与资本利用技术进行测算发现：无论有无环境约束，中国均存在大量无效资本投入，资本效率整体偏低；东部资本效率最高，中部和东北最低且无效资本量最大；资本效率较高的省份主要集中在东部。无环境约束下，群组前沿的资本效率均高于共同前沿，且西部资本效率最低。有环境约束下，群组和共同前沿下整体、东部和西部资本效率均有所改善，但仍偏低，提升空间较大；中部和东北资本利用技术水平显著下降，经济发展付出了较大环境代价，西部则大幅提升。

关键词：环境约束，资本效率，资本利用技术，SBM模型，共同前沿生产函数

一、引言

纵观发达国家经济发展的历史，投资是拉动经济增长的重要引擎。发达国家在工业化过程中，以制造业为主的产业投资和道路、交通、通信等基础设施建设投资，推动了一轮又一轮的经济增长。但是发达国家所经历的"高投资—工业化—高增长"模式不能作为一种成功经验被简单复制。Brander（1992）对中国台湾、中国香港、韩国等116个国家和地区1960—1988年的平均投资率与人均经济增长率进行实证研究证明，高投资未必带来高增长。从逻辑上讲，投资规模只是经济增长的必要而非充分条件，只有投资规模，缺乏投资效率，难以实现经济的长期可持续增长。一方面，缺乏技术进步的资本投资增加，伴随的是资本边际报酬的递减和经济增长优势的减弱。另一方面，低效率、高污染的粗放型经济增长模式给环境带来巨大压力，造成国家未富而资源、环境先衰。改革开放以来，中国经济增长在创造世界奇迹的同时，也付出了沉重的环境污染和环境治理代价。2011年《中国环境状况公报》显

示，2011 年中国废水排放总量、化学需氧量排放量及二氧化硫排放量分别为 652.1 亿吨、2 499.9 万吨及 2 218 万吨，均居世界第一。2013 年亚洲开发银行和清华大学在《迈向环境可持续的未来：中华人民共和国国家环境分析》报告中提出，世界上污染最严重的 10 个城市中有 7 个在中国，中国 500 个大型城市中，只有不到 1% 达到世界卫生组织空气质量标准。自 2011 年雾霾天气入选中国“国内十大天气气候事件”以来，中国雾霾天气的发生范围、发生频率、严重程度及持续时间均逐年递增。在 2012 年世界经济论坛公布的最新“环境可持续指数评价”中，中国在全球 144 个国家和地区中位居第 133 位。《2009 年中国经济环境核算报告》显示， 2009 年中国环境退化成本和生态破坏损失成本达 13 916.2 亿元，约占当年 GDP 的 3.8%。2010 年中国环境污染治理投资总额达 6 654.2 亿元，约占当年 GDP 的 1.66%。经济的增长离不开要素投入的增加，但经济增长的可持续性很大程度上不是取决于要素的供给能力，而是取决于充分利用和有效配置要素的能力。资本投资在促进长期经济增长方面的作用，依赖于投资选择、投资效率和投资所推动的技术进步及其性质。特别是在资本稀缺和环境脆弱双重约束下，转变经济增长方式，通过技术进步提高资本投资效率成为经济可持续增长的必要条件和内在要求。林毅夫等（1994）认为，在资本、劳动力和自然资源三类生产要素中，资本最为稀缺，资本的效率对经济增长的影响最大。但很多学者的研究显示，20 世纪 90 年代中后期以来，中国资本投资的效率出现了较为严重的问题。Rawski（2002）从低投资回报率、大范围产能过剩等角度对中国投资体制与投资效率提出批评，认为投资效率很有可能成为制约中国经济增长的“阿喀琉斯之踵”。那么，中国资本投资的效率如何？环境约束对中国资本投资效率与资本利用技术又产生了怎样的影响？对环境约束下中国资本投资效率及资本利用技术状况进行测算与客观评价，既是政府经济决策的基础，也是引导后续社会资本投入，加快转变经济增长方式，创新经济发展模式，提升经济增长质量的必要条件。

二、文献综述

在市场机制完善的发达国家，投资数量、投资结构与投资方式由追求利润最大化的微观企业自主决策，很少存在“过度投资”“投资结构不合理”和“投资效率”问题，因此国外系统研究宏观投资效率的文献较少。目前国内对资本宏观效率的研究主要有四种方法。一是通过资本 - 产出比（K/Y）、边际资本 - 产出比（ΔK/Y）考察资本效率。二是基于新古典经济增长的“动态效率”理论，认为资本积累存在一个最优增长路径，利用 Abel 等（1989）推导出的净现金流准则（AMSZ 准则）判断资本积累是否动态有效。三是通过测算资本回报率评价资本投资宏观效率。四是使用数据包络分析（Date Envelopment Analysis，DEA）方法，从全要素生产率（Total Faetor Productivity，TFP）视角测算经济增长效率。DEA 方法是国内外运用最广的效率评价方法，本文运用 DEA 方法测算中国全要素资本效率。

DEA 是前沿生产函数（Frontier Production Function）中的一种非参数效率评估技术。前沿生产函数理论认为，在实体经济运行中，基本经济单元在给定投入条件下，由于外部不可控因素的影响，会造成一定的效率损失，由此造成潜在的最大产出可能难以实现。因此，现实生产中无效的情况普遍存在，经济运行完全有效则极为少见。自 Charnes 等（1978）提出 DEA 方法以来，现代效率的测度和评价得到广泛运用和发展。早期运用 DEA 模型对经济活动效率的分析，仅考虑要素投入的约束，没有将环境约束考虑在内。经济运行中的“低投入、高产出、少污染”是生产活动的理想境界，但在实际生产活动中，伴随着期望产出的生产，各种废水、化学需氧量、二氧化硫等污染物排放也不断增加。这些生产活动中不受欢迎的副产品被称为“非期望产出”或“非合意产出”。各国学者对如何将“非合意产出”纳入 DEA 框架进行了大量研究。Fare 等（1989）最早运用投入产出的弱可处置性处理污染变量，但由于非线性规划使用极不方便，应用受限。Chung 等（1997）提出方向性距离函数（Directional Distance Function）的 DEA 方法，虽较好地解决了非期望产出的效率评价问题，但由于未考虑松弛问题，且可能由于径向及产出角度的选择给分析结果带来偏差。Tone（2001）提出的传统 SBM（Slacks-Based Measure）模型，作为非径向非角度的 DEA 分析方法，综合考虑了各决策单元的投入和产出，并提供了松弛问题的有效解决途径，但未将非合意产出考虑在内。为综合考虑投入、产出、污染三者之间的关系，并较好地解决效率评价中的松弛问题，Tone（2004）在传统 SBM 模型的基础上提出加入非期望产出的扩展 SBM 模型。作为一种非参数评估方法，扩展的

SBM 模型依靠投入产出数据得到相应的技术前沿及各决策单元相对于参照技术的效率评价，既不需要设定生产者的最优行为目标，也不需要对生产函数的形式做特殊假定。扩展的 SBM 模型将松弛变量直接放入目标函数中，由此解决了投入产出松弛的问题和非合意产出存在下的效率评价问题。同时，扩展的 SBM 模型属于 DEA 模型中的非径向和非角度的度量方法，能有效避免因径向和角度选择差异带来的效率偏差和影响，更能体现效率评价的本质。

近年来，国内学者较多地运用 DEA 方法从 TFP 视角考察中国经济增长的效率问题。王志刚等（2006）采用超越对数生产函数的随机前沿模型对中国地区间生产效率进行研究显示，中国区域生产效率呈东中西部梯度递减，且 TFP 增长率主要取决于技术进步率。Zheng 和 Hu（2004）、颜鹏飞等（2004）的研究均显示，中国 TFP 增长主要源于技术效率，由于技术进步速度减缓，20 世纪 90 年代中期后，中国 TFP 增长趋缓或出现递减。涂正革等（2005）研究发现，前沿技术进步是中国工业行业 TFP 增长的主要动力，企业技术差距的扩大严重阻碍 TFP 提高。姚洋和章奇（2001）利用工业普查数据进行企业微观研究显示，企业技术效率与企业所有制及企业规模有关，非国有企业技术效率高于国有企业，大企业技术效率高于小企业。郑京海等（2002）研究发现，中国企业特别是国有企业技术效率普遍偏低，且国有企业生产率增长主要来自对新技术的投资而非技术效率提高。随着环境污染的加剧，学者们开始关注环境约束下的经济增长绩效问题。杨俊等（2009）将 SO_2 作为非合意产出，吴军（2009）以化学需氧量（COD）和 SO_2 排放量作为非合意产出，采用 Malmquist 生产率指数对中国区域工业 TFP 增长率研究发现，技术进步是 TFP 增长的主要来源，TFP 增长存在显著区域差异，忽略环境因素会高估中国工业 TFP 增长率。胡鞍钢等（2008）采用方向性距离函数，对省际技术效率进行测算，发现有无环境约束的技术效率存在显著差异。岳书敬等（2009）研究发现，环境约束下中国工业行业增长的综合效率较低，且行业间效率差距较大。朱承亮等（2011）研究发现，1998—2008 年中国经济增长效率虽整体呈上升趋势，但效率偏低且存在区域差异，考虑环境约束下的中国经济增长效率低于无环境约束的效率。刘瑞翔等（2012）研究显示，资源环境约束下中国经济增长绩效呈下降趋势，且东部下降尤为明显。国内学者从 TFP 视角对中国生产效率的研究得出了许多有意义的结论，但主要存在三方面的局限：一是对 TFP 的研究仅考虑资本和劳动等生产要素的投入约束，很少将环境约束考虑在内。如果忽视资本投资所带来的环境绩效，就会扭曲对社会福利变化和经济绩效的评价，从而误导资本投资政策，导致环境的过度污染，不利于绿色经济发展。二是考虑环境因素，但将环境污染作为一种投入纳入 DEA 模型（Hailu and Veeman，2000），这显然不符合实际生产过程。三是考虑环境因素，并将环境因素作为一种非合意产出纳入模型，但没有充分考虑投入产出的松弛性问题。本文将环境污染作为非合意产出，基于环境绩效视角，采用加入非合意产出的扩展的 SBM 模型及共同前沿生产函数，考察中国资本投资效率，解决了投入产出松弛的问题和非合意产出存在下的效率评价问题。期望通过对环境约束下中国不同省份、不同区域资本投资效率及资本利用技术水平的客观评价，为政府积极推进投资体制改革，充分发挥市场在资本配置中的决定性作用，加快转变经济增长方式，有效提高资本投资效率，促进经济与环境协调、可持续发展提供政策依据。

三、理论模型与研究方法

（一）加入非合意产出的 SBM 模型

Tone（2004）提出的加入非合意产出的 SBM 模型如下：

假定生产函数中有 N 个决策单元（N=1，2，…，n），T 个时期（T=1，2，…，n），每个决策单元有 m 个投入（m=1，2，…，n），以及一个合意产出、一个非合意产出，得到三个矩阵：

$$\boldsymbol{X}=[x_1,\cdots,x_n]\in R^{m\times n} \tag{1}$$

$$\boldsymbol{Y}^g=[y^{g_1},\cdots,y^{g_n}]\in R^{s_1\times n} \tag{2}$$

$$\boldsymbol{Y}^b=[y^{b_1},\cdots,y^{b_n}]\in R^{s_2\times n} \tag{3}$$

生产可能性集 P 定义如下：

$$P=\{(x,y^g,y^b)\mid x\geqslant X\lambda,y^g\leqslant Y^g\lambda,y^b\geqslant Y^b\lambda,\lambda\geqslant 0\} \tag{4}$$

式（4）中，是集合中 R_n 的一个非负的参数。

于是，我们定义指数 ρ 如下：

$$\rho = \frac{1 - \left(\frac{1}{m}\right) \sum_{i=1}^{m} \frac{s_i^-}{x_{i0}}}{1 + \frac{1}{s_1 + s_2} \left[\sum_{r=1}^{s_1} \frac{s_r^g}{y_{r0}^g} + \sum_{r=1}^{s_2} \frac{s_r^b}{y_{r0}^b} \right]} \tag{5}$$

$$\begin{aligned} \text{s.t.} \quad & x_0 = X\lambda + s^- \\ & y_0^g = Y^g \lambda - s^g \\ & y_0^b = Y^b \lambda + s^b \\ & s^- \geqslant 0, s^g \geqslant 0, s^b \geqslant 0, \lambda \geqslant 0, \end{aligned}$$

其中，s^-，s^g，s^b 分别表示投入、合意产出、非合意产出的松弛量。

投入无效率为：$\left(\frac{1}{m}\right) \sum_{i=1}^{m} \frac{s_i^-}{x_{i0}}$ (6)

产出无效率为：$\frac{1}{s_1 + s_2} \left[\sum_{r=1}^{s_1} \frac{s_r^g}{y_{r0}^g} + \sum_{r=1}^{s_2} \frac{s_r^b}{y_{r0}^b} \right]$ (7)

$x_0 \geqslant s^-$，并且若无合意产出，则效率 ρ 不包括 Y^b。

另外，效率 $0 \leqslant \rho \leqslant 1$，当 $\rho=1$ 时，即是有效率的；当 $\rho \neq 1$ 时，说明被评价单元存在松弛量，存在投入的无效率。

（二）共同前沿和群组前沿

一般而言，资本效率比较的前提是所有生产单元都具有相似的生产水平，即具有共同的技术前沿，否则可能会因为个体差异太大而无法得出有效的比较结果。Hayami（1969）为解决不同群组间效率的不可比性问题，首次提出了共同生产函数（Metaproduction Function）的概念，Hayami 和 Ruttan（1970）认为共同生产函数是由众多最有效的评价对象所构成的生产函数。Battese 和 Rao（2002）将共同生产函数与随机前沿分析（Stochastic Frontier Analysis，SFA）相结合，提出共同前沿生产函数，并利用共同前沿生产函数评价不同技术水平下各组群的技术效率。Battese 等（2004）又在之前的基础上，假定在既定技术水平下仅存在单一的数据生成机制，在 SFA 方法下定义了共同边界是由各组群构成的确定性包络函数，并用技术落差比率（Technology Gap Ratio，TGR）衡量单一组群对共同边界的潜在效率比。Rambldi 等（2007）以距离函数定义共同边界函数，同时利用 DEA 方法构建 Metafrontier-Malmquist 生产率指数及其分解，将共同边界延伸到全要素生产指数衡量领域。

Donnell 等（2008）进一步将 DEA 方法扩展至非参数共同前沿分析领域，构建了共同前沿生产函数（Metafrontier Product Function），分析所有生产单元在共同前沿下的技术效率，成功解决了 SFA 方法只能处理单一产出问题的缺陷。

由于参考前沿不同，群组前沿下的资本效率测度可能会高估资本利用的实际水平，而基于共同前沿下的资本效率则反映了资本利用水平的潜在提升空间。共同前沿分析方法主要是对处于不同生产前沿下的对象进行对比分析。该方法分为两步：第一步，构建群组前沿，对群组内部的效率进行评价。第二步，在群组前沿的基础上构建共同前沿，并测度介于群组前沿和共同前沿间的技术落差比率。

图 1 内共有三个群组样本，所构成的群组前沿分别为群组 1、群组 2 和群组 3，每条凸函数分别表示每个群组的潜在技术水平，共同前沿（或共同边界）则表示所有样本的潜在技术水平。

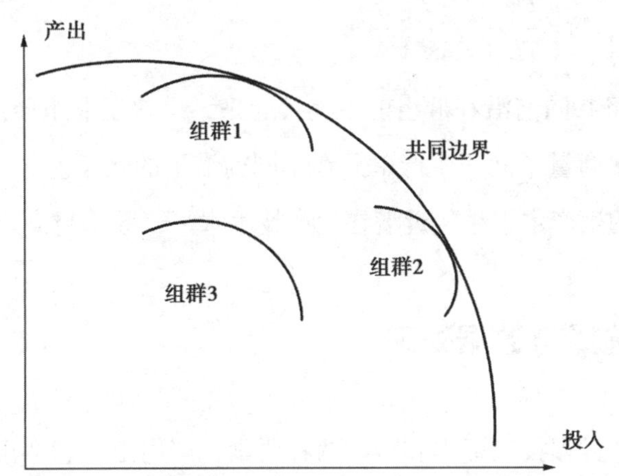

图 1　共同前沿分析中不同群组样本与所有样本的潜在技术水平

生产函数的假定与 Tone（2004）提出的加入非合意产出的扩展的 SBM 模型一致，即有 N 个决策单元（j=1，2，…，n），T 个时期（t=1，2，…，t），每个决策单元有 m 个投入（m=1，2，…，n），以及一个合意产出、一个非合意产出，得到的三个矩阵分别为公式（1）（2）（3）。

生产可能性集为 $P=\{(x,y^g,y^b)\mid x\to y^g,y^b\}$，且 $\lambda P=P,\lambda>0$。

这里，我们假定在整个样本中有 J 个具有不同生产技术可能的群组，则根据构造的生产可能性集，其中 j 组处于相同技术水平下的集合可表示为：

$G_i^j=\{y^g,y^b:(x,y^g,y^b)\in P\}$

G_i^j的上界即为群组前沿，隐含了生产单元群组间技术差距无法缩小情况下最小投入的技术边界，即在既定技术水平下追求产出最大化的技术前沿。因此，基于J个不同的技术集合G_i^j，且j=1，2，…，J，则共同前沿下的技术边界可表示为$P=\{G_i^1\cup G_i^2\cup\cdots G_i^J\}$。

此生产集的上界即为共同前沿，它表示所有生产单元在相同的技术水平下追求产出最大化。共同前沿下最重要的一个指标为“技术缺口比率（Technology Gap Ratio，TGR）”。TGR在数值上是共同前沿与群组前沿生产单元技术效率的比值，即：

$$\begin{aligned}TE_P(x,y^g,y^b)&=TE_G(x,y^g,y^b)\times\frac{TE_P(x,y^g,y^b)}{TE_G(x,y^g,y^b)}\\&=TE_G(x,y^g,y^b)\times TGR(x,y^g,y^b)\end{aligned}\tag{8}$$

$$\text{即}:TGR(x,y^g,y^b)=\frac{TE_P(x,y^g,y^b)}{TE_G(x,y^g,y^b)}\tag{9}$$

可见，TGR将共同前沿和群组前沿连接起来，反映了群组前沿和共同前沿技术水平之间的差异，衡量了同一生产单元在不同前沿下的效率差异。TGR值越高，表示生产单元所在的生产水平越接近潜在生产技术水平，效率越高。

四、变量选择与数据处理

本文假定生产过程投入资本和劳动两种要素，产出由合意产出GDP和非合意产出环境污染组成。数据采集时间跨度为1985—2010年各省际单位的面板数据。

资本投入：用资本存量表示。由于中国没有各省际单位资本存量的统计数据，本文采用永续盘存法对1978—2010年31个省际单位按可比价格计算的资本存量进行估算。具体估算方法为：

$$K_t=(1-\delta)K_{t-1}+\frac{I_t}{P_t}\tag{10}$$

式（10）中，K_t是t期以基年不变价格计价的实际资本存量；I_t是以当期价格计价的资本投资额；P_t是t期定基价格指数；参数δ是折旧率。对省际资本存量的估算涉及基期固定资本存量K_0、历年投资流量I_t、价格指数P_t及折旧率δ的确定。

本文对这四个指标的处理如下：

基期固定资本存量 K_0：本文借鉴张军等（2004）对 1978 年中国省际物质资本存量的估算结果。因张军等（2004）将重庆并入四川进行估算，本文分别用 1978 年四川（不含重庆）、重庆的固定资本形成额占 1978 年四川和重庆总的固定资本形成额的比重乘以张军等（2004）对 1978 年四川资本存量的估算结果，分解出四川（不含重庆）和重庆的资本存量值。

投资流量 I_t：用各省际单位固定资本形成总额表示。根据《中国国内生产总值核算历史资料 1952—1995》《中国国内生产总值核算历史资料 1952—2004》和《中国统计年鉴》可获得除重庆与西藏外各省际单位 1978—2010 年固定资本形成总额。通过比对发现，1991 年后各年西藏全社会固定资产投资额与固定资本形成总额非常接近，为此本文对西藏缺失的 1978—1991 年固定资本形成总额用同期西藏的全社会固定资产投资额代替。在《中国国内生产总值核算历史资料 1952—1995》中，四川省固定资本形成总额数据包含重庆，但《四川统计年鉴》中的固定资本形成总额数据不含重庆，本文用二者的差额估算出缺失的 1978-1996 年重庆市固定资本形成总额数据。

价格指数 P_t：各省际单位自 1991 年才公布固定资产投资价格指数，1978—1990 年固定资产投资价格指数本文用张军等（2004）的公式计算得出。

$$\text{某年固定资产投资价格指数}(1952=1)=\frac{\text{某年的固定资本形成总额(当年价格)}}{\text{1952 年的固定资本形成总额(1952 年价)}\times\text{某年的固定资本形成指数}} \tag{11}$$

其中，1978—1995 年各省固定资本形成指数来自《中国国内生产总值核算历史资料 1952—1995》，根据式（11）可计算出 1978—1995 年各省固定资产投资价格指数。通过比对发现，在时间重叠的 1991—2004 年，各省公布的固定资产投资价格指数与按式（11）计算出的固定资产投资价格指数高度一致，本文取各省公布的指数。对缺失固定资本形成指数的省份目前处理方式有两种：张军等（2004），单豪杰（2008）用商品零售价格指数代替；颜鹏飞等（2004），郑京海等（2005）用国内生产总值指数代替。本文通过对天津、广东、海南、重庆及西藏固定资产投资价格指数、商品零售价格指数和国内生产总值指数的比对分析发现，这 5 个省份绝大多数年份固定资本形成指数更接近商品零售价格指数。为此，1978—1988 年天津、1983 及 1996-2000 年广东、1978—1990 年海南、1978—1993 年重庆及 1996—2004 年西藏缺失的固定资本形成指数分别用该省际单位商品零售价格指数代替，由于 1978—1995 年西藏商品零售价格指数无法获得，用国内生产总值指数代替。

折旧率 δ：已有研究文献对折旧率的设定主要有三种。第一种是常见取值 5%（王小鲁和樊纲，2000）；第二种是根据我国法定残值率 3%~5% 计算得出在 10% 左右（张军等，2004；雷辉，2009）；第三种是根据各省的折旧额加总得出全国的折旧额，然后计算折旧率（Chow 和 Li，2002）。折旧率的确定对资本存量估算结果影响较大，根据对三种折旧率的对比，本文沿用张军等（2004）和雷辉（2009）的方法确定折旧率。本文假定资本品的相对效率按几何方式递减，采用代表几何效率递减的余额折旧法：

$$d_t=(1-\delta)^t, t=0,1,2,\cdots \tag{12}$$

式（12）中，d_t 代表资本品的相对效率，t 代表时期，δ 代表重置率或折旧率。参考黄永峰等（2002）的研究，本文取我国法定残值率 3%~5% 的中间值 4% 代替资本品的相对效率 d_t。全社会固定资产投资包括建筑安装工程、设备工器具购置和其他费用三类资产，由于这三类资产存在明显的寿命差异，须分别就三类资产的寿命期计算折旧率然后加权平均。本文对建筑投资的平均寿命期沿用黄永峰等（2002）的估计，假定为 40 年；对设备和其他类型投资的平均寿命期沿用张军等（2004）和雷辉（2009）的假定，分别为 20 年和 25 年。为此，建筑安装工程、设备工器具购置和其他费用的折旧率分别为 7.74%、14.87% 和 12.09%。1952—2010 年，中国建筑安装工程、设备工器具购置和其他费用三类投资占全社会固定资产总投资的比重平均分别为 62.28%、23.33% 和 14.39%。由此得出中国固定资产投资的年平均折旧率为 9.82%。这一结果与张军等（2004）的估算结果 9.6% 及雷辉（2009）的估算结果 9.73% 相近。

劳动力投入：用 1985—2010 年各省际单位各年从业人员数表示。

合意产出 GDP：用以 1978 年的不变价格进行平减后得到的 31 个省际单位 1985—2010 年的实际 GDP 表示。

非合意产出：由于海南、重庆及宁夏三个省际单位工业三废数据不可得，考虑环境约束下的资本效率时，非合意产出用剔除上述三个省际单位后的其他 28 个省际单位1985—2010年工业三废（固体废物、废水、废气）排放量表示。

五、实证结果及分析

（一）SBM模型中资本投资效率

表1 1985—2010年中国各省份及各区域资本投资效率的统计描述

地 区	无环境约束下				有环境约束下			
	最大值	最小值	平均值	标准差	最大值	最小值	平均值	标准差
北京	0.596	0.339	0.488	0.064	1.000	0.594	0.941	0.142
天津	1.000	0.771	0.974	0.057	1.000	1.000	1.000	0.000
河北	0.622	0.413	0.521	0.058	0.616	0.312	0.471	0.095
山西	0.490	0.334	0.428	0.041	0.421	0.289	0.375	0.031
内蒙古	0.517	0.355	0.437	0.041	0.593	0.288	0.440	0.076
辽宁	0.797	0.544	0.649	0.077	0.658	0.429	0.540	0.060
吉林	0.596	0.370	0.518	0.063	0.532	0.324	0.442	0.053
黑龙江	0.602	0.450	0.538	0.040	0.570	0.361	0.464	0.049
上海	1.000	1.000	1.000	0.000	1.000	1.000	1.000	0.000
江苏	1.000	0.822	0.993	0.035	1.000	0.682	0.988	0.062
浙江	0.554	0.380	0.492	0.059	0.644	0.269	0.444	0.120
安徽	1.000	0.498	0.618	0.125	1.000	0.371	0.529	0.183
福建	1.000	0.545	0.791	0.183	1.000	0.387	0.708	0.246
江西	0.401	0.190	0.288	0.070	0.364	0.152	0.237	0.069
山东	1.000	0.425	0.788	0.192	1.000	0.669	0.952	0.114
河南	0.592	0.330	0.477	0.066	0.524	0.236	0.419	0.089
湖北	1.000	0.469	0.588	0.122	1.000	0.346	0.467	0.135
湖南	0.772	0.496	0.640	0.090	0.596	0.358	0.483	0.073
广东	1.000	0.494	0.951	0.142	1.000	0.489	0.961	0.136
广西	0.552	0.307	0.440	0.066	0.409	0.245	0.339	0.043

续表

地　区	无环境约束下				有环境约束下			
	最大值	最小值	平均值	标准差	最大值	最小值	平均值	标准差
海南	1.000	1.000	1.000	0.000	—	—	—	—
重庆	0.400	0.234	0.328	0.058	—	—	—	—
四川	1.000	0.469	0.911	0.187	1.000	0.380	0.889	0.232
贵州	0.417	0.261	0.331	0.054	0.554	0.348	0.408	0.068
云南	0.622	0.327	0.443	0.093	0.521	0.323	0.389	0.066
西藏	1.000	1.000	1.000	0.000	—	—	—	—
陕西	0.459	0.369	0.416	0.028	0.438	0.301	0.373	0.038
甘肃	0.350	0.236	0.297	0.034	0.425	0.266	0.319	0.043
青海	0.373	0.199	0.260	0.059	1.000	0.950	0.998	0.010
宁夏	0.474	0.318	0.413	0.041	1.000	1.000	1.000	0.000
新疆	0.525	0.294	0.404	0.070	1.000	0.398	0.614	0.243
全国	0.700	0.459	0.594	0.072	0.745	0.456	0.614	0.088
东部	0.877	0.619	0.800	0.079	0.918	0.600	0.829	0.102
中部	0.709	0.386	0.506	0.086	0.651	0.292	0.418	0.097
东北	0.665	0.455	0.568	0.060	0.587	0.371	0.482	0.054
西部	0.557	0.364	0.473	0.061	0.694	0.450	0.577	0.082

表 1 显示，1985—2010 年，无论有无环境约束，中国均存在资本投资无效率情况，且整体资本投资效率偏低。这一方面表明中国资本效率存在巨大提升空间，另一方面也说明中国不能仅通过扩大资本投资规模拉动经济可持续增长。在无环境约束条件下，上海、海南和西藏资本效率均为 1，资本得到最大化利用；其他 28 个省份某些年份虽存在资本最大化效率情况，但整体上均存在资本的无效率。其中，江苏、天津、广东和四川资本效率较高，分别为 0.993，0.974，0.951 和 0.911；青海、江西、甘肃、重庆和贵州资本效率最低，分别为 0.260，0.288，0.297，0.328 和 0.331。资本效率较高的省份大都为东部省份，西部除四川和西藏外，资本效率排名均靠后。

无环境约束下，东部、中部、东北和西部资本效率分别为0.800，0.506，0.568和0.473，东部资本效率最高，西部最低，西部仅为东部的59.19%。有环境约束下，除宁夏、上海和天津不存在资本无效率外，其他25个省份均存在某种程度的资本无效率。其中，江苏、广东、山东、北京和青海资本效率较高，江西、甘肃、广西、陕西和山西资本效率最低，资本效率较高的省份主要集中在东部，中部和东北各省份在加入环境因素后资本效率均有较大幅度下降。加入环境约束后，东部、中部、东北和西部资本效率分别为0.829，0.418，0.482和0.577，东部仍最高且有所提升，西部资本效率大幅提升21.99%，东北和中部资本效率则分别下降15.14%和17.39%，表明中部和东北经济发展一定程度上以牺牲环境为代价。

（二）SBM模型中资本的松弛量

为进一步分析各地区资本无效率的量值，本文对资本的松弛量进行测算。

表2显示，无论有无环境约束，江西、浙江、重庆和河南资本无效量均较高，天津和上海无效资本量均为零，宁夏、四川、广东和青海无效资本量均较低。无环境约束下，天津、上海、海南、四川和西藏无效资本量为0；有环境约束下，天津、上海和宁夏无效资本量为零，江西、浙江、内蒙古、河南和甘肃无效资本量较高，青海、广东、四川、山东和湖南无效资本量较低。加入环境因素后，北京、山东、贵州、青海和云南无效资本量分别下降69.33%，87.45%，68.78%，99.58%和12.07%，其他省份无效资本量均有所增加。其中，内蒙古、甘肃、山西、辽宁、吉林和河北无效资本量增幅较大，分别增长154.16%，27.55%，25.31%，14.94%，14.94%和13.18%，即这些地区的发展均付出了较大的环境代价。从区域看，无论有无环境约束，四大区域均存在大量无效资本投入。其中，中部无效资本量最高，西部最低。无环境约束和有环境约束下，中部无效资本量分别是东部、东北和西部的1.76，1.70，2.17倍和1.98，1.64，2.11倍。加入环境因素后，东部无效资本量下降1.83%，中部、西部和东北无效资本量分别增长9.91%，12.97%和14.48%。这一结果与中国实施中部崛起、西部大开发和东北老工业基地振兴战略，使三大区域资本投资规模迅速扩大有关。

表 2 1985—2010 年中国各省份及各区域平均无效资本量 单位：亿元

地　区	无环境约束	有环境约束	地　区	无环境约束	有环境约束	地　区	无环境约束	有环境约束
北京	815.40	250.07	福建	106.06	107.42	云南	310.26	272.80
天津	0.00	0.00	江西	1 955.80	2 097.75	西藏	0.00	—
河北	598.70	677.63	山东	90.50	11.36	陕西	447.15	533.89
山西	468.91	587.63	河南	844.20	947.87	甘肃	564.86	720.50
内蒙古	434.90	1 105.33	湖北	411.21	426.54	青海	42.62	0.18
辽宁	271.67	312.26	湖南	67.88	69.63	宁夏	0.19	0.00
吉林	479.63	551.29	广东	5.16	8.75	新疆	211.50	324.40
黑龙江	382.62	434.57	广西	262.97	271.32	全国	393.55	432.63
上海	0.00	0.00	海南	0.00	—	东部	364.86	358.17
江苏	112.34	112.34	重庆	929.73	—	中部	643.75	707.54
浙江	1 920.40	2 055.95	四川	0.00	8.81	东北	377.97	432.71
安徽	114.49	115.82	贵州	350.82	109.51	西部	296.25	334.67

注：由于篇幅有限，表 2 及表 3 中没有给出 1985—2010 年各年份各省际单位与各区域的无效资本量和资本效率值，感兴趣的读者可向作者本人索取。

（三）共同前沿和群组前沿下的中国资本效率省际与区域差异

表 3 1985—2010 共同前沿和群组前沿下中国各省份及各区域资本效率平均值

地　区	无环境约束		有环境约束		地　区	无环境约束		有环境约束	
	群组前沿	共同前沿	群组前沿	共同前沿		群组前沿	共同前沿	群组前沿	共同前沿
北京	0.51	0.49	0.94	0.94	广东	0.95	0.95	0.96	0.96
天津	0.98	0.97	1.00	1.00	广西	0.76	0.44	0.64	0.34
河北	0.52	0.52	0.47	0.47	海南	1.00	1.00	—	—
山西	1.00	0.43	1.00	0.37	重庆	0.71	0.33	—	—
内蒙古	0.99	0.44	1.00	0.44	四川	1.00	0.91	1.00	0.89
辽宁	1.00	0.65	1.00	0.54	贵州	0.60	0.33	0.78	0.41

续表

地区	无环境约束		有环境约束		地区	无环境约束		有环境约束	
	群组前沿	共同前沿	群组前沿	共同前沿		群组前沿	共同前沿	群组前沿	共同前沿
吉林	1.00	0.52	1.00	0.44	云南	0.79	0.44	0.91	0.39
黑龙江	0.95	0.54	0.99	0.46	西藏	1.00	1.00	1.00	0.37
上海	1.00	1.00	1.00	1.00	陕西	0.94	0.42	0.70	0.32
江苏	0.99	0.99	0.99	0.99	甘肃	0.67	0.30	1.00	1.00
浙江	0.49	0.49	0.44	0.44	青海	0.55	0.26	1.00	1.00
安徽	0.99	0.62	1.00	0.53	宁夏	0.85	0.41	—	—
福建	0.79	0.79	0.72	0.71	新疆	0.95	0.40	0.98	0.61
江西	0.66	0.29	0.65	0.24	全国	0.85	0.59	0.90	0.61
山东	0.79	0.79	0.95	0.95	东部	0.80	0.80	0.83	0.83
河南	1.00	0.48	1.00	0.42	中部	0.94	0.51	0.93	0.42
湖北	1.00	0.59	1.00	0.47	西部	0.82	0.47	0.90	0.58
湖南	0.98	0.64	0.95	0.48	东北	0.98	0.57	1.00	0.48

表3显示，在考虑环境绩效的共同前沿和群组前沿下，中国资本效率均有所改善，但整体水平仍偏低，且不同地区间资本效率存在显著差异。

不考虑环境约束时，全国、各区域、各省份群组前沿的资本效率均不低于共同前沿的资本效率。在共同前沿和群组前沿下，样本期内中国资本效率均值分别为0.59和0.85，表明在全国资本投入削减41%和15%的情况下，仍能实现现有经济产出水平，群组前沿与共同前沿下的中国资本效率缺口平均达到26%。从各省看，无论在共同前沿还是群组前沿下，天津、上海、江苏、广东、海南、四川和西藏资本效率均较高，山西、内蒙古、吉林等省份共同前沿下的资本效率远低于群组前沿下的资本效率。以山西为例，在群组前沿下，资本效率均值达到100%，表明在中部现有技术水平下，资本得到最大化利用，但在共同前沿下，其资本效率仅为43%，尚有57%的资本可优化空间。从区域看，在群组前沿下，东北资本效率最高，东部最低，即在东北区域技术水平下，资本接近最大化利用；在共同前沿下，东部资本效率最高，西部最低。表明东北和中部群组间差异较小，故在群组前沿下，效率值较高；东部由于群组间差异较大，故效率值较低，但在共同前沿下，东部资本效率远高于全国及其他区域。

加入环境约束后，在共同前沿和群组前沿下，样本期内中国资本效率均值分别为0.61和0.90，表明在全国资本投入削减39%和10%的情况下，仍能实现现有经济产出水平。群组前沿与共同前沿下的中国资本效率缺口平均达到29%。加入环境绩效后，在群组前沿和共同前沿下，中国资本效率分别提高5.88%和3.39%；北京、天津、山东、广东、甘肃、青海、新疆等省份资本效率有所上升，广西、河北、浙江、江西、湖南、广西、西藏、山西等省份资本效率出现下降；黑龙江、安徽和云南等省份，群组前沿下的资本效率有所上升，共同前沿下的资本效率则出现下降。从区域看，有环境约束时，在群组前沿下，东北资本效率最高且实现最大化利用，东部最低；在共同前沿下，东部资本效率最高，中部最低。在群组前沿下，各区域有无环境约束下的资本效率排序一致，但加入环境绩效后，在共同前沿和群组前沿下，西部和东部的效率均有所提高，中部均出现下降，这表明中部发展在一定程度上以牺牲环境为代价；东北群组效率有所提高，但共同效率出现下降。

（四）中国区域资本技术差距分析

在测度中国各省份全要素资本效率基础上，本文进一步引入资本利用技术缺口比率（TGR），就中国区域间资本利用技术差距进行定量分析。

表4　1985—2010年中国各区域资本利用技术缺口比率（TGR）统计描述及差异性检验

地　区	无环境约束				有环境约束			
	最大值	最小值	平均值	标准差	最大值	最小值	平均值	标准差
东部	1.000	0.987	0.995	0.003	1.000	0.978	0.999	0.005
中部	0.658	0.412	0.533	0.060	0.606	0.315	0.445	0.072
东北	0.670	0.458	0.578	0.058	0.529	0.371	0.484	0.046
西部	0.632	0.502	0.564	0.037	0.722	0.572	0.630	0.039
Kruskal-Wallis检验	χ^2=62.296		p=0.000***		χ^2=88.513		p=0.000***	

注：“*”“**”“***”分别代表了10%、5%和1%的显著性水平。

表 4 显示，多样本非参数 Kruskal-Wallis 检验在 1% 的检验水平下显著拒绝了原假设。即 1985—2010 年，中国四大区域资本利用技术缺口比率（TGR）存在显著区域差异。在无环境约束下，东部、中部、东北和西部的 TGR 分别为 0.995，0.533，0.578 和 0.564，东部资本利用技术水平最高，中部最低。东部在维持经济产出不变的条件下，可达到潜在资本利用水平的 99.5%，中部仅达到潜在资本利用水平的 53.3%。加入环境约束后，东部、中部、东北和西部的 TGR 分别为 0.999，0.445，0.484 和 0.630，东部资本利用技术水平接近潜在水平，西部提高 17.7%，中部和东北则分别下降 16.51% 和 16.26%，表明中部和东北在维持环境产出不增加的条件下，资本利用水平有限。

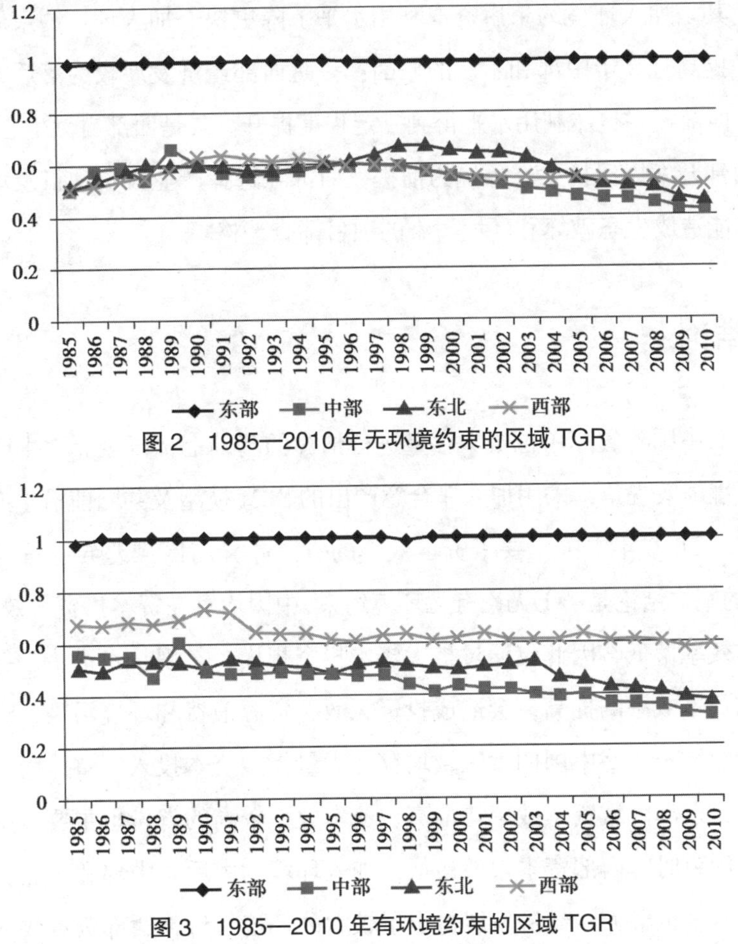

图 2　1985—2010 年无环境约束的区域 TGR

图 3　1985—2010 年有环境约束的区域 TGR

图 2 和图 3 显示，1985—2010 年各年，无论有无环境约束，东部资本利用技术

缺口比率（TGR）均最高且趋于稳定，与潜在资本利用水平（1.00）基本持平，代表了中国资本利用的最高水平；中部、西部和东北的 TGR 明显低于东部且整体呈下降趋势，与资本利用的潜在水平差距明显，与东部的差距呈不断扩大特征。但有环境约束下，西部的 TGR 明显高于中部和东北。东部 TGR 最高的原因：一是东部作为中国经济最发达地区，拥有良好的区位优势，人才、知识、技术的高度集聚使资本利用水平达到最大化。二是东部为促进产业结构转换升级，一些先进的节能减排技术得到迅速有效的引进、利用和推广。中部和东北 TGR 与东部差距扩大的原因：产业结构转换升级使东部高污染、高排放产业逐渐向区外转移，中部和东北在技术处理水平有限的条件下，对东部高耗能、高污染产业的承接，使其资本利用水平有所下降，尤其是加入环境约束后资本利用水平下降更快。加入环境约束后，西部资本利用水平提高且高于中部和东北的原因：一是西部经济发展较为落后，承接东部产业链时，西部资本整体利用水平得到一定程度提升。二是西部自然生态环境脆弱，国家强调西部开发以保护生态环境为前提，西部在选择产业投资项目及承接东部产业时，对可能造成生态破坏和环境污染的项目筛查严格。

六、结论

本文在对中国各省际单位资本存量进行估算的基础上，以全要素生产理论为基础，基于环境绩效视角，采用加入非合意产出的 SBM 模型及共同前沿生产函数分析法，就 1985—2010 年中国全要素资本效率的省际差异与区域差异进行实证测算与比较。得出的基本结论是：①无论有无环境约束，中国均存在资本投资无效率的情况，且整体资本效率偏低，因此仅通过扩大资本投资规模，忽视技术进步，忽视资本的合理配置和资本效率的提高，会造成投资无效、资源浪费和环境污染，难以实现经济长期可持续增长。②中国四大区域均存在大量无效资本投入，整体而言，无论有无环境约束，东部区域资本效率均最高，资本效率较高的省份也主要集中在东部。不考虑环境约束时，西部资本效率最低；加入环境约束后，中部和东北资本效率最低，无效资本量也最大，经济发展付出了较大的环境代价，西部资本效率则有大幅提升。因此，中部和东北经济发展在提高资本效率的同时，应加强对非合意产出的控制，走科技含量高、经济效益好、资源消耗少、环境污染小的绿色经济发展道路。③不考虑环境约束时，中国各省及各区域群组前沿的资本效率均高于共同前沿的资本效率；加入环境约束后，在群组前沿和共同前沿下，中国整体、东部和西部资本效率均有所改善，但整体效率水平仍偏低，且地区间差异显著，效率提升空间较大，中部和东北资本效率则出现下降。为此，各省及各区域在扩大资本投资规模的同时，应不断提高企业和区域的自主研发和自主创新能力，促进生产领域的技术进步与环保技术的推广应用，不断提高资本边际生产率和经济增长优势，使既定要素投入能获得更多的产出，并有效减轻环境污染压力，实现经济与环境协调发展。④中国资本利用技术存在显著区域差异，无论有无环境约束，东部资本利用技术均远高于其他区域，中部和东北资本利用技术低且不断下降，与东部的差距呈不断扩大趋势；有环境约束下，西部资本利用技术显著提高，且明显高于中部和东北。为此，中西部及东北地区在承接产业转移和产业投资过程中，应树立更加全面、科学的经济增长观和经济发展观，避免低端竞争与重复投资，通过不断推进企业技术进步与技术创新，努力缩小区域间与区域内省与省之间的技术差距，积极改变传统的以资源消耗、环境污染为代价的粗放型经济增长模式，促进国民经济“又好又快”发展。

参考文献

[1] Abel，A.Mankiw，G.Summers，L.Zeckhauser，R.Assessing Dynamic Efficiency:Theory and Evidence，Reviews of Economic Studies，1989（56）:1-20.

[2] Battese，G.E. and D.S.Prasada，Rao. Technology Gap， Efficiency，and a Stochastic Metafrontier Function ，International Journal of Business and Economics，2002，1（2）：87-93.

[3] Battese，G.E. Prasada，Rao，D.S.and Christopher，J.Donnell.A Metafrontier Production Function for Estimation of Technical Efficiencies and Technology Gaps for Firms Operating Under Different Technologies[J].Journal of Productivity Analysis，2004，21: 91-103.

[4] Brander，J.A. Comparative economic growth: evidence and interpretation， The Canadian Journal of Economics， 1992，25（4）：792-818.

[5] Charnes，A.，W. W. Cooper and E. Rhodes. Measuring the efficiency of decision making units，European Journal of Operational Research，1978，2（6）:429-444.

[6] Chow，G.C.，Li，K.W.China' s Economic Growth:1952-2010.Economic Development and Cultural Change，2002（51）：247-256.

[7] Chung，Y.H.，R.Pare and S.Grosskopf. Productivity and Unedsirable outputs:A Directional Distance Function Approach[J]，Journal of Environmental Management，1997（51）：229-240.

[8] Donnell，C.J.，Prasada，Rao，D.S. and G.E. Battese. Metafrontier Frameworks for the Study of Firm-Level Efficiencies and Technology Ratios，Economics Empirical，2008（4）：169-189.

[9] Fare Rolf，Shawna Grosskopf，Lovell C A K，CarlPasurka.Multilateral Pruductivity comparisions when some outputs are undesirable:A nonparametric approach[J]. Reviews of Economics and Statistics，1989，71（1）：90-98.

[10] Haliu，A.，Veeman，T.S. Environmentally Sensitive Productivity Analysis of Canadian Pulp and Paper Industry，1959-1994:An Input Distance Function Approach，Journal of Environmentals Economics and Management，2000（40）：251-274.

[11] Hayami，Y.，Sources of Agricultural Productivity Gap Among Selected Countries，American Journal of Agricultural Economics，1969，51（3）：564-575.

[12] Jinghai Zheng，Angang hu.An Empirical Analysis of Provincial Productivity in China（1979-2001）[R].Working Paper in Economics（SwoPEc）2004：127.

[13] Rambaldi，A.N.，Rao，D.S.P. and Dolan，D.，Measuring Productivity Growth Performance Using Metafrontiers with Applications to Regional Productivity Growth Analysis in a Global Context，In:Donnell，C.J.，Australian Meeting of the Econometric Society ESAM 2007，Brishane：（1-33）.

[14] Rawski，T.G. Will investment behavior constrain China' s growth?，China Economic Review，Elsevier，2002，13（4）：361-372.

[15] Tone K.A slacks-based measure of efficiency in data envelopment analysis[J].European

Journal of Operational Research，2001，130：498-509.

[16] Tone，K.Dealing with undesirable outputs in DEA:A Slacks-based measure（SBM）approach[J].GRIPS Research Report Series Ⅰ，2004：5.

[17] Yujiro Hayami，Vernon W.Ruttan. Agricultural Differences Among Countries，American Economics Review，1970，60（5）：895-911.

[18] 胡鞍钢，郑京海，高宇宁，等.考虑环境因素的省级技术效率排名[J].经济学（季刊），2008（4）：933-960.

[19] 黄勇锋，任若恩.中国制造业资本存量永续盘存法估计[J].经济学（季刊），2002（2）：377-396.

[20] 雷辉.我国资本存量测算及投资效率的研究[J].经济学家，2009（6）：75-83.

[21] 李胜文，李新春，杨学儒.中国的环境效率与环境管制——基于1986—2007年省级水平的估算[J].财经研究，2010（2）：59-68.

[22] 林毅夫等.中国的经济奇迹：发展战略与经济改革[M].上海：上海三联书店，1994.

[23] 刘瑞翔，安同良.资源环境约束下中国经济增长绩效变化趋势与因素分析——基于一种新型生产率指数构建与分解方法的研究[J].经济研究，2012（11）：34-47.

[24] 单豪杰.中国资本存量K的再估算:1952—2006[J].数量经济技术经济研究，2008（10）：17-31.

[25] 涂正革，肖耿.中国的工业生产力革命——用随机前沿生产模型对中国大中型工业企业全要素生产率增长的分解及分析[J].经济研究，2005（3）：4-15.

[26] 涂正革，肖耿.环境约束下中国工业增长模式的转变[J].世界经济，2009（11）：41-54.

[27] 王志刚，龚六堂，陈玉宇.地区间生产效率与全要素生产率增长率分解（1978—2003）[J].中国社会科学，2006（2）：55-66.

[28] 吴军.环境约束下中国地区工业全要素生产率增长及收敛分析[J].数量经济技术经济研究，2009（11）：17-27.

[29] 颜鹏飞，王兵.技术效率、技术进步与生产率增长：基于DEA的实证分析[J].

经济研究，2004（12）：55-65.

[30] 杨俊，邵汉华 . 环境约束下的中国工业增长状况研究——基于 Malmquist-Luenberger 指数的实证分析 [J]. 数量经济技术经济研究，2009（9）：64-78.

[31] 姚洋，章奇 . 中国工业企业技术效率分析 [J]. 经济研究，2001（10）：13-19.

[32] 岳书敬，刘富华 . 环境约束下的经济增长效率及其影响因素 [J]. 数量经济技术经济研究，2009（5）：94-106.

[33] 张军，吴桂英，张吉鹏 . 中国省际物质资本存量估算：1952—2000[J]. 经济研究，2004（10）：35-44.

[34] 郑京海，胡鞍钢 . 中国改革时期省际生产率增长变化的实证分析（1979—2001 年）[J]. 经济学（季刊），2005（1）：263-296.

[35] 郑京海，刘小玄，Arne Bigsten.1980—1994 期间中国国有企业的效率、技术进步和最佳实践 [J]. 经济学（季刊），2002（2）：521-540.

[36] 朱承亮，岳宏志，师萍 . 环境约束下的中国经济增长效率研究 [J]. 数量经济技术经济研究，2011（5）：3-20.

公共管理中的真实型领导：理论建构及其运用 *

谢 征 赵泽洪 毛 丹

摘要：真实型领导是西方关于领导类型的理论归纳。不过目前的真实型领导研究主要是从积极心理学出发，针对的是企业领导，对行政领导的真实型研究还不够。对此，将积极心理学和新公共服务理论结合起来，构建了公共管理中真实型领导模型及其形成模式，探讨了形成过程中的现实障碍，并提出了公共管理中真实型领导的实现路径。

关键词：真实型领导；公共管理；积极心理学；新公共服务理论

西方真实型领导理论给我们的启示是：要做一个真实的自己，即罗布·高飞（Rob Goffee）所认为的"'真实型'意味着做你自己。"同时，西方新公共服务理论所倡导的"政体价值观"又丰富了真实型领导的公共行政内涵。但是，当前对真实型领导的讨论在我国还主要运用于企业领导研究中，研究行政领导者的极少。为此，需要将真实型领导理论运用到公共部门，并结合我国公共行政领导活动的实际对真实型领导及其形成进行更加深入的探讨。

一、真实型领导的理论诠释

（一）来自积极心理学的理论阐释

比尔·乔治在2003年第一次提出真实型领导（authentic leadership）的概念，接着其《真实领导》著作正式将真实型领导纳入到学界视野。乔治把真实型领导界

---

* 基金项目：重庆市社科规划项目：公共部门组织信任特征及管理研究（项目号：2013YBGL123），本文为项目的阶段性成果。

作者简介：谢征（1989—），男，河南南阳人，重庆大学公共管理学院研究生，研究方向：公共经济学。赵泽洪（1952—），男，重庆市人，重庆大学公共管理学院，教授，研究方向：行政领导与行政决策。毛丹（1991—），女，重庆市人，重庆大学公共管理学院研究生，研究方向：行政领导与行政决策。

定为：希望由自我本性来领导及服务他人，坦荡面对自己的不足，建立真实型领导的价值观，并致力于开拓下属的优势、思维，同时创造积极的组织环境。Avolio等（2004）在此基础上将真实型领导者理解为：领导者对自己的思想和行为有着深刻的认知，能够客观认识自己和他人的价值观、道德观、知识以及长处，了解自己的领导情景，自信、满怀希望、乐观、有韧性且拥有高水平的道德标准。[1]

关于真实型领导的特点，沙米尔（Shamir, 2005）认为应包括：①真实型领导者并非一种故作姿态，而完全是真实自我表现行为；②真实型领导者是为完成自己的理想或使命感而担当领导角色；③真实型领导者的价值观、信念和理想形成具有独创性，而没有模仿他人；④真实型领导者的行动始终与其价值观或信念相一致。[2]真实型领导的关键特征表现为：当存在强大的外部压力和非真实行为诱因时，仍能保持真实行为。[3]

关于真实型领导的测量维度，Ilies等人采用四个维度，即自我意识、工作表现、信息处理、人际关系等。[4]在第一维度的自我意识中，自我意识是指个体对自己的真实、全面的看法，能洞察自我优势和弱点，还能清楚认识到自己对他人的影响。它体现的是意识真实。在第二维度的工作表现中，工作表现是指个体能否恪守自己的信念，以身作则和坚持原则，政策执行过程中遵守社会公德和遵纪守法，它体现的是行为真实。在第三维度的信息处理中，信息处理主要是指领导者在组织与决策中能正确分析、认真提炼和准确提供各种信息，它体现的是信息真实。在第四维度的人际关系中，领导者的人际关系主要指与下属、群众的关系。对他人展现真实的自我，以增强彼此之间的信任，这属于关系真实。四个维度一个共同指向就是塑造真实而可信的领导角色。Walumbwad等人在Ilies的四维度上提出了新的分析维度，即自我意识、关系透明、平衡信息加工、道德内化。[5]它使领导和同事都拥有更强的自我意识、自我调节的积极行为，培养积极自我发展更大的自我意识和自我调节的积极行为的领导和同事，从而培养自我发展的积极性。真实型领导过程不仅包括真实型领袖，也包括真实型追随者，以及领导成果。作为研究的对象，真实型领导不仅是领导的一种概念，也是一种领导理论，以及领导行为和领导风格。

（二）来自新公共服务理论的阐释

在公共管理中的新公共服务理论看来，真实不仅仅是从个体心理出发的自我真实，人际关系真实，还需要从组织要求出发具有组织价值观真实。虽然新公共服务理论讨论行政领导时并没有专门论述真实型领导，但追求以行政价值观为核心的真实观却是一目了然的。从新公共服务视角阐释真实型领导，其理论根据是积极组织行为学。Yammarino 等人（2008）首次提出真实型领导和积极组织行为学的整合框架，并指出真实型领导首先作用于积极组织行为结果，然后作用于结果产出。[6]

新公共服务理论的开创者戴维·哈特（David Hart，1984）认为，行政官员的职业责任始于他们作为善良公民的本分，而且那样可以创造一种与其他公民的联系。在实施他们的公共信任时，行政官员不仅要继续坚持“政体价值观”，而且还应该以信任为基础来关心他们的公民同伴并且与他们互动。这实际上把行政官员的真实分为了两个层面：一是“善良公民的本分”，这就是积极心理学所倡导的“正直品格”；二是“政体价值观”，它是在“善良公民”基层上升华的符合公共管理职能要求的一种职业道德要求。哈特后来对“政体价值观”做了具体阐述，他认为，行政官员所承担的主要责任就是“鼓励公民自治，通过说服来管理，超越权力的腐败，以及成为公民的榜样”。因此，“公务员在其所有的行为中都应有意地体现这些价值观，无论他们与上级、同事、下级在一起，还是与普通公众在一起，他们都应该这样做。”[7]

（三）对西方相关理论的评价

从上述关于真实型领导的西方理论来看，新公共服务理论与积极心理学的共同点是，两者提倡的都是领导者表里如一的道德观，领导者应当是社会基本道德的表率，并以此来影响和带动下属。这看起来类似西方领导理论中的“道德领导”，但“道德领导”更追求领导者道德的完美，而真实型领导却讲究道德的真实，它主张将领导者自身道德的缺陷也无掩饰地展露出来，让下属看到一个真实可信的领导。

两者的不同点可以归纳为三个方面。第一，研究层次的差异。积极心理学主要从领导者的个性心理出发，探讨领导者性格的真实，而领导者外在表现只是内在个性心理的折射；新公共服务理论主要从领导责任出发，研究领导者在领导行为上的真实，通过领导者的行为判定其价值观的真伪。第二，研究对象的差异。积极心理学所讨论的领导者是一般领导，其真实性具有领导者的一般性，适用于所有领导，尤其是企业领导；新公共服务理论的讨论对象是特定的领导者，即行政官员，真实性在行政官员上有其特定的涵义，如行政领导更讲究符合一定的政治道德、行政伦理。第三，研究内涵的差异。积极心理学探讨的真实性领导道德观属于一般社会道德范畴；新公共服务理论却强调行政道德为核心的行政价值观，它从公共服务的角度为公共行政领导的真实型注入了新的内涵，即领导者要追求行政价值的真实，做一个公众满意的服务者。

更值得重视的是，积极心理学没有专门讨论公共管理的真实性领导，而新公共服务理论又没有完全从真实型领导角度研究行政领导，这就需要将两者结合起来，在跨学科视野中形成符合公共管理要求的真实性领导。

（四）公共管理中真实型领导分析维度的扩展

根据积极心理学和新公共服务理论的研究成果，对公共管理中真实型领导的探讨应当兼顾两个方面的要求。一方面从积极心理学出发，基于领导者的个性心理，在自我意识、人际关系、信息处理和工作表现四个方面构成领导者自我角色的真实；另一方面还要从新公共服务理论出发，基于组织要求在组织职能和组织目标两个方面构成领导者职能角色的真实。因为领导职能是组织职能所规定的，而伯恩斯（Burns）说："如果领导不与组织目标相联系，那么他就什么也不是"。[8]尽管积极心理学也涉及了领导价值问题，但并没有将其作为专门的分析维度，也没有强调领导者职能角色的真实，而这恰恰是公共管理十分看重的领导要素。

因此，可以将积极心理学关于真实型领导的四维分析扩展为包含了组织职能和组织目标的六维分析，将自我角色真实和职能角色真实有机结合起来，形成公共管理中真实型领导的分析模式。（见图 1）

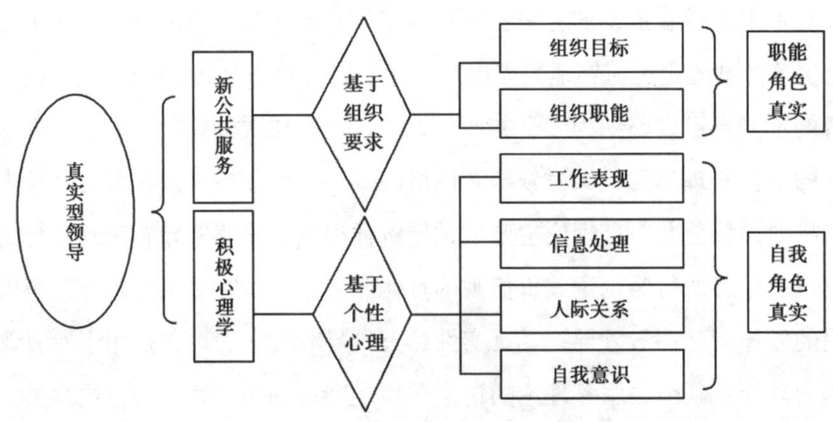

图 1　公共管理中真实型领导的分析模式

这一分析模式不仅可以清楚地展示公共管理中真实型领导的六个主要分析维度，以及要达到的两个角色真实，还可以看到它的理论来源及其基本理论脉络，有助于对公共管理真实型领导的基本把握。

二、公共管理中真实型领导的形成及其障碍因素

（一）公共管理中真实型领导的形成模式

西方的真实型领导理论研究，目前主要集中在真实型领导的内涵和测量维度上，对真实型领导的形成模式讨论不多。在现有研究中，加德纳（Gardner）提出的真实型领导形成的“积极模型”有一定借鉴意义。[9] 在这一模型中，加德纳把真实型领导的形成建立在领导者、下属及其两者的关系上。即领导者受个人经历和组织文化的影响，通过自我意识、自我管理形成表率来影响员工，达到员工认同和信任的结果。这说明领导者的主体修炼是真实型领导形成的基础，领导者表率是主体修炼的结果，与员工的关系是衡量真实型领导的标准，员工的认同和信任体现了真实型领导的最终形成。

在加德纳“积极模型”基础上，可以构建公共管理的真实型领导形成模式。这一模式可以由三个部分构成，即领导主体，领导客体和领导环境。其中的领导主体即领导者是真实型领导形成的主要部分，但领导者的真实性不能只有主体自身的主观感受，还需要社会公众和组织的评价和监督。领导客体在企业领导中只是下属，在公共行政领导则是更加广泛的社会公众。由于社会公众具有多元性，因而公共行政领导要获得真实型领导的评价比企业领导更难。领导环境在这里主要指领导者所处的内部环境，即组织及组织文化。公共行政领导所处的官僚层级组织环境比企业领导所处经济组织环境更复杂，这种复杂性往往容易导致公共行政领导丧失其“本性真实”。真实型领导就是在自身修炼及三者关系的互动中形成的。（图 2）

然而在现实领导活动中真实型领导的形成却要遭遇到领导者自我角色与职能角色发展中的障碍，以及涉及两个角色、三者关系的矛盾困扰。

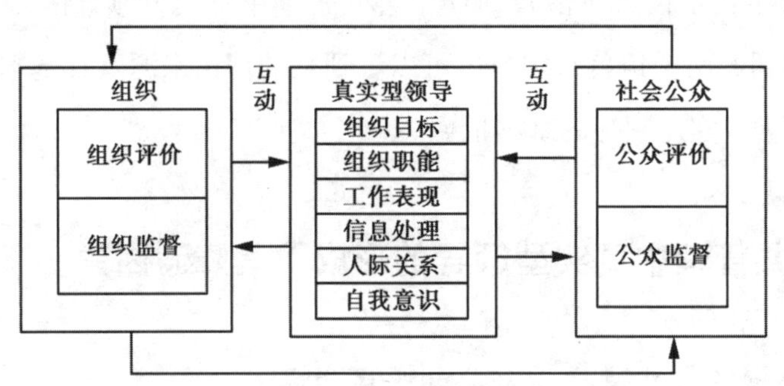

图 2 基于积极模型的公共管理真实型领导形成模式

（二）真实型领导形成的自我角色障碍

一是自我意识的坦露与掩饰。真实型领导要“做真实的自己，内心的想法和感受要与表现的行为相一致。”然而一些公共行政领导在公开演讲中所表达的观念与自己真实的内在有一定差异，有的甚至呈现出巨大的落差。呈现出台上讲反腐，台下搞腐败的极不真实的领导形象异化。而更多的行政领导也或多或少地在不同场合掩饰自己的内在真实想法。

当然，任何领导者表达自己的观念都有一个选择性偏好，不可能不加选择地将自己的内心想法和盘托出，但是刻意掩饰自己的德行差异会导致人格扭曲与人格分裂，最终形成虚假的领导角色形象。

二是领导行为的真实与作秀。真实型领导的一个重要特点在于展示自己的真实之处时讲究艺术性，包括自己的优点和缺点。然而一些行政领导只是展示自己的优点，甚至弄虚作假地无限扩大自己的政绩。

“作秀”即表演，按拟戏剧理论的观点社会就是一个大舞台，领导者在社会舞台上的行为必然有一定的表演成分，但它指的是表演者言谈举止要符合自己的身份、地位、职业乃至场景，而不是为了达到个人或小团体利益所进行的弄虚作假、逢场作戏。

三是信息处理的客观与虚假。真实型领导要求处理信息时不带偏见。公共行政领导掌握了比一般公众更多的公共信息，这些信息具有公共性、公益性。所谓无偏见地处理信息，就是从公共需要出发而非个人需要出发去处理公共信息。然而对于组织内部需要上报的信息，一些行政领导把不利于自己和小团体利益的信息采取不报、瞒报、选报、迟报等手段，导致信息不畅、信息失真。对于上级的信息或政策，个别行政领导采用断章取义，各取所需，随意变通，肆意歪曲的作法，导致上有政策下有对策的官场乱相。对社会公众所需要的信息，一些行政领导采用不公开、半公开、缓公开的做法，使社会公众对政府信息产生了不信任感。

信息失真与行政领导最直接关联的就是学历造假、简历造假。陕西省府谷县前司法局副局长的学历造假，前石家庄市团委副书记王亚丽身份造假、简历造假都是这方面的典型例子。而这已不是单纯的信息处理问题了，它直接关系到行政领导的道德情操和遵纪守法问题。

四是干群关系的信任与怀疑。真实型领导理论强调领导者用自己积极健康的心理情绪去带动、影响下属，从而形成领导者积极的人际关系。积极人际关系对于公共行政领导来说就是和谐、亲近、信任的干群关系。但是，当前的干群关系却有很多消极因素，最突出的就是公众对行政领导的不信任感。一些对于普通人来说很平常的事，一旦加上“领导”两字就会引来一片质疑。社会质疑折射出消极的怀疑心态，干群关系的真诚信赖受到破坏。

公众的质疑，从积极角度讲是公众期待更多的廉洁、亲民的真实领导，但屡屡失望导致逢官必疑；从行政领导自身来讲，自身工作做得不够，单靠作秀吸引眼球，过分谋求外在的正面形象反而导致社会公众的猜疑。

（三）真实型领导形成的职能角色障碍

一是服务职能的落实与虚幻。公共管理的职能是公共服务，这不仅是新公共服务理论所倡导的核心观念，也是我国政府职能的内在规定性，尤其是领导的本质要求。邓小平说，什么是领导，领导就是服务。然而一些领导者把公共服务作为一种口号挂在嘴上，使公共服务成为一种虚幻的概念，有的甚至借公共服务之名实则为个人或利益集团服务。而社会公众需要的是能落到实处的，看得见的公共服务，他们常常把一些领导者的服务职能和实际表现对照起来。

二是公平目标的明确与含混。公共管理的目标是追求社会的公平、公正，公共行政领导则是这一目标得以实现的执行者和责任者。社会公平、公正是体现在具体的公共事务和领导行为上的。当前很多社会矛盾如城市化进程中的房屋拆迁、农村土地转让等，交织着公共利益和私人利益的冲突，以及开发商、公众与政府的多元利益冲突。在处理过程中，一些公共行政领导自认为已经很公正了，但一些老百姓却认为不公正，站在不同利益角度看待问题必然会出现认知上的差异。如果公众认为领导者处理问题不公正的话，那么领导者的真实性就会被大打折扣。

（四）真实型领导形成中的二重矛盾

所谓真实型领导形成中的二重矛盾：一方面存在着领导者主体的矛盾，也就是领导者个体角色真实和职能角色真实的差异所形成的矛盾；另一方面还存在着领导者关系的矛盾，也就是领导者自我评价与组织、社会公众评价的差异性所形成的矛盾。

领导者主体的矛盾，通过真实型领导的六维分析已经体现出来了。有时，领导者实现了个体角色的真实却不一定能达到职能角色真实的要求，相反，实现了职能角色的真实性要求也可能难以实现个性角色的真实性要求。领导者主体的内在矛盾实际上是领导者个性化与共性化的矛盾体现，反映在现实领导活动中就是如何看待个性领导。个性领导能够比较真实地反映领导者的个性特征和领导风格，但是个性突出的领导者很容易在领导活动中忽视领导共性，比如制度化、法治化对领导者的要求，即领导者的职能真实的一面。因此，真实型领导理论中所说的"'真实型'意味着做你自己"只是领导者个性角色的真实。事实上，领导者在"做你自己"的同时还要做包含了领导职能要求的"自己"。

领导关系的真实，就是体现于外在的领导者、组织及社会公众三者关系的真实。真实型领导不能仅凭领导者自己感觉真实，还需要组织评价和社会公众评价也认为是真实可信的，这其中还包含着领导的真实性评价和社会公众真实性评价的差异。在现实的领导活动中，存在着很多"自我感觉良好"而不管他人感觉的领导者，还存在"唯上不唯下"的领导，这些都影响着对领导者的真实性评价。当然，要以自我、组织和公众都认为真实可信来评判真实型领导实际上是很难的，但是听取来自上级、公众的意见适当调整自己的领导行为却是必要的。也就是说做不到各方评价都好，至少要做到主流评价或大多数评价较好。

三、公共管理中真实型领导的实现路径

真实型领导是一切领导类型的基础。领导学理论中所倡导的魅力型领导、交易

型领导、伦理型领导、诚信领导、个性领导等都离不开真实可信这一基本要素。同时，真实型领导还有自身的角色模式，即以积极心理学为理论指导，以公共服务理论为价值标准，在领导活动中以领导者的积极信念为起点，并强调情感的真实、信息的真实、互动的真实，最终达到实现领导者真实角色的目标，从而形成一个得到各方认同的可亲、可感、可信、可敬的现代领导者。

（一）以积极信念为动力

内在信念是一切行为的内驱力，也是真实型领导形成的原动力。真实型领导理论指出，“作为一种从积极的心理品质和高度发展的组织环境中而获得的概念，它将导致在领导者身上和组织中形成更好的自我意识和自我约束的积极性行为，培养积极性的自我发展”。[10] 这种基于积极自我发展的要求对于公共行政领导来说，第一，要树立正确的理想信念。即加强中国特色社会主义理论体系的学习运用，不断丰富自身的理论素养，不断完善自身的人生观、世界观和价值观。真学、真信、真用马克思主义，用积极乐观的人生态度支配自己的领导行为。第二，要发挥模范引领作用。用理想信念、榜样力量来激励引领下属及社会公众。在当代社会，模范、榜样是要贴近社会、贴近老百姓的，是真实可信的人物。第三，保持领导者人格的一致性。要做到自身所想、所说、所做相一致，杜绝“两面人”“多面人”的领导异化形象，使个人角色和职务角色有机协调一致。

（二）以真挚情感为依托

真实型领导理论认为，领导的情绪、同僚们的情感以及组织内部的情感氛围是相互关联的，领导者积极的情绪能更好地去协调组织成员的一致性。这说明真实型领导需要富有感染力的真情实感，并通过情感的传递向下属和组织输送积极的心理情绪。为此，领导者应从“官本位”向“人本位”转变。要尽可能去掉官气、官话、官态等行政领导的官僚“刻板印象”，以平和性代替权威性，随和性取代神秘性，杜绝“官场秀”之类的逢场作戏。其次，真实型领导中的“真实”，意味着“对自己真实”或“成为真实的自己”。行政领导应该在日常事务处理中，没有障碍地、毫无保留地展示真实的自我。只有这样的真实情感表达才是自我真实的写照，而公众也才能看到领导者的诚心，最终调动社会公众对行政领导的亲近感和信任感。

（三）以真实信息为媒介

真实型领导不能用虚假的信息包装自己及其行为，真实有效的信息是传递真实领导力的重要媒介。首先，真实型领导应该是可信的，可信的领导需要真实可信的信息支撑。提供有效信息是塑造真实型领导的基本保障。任何虚假信息对美化领导者的作用都是短暂的，一旦谎言被戳穿行政领导的形象就将毁于一旦。其次，真实型领导应该是透明的，透明领导需要信息公开，既敢于公开有利于自己的信息，也敢于公开不利于自己的信息，从而让社会公众看到一个有血有肉的、具有本真的领导者。再次，真实型领导应该是具有创新精神的，创新的领导需要向下属及社会公众提供新思想、新视野、新信息。这些信息可以让公众更快、更好地了解行政领导及其政府的最新动态。

（四）以真诚互动为纽带

领导关系是真实型领导形成的外在评价因素，对于公共行政领导来说，下属及其社会公众的满意度决定了他的真实度。首先，真诚互动决定了“权距”的缩小。公共权力及其运用是领导角色内涵的集中体现，“权力距离”测量着领导者与社会公众的心理距离。真实型领导不应该是高高在上的官僚，应在与社会公众的坦诚互动中有效缩短权距，实现权力运行的公正性。其次，真诚互动决定了真诚追随者的数量。组织激励是领导角色要素的体现，在公共管理中真实的干群关系，最终取决于领导者与社会公众真诚的互动。真实性的追随关系体现了社会公众因真实而追随，在追随中分享领导者的价值。再次，真诚互动决定了服务的效果，服务是领导角色本质的体现，真诚互动主要体现在全心全意为人民服务上。人民利益无小事。要把群众的问题和困难放在心上，及时为他们解决，经常深入实地基层调查，才能知晓民间疾苦。努力为群众办好事、办实事。只要帮群众把事情办好了，让群众得到了实惠，群众自然就会支持行政领导的工作，从而也提高了行政领导和政府的公信力。

四、结语

上述关于公共管理的真实型领导实现路径主要是从领导自身努力角度来总结的。行政领导在上述四个方面共同的目标指向就是塑造真实可信的领导角色形象，行政领导需要充分认识自己所扮演的社会角色，认清自身的角色渊源，明确自身的角色地位，把握自身的角色行为，才能做一个时代需要、人民信赖的真实型领导者。

打造公共管理的真实型领导还有赖于一定的公共政策和行政文化。公共政策及相关法律、法规是真实型领导形成的制度保障，它对真实型领导起着导向、规范和监督作用。官员财产公开制、领导干部选拔任用制度、干部考核机制、行政文化建设等对真实型领导的形成都将产生重要影响。同时，对公共管理中真实型领导的测量与实证分析、细化分析也将有助于丰富这方面的研究。这些都需要在后续研究中去进一步探讨。

参考文献

[1] Luthans, F., Avolio, B.J., Authentic leadership: A positive developmental approach. In Cameron K.S., Dutton, J.E., Quinn, R.E. Positive Organizational Scholarship [M]. San Francisco: Barrett- Koehler, 2003.

[2] Harvey, P., Martinko, M.J., Gardner, W.L., Promoting Authentic Behavior in Organizations: An Attributional Perspective [J]. Journal of Leadership and Organizational Studies, 2006, 12（3）：1-10.

[3]李先江.企业营销创新中真实型领导与创新绩效的关系研究[J].财经论丛,2011(5).

[4] Ilies, R, Morgeson, F P, and Nahrgang, J D. Authentic leadership and eudemonic Well-being: Understanding leader-follower out-comes[J].The leadership Quarterly，2005，16（3）：373-394.

[5] LUO Zhong-shu，WU Jing. Authentic Leadership and Its Application in China[C]. Proceedings of 2013 International Conference on Public Administration（9th）（Volume Ⅰ），2013-10-31.

[6] 王震，宋萌，孙健敏.真实型领导：概念、测量、形成与作用[J].心理科学进展，2014（3）.

[7] [8] 珍妮特·登哈特，罗伯特·登哈特.新公共服务：服务，而不是掌舵[M].北京：中国人民大学出版社，2010：92，146.

[9] Gardner W L, Avolio BJ, Luthans F, et al. Can you see the real me: A self-based model

of authentic leader and follower development. The Leadership Quarterly，2005, 16：343 -372.

[10] 王沛 , 陈莉 . 真实性领导的特点及其对中国领导培训机制的启示 [J]. 甘肃理论学刊，2006（6）.

委托代理视角下环境政策执行偏差的成因与机制分析[1]

——以大巴山区东溪村[2]退耕还林政策实践过程为例

钟兴菊[3]

摘要：当前中国政府不断加大环境保护投入，环保法律体系逐步完善，但环境治理“失灵”现象却仍屡见不鲜。在经济转轨与体制转型背景下，中国环境政策带有鲜明的政府主导特征，一项全国性的政策需要通过自上而下层层委托代理过程得以实现，多委托代理过程对政策执行成败具有决定性作用。本文以环境政策的实证案例为基础，通过多委托代理视角剖析环境政策执行过程发现，缺乏环境共识、利益结构冲突、信息不对称以及政策自身的不完备等因素是导致环境政策执行偏差的主要原因，同时央地政府互动中呈现出“经济与生态优先权博弈”的机制选择，为进一步探究环境政策执行偏差现象提供一个思考路径。

关键词：多委托代理；环境政策；偏差；机制

改革开放以来，中国经济体制和社会结构发生了深刻的变革，主要体现在中央政府权力下放，地方政府自主性迅速崛起，从而使央地政府从计划经济体制下的一种单向度命令服从关系转变为市场经济下的一种具有讨价还价的委托代理关系（郑永年等，1994；李新安，2004；金太军等，2003 等）。与计划体制下不同的是，在转型时期一项全国性的环境政策是如何实现的？也即是不同政策执行主体如何通过策略性行动执行并重构政策？本文将引入多委托代理视角从纵向维度对政府主导型的退耕还林政策的执行过程进行分析，试图揭示中央政府与地方政府在互动实践过程中导致政策执行偏差的成因与机制。

1　基金项目：重庆市社会科学规划博士项目“基层主体参与环境政策执行过程的社会学研究”（2014BS041）。

2　在本文中对所调查的村庄与乡镇名称以及调研所涉及的人物姓名都做了技术处理，也都是完全遵循田野研究的既有规范进行的。

3　作者简介：钟兴菊（1985—），女，重庆大学公共管理学院讲师，研究方向：环境社会学。

一、问题提出及研究方法

（一）文献回顾与问题提出

随着中国政府对环境保护投入的加大以及政策与法规体系的不断完善，近年一些重大的环境污染事件屡见报端，一定程度上反映了在中国特有的行政体制背景下环境保护政策执行出现了偏差。当前关于公共政策执行偏差现象的分析可谓汗牛充栋，如政策执行阻滞、梗阻、变形、扭曲、异化、规避、走样、“上有政策下有对策”和“有令不行”等方面均有大量的研究成果。学界从不同视角切入分析了导致政策执行偏差现象的多元化原因：主要包括主体因素、制度因素、利益博弈因素以及委托代理关系因素等方面的政策执行偏差（丁煌等，2010）。但现有研究成果中存在一个普遍的问题，即缺乏一个统一的、能够包容导致政策执行偏差现象的各种成因的核心概念和研究框架，从而造成大量重复性研究，并且使公共政策实践者困惑和无所适从。环境政策作为一项具体的公共政策，在转型时期背景下，中国环境政策具有自上而下的政府主导型特色。以往的大部分研究者都是将目光集中在“收税”“计划生育”“招商引资”等地方政府的硬任务中，却很少关注类似“退耕还林”“文化建设”的软任务。这与当前我国现有的行政体制密切相关。随着后税费时代的到来，地方政府逐渐成为一个相对独立的利益组织，在事权和财权上有较大的自主权，使其具备了与中央政府讨价还价的能力。中央与地方关系从计划经济体制的单向度“命令——服从”关系演变为一种具有讨价还价的委托代理关系。另一方面在中国科层压力体制下，权力被上收的地方政府在“目标责任制”下面临自上而下各种任务指标压力，不得不将组织与个人的政绩、荣辱、升迁与之挂钩，将凡是可以由“数字”来衡量的，与一票否决制相关联的，或者目标责任所强调的任务指标作为核心工作，如最易“见效”的 GDP 增长率是政绩追求的核心指标。只要任务与干部评价与考核体系无所关联，其对基层政权来说，它仅仅只是一个政治口号而已。环境作为一种公共物品，环境政策具有复杂性、长期性、不确定性和科学技术的有限性特征，与地方政府在压力体制下追求的短期化行为相悖。在“唯 GDP”政绩考核指标下环境政策地方执行属于一种典型的软任务，地方政府根据考核指标对政策实践的灵活处理，为政策执行的变通创造了很大的空间。

公共政策的制定权与执行权的分离与信息的不对称是委托代理关系成立的前提和起点。基于我国科层体制，环境政策作为一项具体的公共政策，中央政府作为决策者委托人而地方政府是执行者与代理人，央地政府在政策执行过程中存在严重的信息不对称，中央政府对政策进行原则性和方向性规定，为地方政府多维度解读和重组创造空间；同时在压力体制下央地政府在利益结构上存在着矛盾和冲突，放利让权导致地方事权与财权的严重不对称，使地方政府更多通过向上“跑钱”争取更多资源；此外中国现行体制下，央地政府权力配置演变也为委托代理关系视角引入政策执行提供契机。为此以委托代理关系视角分析中国环境政策执行具有一定适切性。在我国的行政框架下，从中央到地方具有中央—省（市、自治区）—地（市、州）—县（市、区）—乡（镇）五级垂直行政管理体系层次。在等级结构中，当权力可沿组织阶梯上下移动时，每一位个体（除了在最末端水平上的以外）往往既是委托人又是代理人。所以在一项全国性的政策实施过程中，除了政策制定者中央政府和最终的政策执行者村民之外，其他政策执行者都具有双重身份，既是委托人的代理人，又是代理的委托人，这是一种多层次委托代理关系，政策执行情况取决于垂直行政管理体系中各级政府执行政策的可能性的组合。正是由于政策层层传递链条的多环节性存在，为政策执行变通创造了滋生的土壤，并且政策传递的层级越多，政策偏离度越高。美国政策学家克鲁斯克认为，从政策的起始到最终执行政策的各个不同阶段之间的距离使政策过程在一系列级别上出现差错，也给出现差错提供了机会（Kruschke，1992：65）。

本文即试图以一项全国性的退耕还林政策在特定区域时空中的执行过程为轴线，基于中国现行行政体制背景，以多重委托代理关系分析环境政策执行的过程，重点以中央与地方政府（以县及其以下层级为主）的关系互动为核心，探讨政策在自上而下传递过程中发生执行偏差的原因与机制，以此达致对环境政策实施过程的真实理解。

（二）研究对象与研究方法

本文实证资料来自 2012 年 8 月、2013 年 3 月以及 2013 年 8 月，笔者对重庆市 W 县林业局与县政府、S 镇政府相关人员以及东溪村村民进行实地参与式观察、深度访谈以及口述史等方法获得。由于退耕还林政策在该村实施有 10 年历史，对于政策当时实施情况只能通过村社、乡镇的关键人物回忆以及官方与半官方资料进行建构。同时本研究属于个案研究，其目的不在于试图得出一个能推论到全国的结论，而是希望更好地理解环境政策执行的真实过程。东溪村地处大巴山区渝陕鄂交界，渝东北W县S镇境内，W县属于国家贫困县，三峡库区重要县，2012年全县GDP收入为53.1亿元，年地方财政收入仅7.3亿元[1]，经济发展水平在重庆市排名靠后，境内有长江一级支流大宁河流经。全县以卡斯特地貌为主，山地面积占93%以上，素有“九山微水一分田”之称。S镇距县城30千米，全镇海拔悬殊2 000米，典型的立体气候。东溪村历来在农业灌溉上没有任何水利设施，农作物基本是“靠天吃饭”，若在生长季节缺少雨水或是雨水过多都会严重影响收成。W县从2000年开始试点退耕还林，截止到2007年，全县共完成退耕地造林22.5万亩（1亩约为667平方米，下同），涉及该县19个乡（镇）和2个街道，东溪村于2003年实施退耕还林，总还林面积3 664亩，现有耕地1 756亩，人均不足0.5亩；全村现有2 386人，流动人口580多人，人均年收入约4 000元（务工收入占90%以上）。东溪村山高坡陡，山多田少，土质贫瘠，山田种植在退耕还林之前水土流失尤其严重。

二、多委托代理视角下规范性计划与地方实践的博弈

为了保障退耕还林政策顺利实施，中央政府对政策目标、工程建设、组织管理、造林管护、检查验收、粮食和现金补助等方面制定了系列综合性政策，主要集中反映在《国务院关于进一步做好退耕还林还草试点工作的若干意见》（国发〔2000〕24号）（简称《试点工作意见2000》）、《国务院关于进一步完善退耕还林政策措施的若干意见》（国发〔2002〕10号）（简称《完善措施意见2002》）、《退耕还林条例》（简称《条例》）3个综合性文件中。以下将从中央政府的规范性计划与地方实践两个层面对退耕还林政策在宣传与理解、目标与原则、粮食与现金补助、检查验收等各环节展开分析，试图揭示规范性政策预期与实践的偏离。

（一）政策宣传的多元解读

在现行中国多层次的行政体制背景下，各个层级政策参与主体基于多重任务指

1 数据来源：W县2013年政府工作报告——2013年2月27日在W县第十六届人民代表大会第三次会议上通过。

标与压力，为实现目标在政策宣传中各显神通，试图从多元化的策略手段中洞悉国家到县、乡镇、村社等多层次主体对环境政策的认知与解读。

面对严峻的水土流失，中国政府坚定实施退耕还林的决心，明确规定，“从保护和改善生态环境出发，将易造成水土流失的坡耕地（一般要求是25度以上）有计划、有步骤地停止耕种，并按照适地适树的原则，因地制宜植树造林。”W县以“保持水土流失，保护三峡电站”为宗旨，根据“分流域区域，先易后难整乡推进”原则，通过一系列的宣传标语、横幅对政策进行大规模的宣传。当政策自下传达到乡镇后，很多乡镇领导为了“好开展工作”极力争取指标搞“一刀切”，尽可能以各种好处和利益鼓励村民实施退耕。“大部分的人出去打工，在家的人就把退耕还林保管起，把苗木经管好，给你补点生活费，囊个要不得啊。”（访谈记录：20130815——ZSX）一位村民回忆：“政府规定25度以上的坡度才搞退耕还林，那时候我们这里的领导跟县里面有关系，结果为了一刀切就把我们开的水平梯田一律栽上了树，好管理些啊，那些比我们坡度陡的乡都没有弄到指标。”（访谈记录：20130809——CXF）东溪村一个社的社长对那些坚持不退耕的村民说：“你恩是憨（即傻）啊，捞起现成的钱不得，又不要你成本，不要人工，你还不搞要做莫尼？”而村民对一项新生的事物往往持怀疑态度：“起先也有的不理解，不相信这个政策，以为是国家在欺骗老百姓，历来年年都是农民上税交粮，哪有一年不种地还给粮食的，现在看到有钱又要争到要退。”（访谈记录：20130820—LRH）”

从以上自上而下的政策宣传路径发现，以“生态保持”为中心的宣传解读止于县政府层级，自下到乡镇以后却追求以“好管理，好开展工作的‘一刀切’为宗旨”，从而忽视水土保持的目标。当政策宣传进入村社村民群体中时，逐渐演变为名义上有利于村民“干捞钱”和“有实惠”的一种手段。

（二）目标原则落实中的主体缺位

国家与省市的各类《意见》与《条例》中明确规定退耕还林政策目标原则：生态效益优先，兼顾农民生计问题，尊重农民意愿与自然规律，科学选种，因地制宜，适地适树。W县退耕还林项目以“为了三峡库区安全，保持长江流域水土流失”为指导思想，但在政策执行中对“尊重村民自愿”与“科学选种、适地适树”原则采取选择性理解与行动。

W 县退耕还林项目实施的主要流程是：指标下达后，规划并确定各乡镇符合退耕区域并征求村民意见（同意后）——县林业局技术人员现场调绘面积，划定实施边界和面积——汇总、微调并正式发放该镇实施面积指标——以此模式推进落实下一个乡镇指标。从阶段流程表明，退耕区域规划是建立在农民意愿基础上。但随着项目不断推进，各个乡镇开始争先恐后地争取申请指标，某些乡镇因为没有指标而产生争议。

“当时我们这个地方不应该搞停耕还林项目的，但乡政府领导把这个项目争取到了，那就只有退呢，这么好的水平梯田都栽树，不划算。上面来规划的人也说：‘这节哪里能停耕啊？’”（访谈记录：20130818——CCX）

“2003 年周边挨着的李家乡、白果乡都搞了停耕还林，如果我们平坝乡不搞，工作很难开展。又加上碰到合乡并镇，乡里头主要领导都是从其他乡镇才调过来的，刚开始工作很难开展，当时为了争取这个项目，我们到县里面跑了好多趟，最后才把这个项目要到了。”“同样的一块地，沟这边就退了，隔条沟就没有指标了，所以没有退的人不乐意。好多人打官司闹，‘他要退，要国家直补’。还有人告状子。”（访谈记录：20130820——HDB；20130810——LLL）

国家规定强调“尊重农民意愿”，同时县林业局也规定规划区域要建立在“村民愿意退”的基础上，但到乡镇政府之后为了“好开展”工作而忽视村民意愿，为争取指标开展“锦标赛”式竞争。于是在乡镇出现了“全部耕地栽树”，“不该退耕地退耕了”等问题。《条例》第二十三条规定：“退耕土地还林营造的生态林面积，以县为单位核算，不得低于退耕土地还林面积的 80%”。S 镇林业办公室工作人员提到：“当时是县林业局直接将我们这里规划为补助年限最长，补助标准最高的一种，全部还生态林。这些都由县里面负责，乡镇都不参与。”《条例》第二十六条规定：“退耕还林所用种苗应当就地培育、就近调剂，优先选用乡土树种和抗逆性强树种的良种壮苗”。并且第二十五条规定，“种苗可以自主和集体采购，若集中采购的，应当征求退耕还林者的意见，并采用公开竞价方式，签订书面合同。”据了解，在技术人员规划小班后，直接由林业局负责统一调运树苗到乡镇并派发到村社，按每户面积领取树苗造林，并且每村派有一个专业技术人员指导造林。W 县针对统一采购树苗的说法是：“2002—2003 年统一组织调研后，刚开始两年牵涉的苗木比较大，农民分散自己去买，弄不到，所以我们就按‘县内优先，就近原则’，根据设计的苗木数量、质量、种类进行采购。”（访谈记录：20130822——WWS）

“调运的树苗有松树、杜仲树、柏树、椿树、枞树等；2003 年运来的松树遭窝了，成活率很低，大概只有 0.5%，我们这里不适合种枞树和日本落叶松。前三年基本都在栽树，第三年还补杜仲树和椿树；好像树苗不要钱样，有一年运来的树苗多了，要不完，后来拿回来没有栽的当柴烧了。”（访谈记录：20130320——CCX；20130816——GDZ）

可见，作为政策最终执行主体的村民和乡政府没有参与林种划定、树苗采购以及树种选择等环节，从而导致“树苗适地适树性弱，年年种树不见树”等一系列问题。正因为对土质和树种有绝对发言权的村民主体缺位，从而使“科学选种，适地适树”原则形同虚设。从以上退耕还林政策目标原则的地方实践发现，所谓“生态优先”原则是建立在“良田退耕”基础上，同时“尊重农民意愿，因地制宜，适地适树”原则却演变为以“政府主导下，种树不见树”的代价，由此实现的退耕政策目标的可持续性有待进一步考量。

（三）政策兑现的多元化选择

退耕还林项目补助方式、补助金额以及补助名称都经历了不同周期的复杂变化：补助方式从粮食补助到现金补助演变；第二周期的补助额度标准在第一周期基础上减半；补助的提法从第一周期的“生活补助”演变为第二周期中与管护任务和成效挂钩的“管护费”。

有关退耕还林政策补助标准和方式的变化：《完善措施意见 2002》中规定：长江流域及南方地区每亩退耕地每年补助粮食（原粮）150 千克；黄河流域及北方地区每亩退耕地每年补助粮食（原粮）100 千克，每亩现金补助 20 元 / 年，还草补助 2 年，经济林补助 5 年，生态林补助 8 年。《意见》中明确规定：“对退耕农户只能供应粮食实物，不得以任何形式将补助粮食折算成现金或者代金券发放”。但《国务院办公厅关于完善退耕还林粮食补助办法的通知》（国办发〔2004〕34 号）又规定，从 2004 年起，原则上将向退耕户补助的粮食改为现金补助，中央按每千克粮食（原粮）1.40 元计算，包干给各省（自治区、直辖市），补助标准和兑现办法，由省级人民政府根据当地实际情况确定。《国务院关于完善退耕还林政策的通知》（国发

〔2007〕25号）规定了项目延续第二周期，补助标准在第一周期的基础上减半，其他的生活费、造林补助以及补助周期均保持不变，并将原有的生活补助费与管护成效和任务挂钩。

W县2002年开始全面铺开，S镇东溪村在2003年才开始实施，粮食补助2年后，直接变为现金补助。2003年粮食补助主要包括：谷子（或大米）、玉米、麦子等，可以自行选择。关于粮食补助质量和品种在《完善措施意见2002》与《条例》第三十九条都有明确规定："省、自治区、直辖市人民政府应当根据当地口粮消费习惯和农作物种植习惯以及当地粮食库存实际情况合理确定补助粮食的品种。补助粮食必须达到国家规定的质量标准。不符合国家质量标准的，不得供应给退耕还林者。"与此同时重庆市传达《完善措施意见2002》配套内容规定："只能供应粮食，首先供应区县国有粮食购销企业2001年末库存的商品周转粮（不含陈化粮[1]），区县粮源不足由市粮食局统一调剂。粮食品种原则上稻谷比例不低于70%，其余供应小麦和玉米。"

但据村民反映："我记得头年是自己到粮站拉的谷子，那个谷子有恶臭，都是国家放了很多年的陈谷子，打出米都是黄的，不好吃。煮稀饭清水，还没有米气气，后来大米狠起长虫，晒了又更不好吃。后来粮站想办法都给你们折成现钱了"（访谈记录：20130813——XYZ）也有村民提到，"很多人思想转不过来，有高山的人没有谷子吃还是宁愿要谷子，生怕没有吃的。XYN书记屋头估计现在还有当年的陈谷子，这还不稀奇，他家里分田人口多，给的谷子多。有的吃不完的，都拿来喂猪了，有的舍不得喂猪的现在屋里还有。那个谷子就是奇了怪，都十几年了还不长虫。"（访谈记录：20130815—ZSX）

从村民的直观感受发现补助粮食的颜色、气味和味道等方面特征与村民常年经验中的"陈谷子"是一致的，这与国家所规定的"陈化粮"是否有区别，当地粮站或乡镇没有说法，但在村民反映粮食有质量问题后，却可以通过转手交易，把指标

1　据粮食部门介绍，大米一般分为新粮、陈粮和陈化粮三种。当年的大米属于新粮；第一次储存期限超过一年的是陈粮；储存后变质的粮食是陈化粮。陈化粮主要有三项检测指标：其中脂肪酸值、黏度、品尝评分值三项中有一项指标达到"陈化"规定的，即认定为陈化粮。根据相关规定，"陈化粮"是指长期（3年以上）储藏，其黄曲霉菌（目前发现的最强致癌物质，280摄氏度高温下仍可存活，试验表明，其致癌所需时间最短为24周）超标，已不能直接作为口粮的粮食。国家规定，只能通过拍卖的方式向特定的饲料加工和酿造企业定向销售。

卖给粮站换得现钱。“2003 年给的谷子，但其实给谷子就是转个手，我们好多人仍然是卖给粮站，粮站又拿钱来收，一亩地的谷子就能换 200 多块钱。”（访谈记录：20130809—CXF）。然而，S 镇政府为什么在《完善措施意见 2002》中明确规定了“对退耕农户只能供应粮食实物，不得以任何形式补助粮食折算成现金或代金券发放”的情况下，能让东溪村村民将补助的粮食折合成现金形式，使村民有选择的机会。S 镇林业办公室一个工作人员透露：

“当时补助的粮食质量不行，老百姓反映谷子不很实（即不好），就把谷子卖了，粮站还专门有人收，主要是邻近的湖北省负责来买指标，那时候隔壁的湖北省也在搞退耕还林，好像是他们那里的粮站存量不够，所以就到我们这边来买粮食指标，由于跟我们就隔一座山，比较近，晓得我们这边的情况。”（访谈记录：20130821—LRH）

东溪村的政策兑现形式经历了名义上的粮食补助——现金补助变化的过程。据政策规定“补助粮食（原粮）的价款和现金由中央财政承担，但落实粮食补助包干给各省、自治区、直辖市负责，具体兑现办法和标准由地方实际情况而定。”所以平坝乡粮站才能据村民“要钱不要粮”的需求将粮食折合成现金，又将指标转移卖给附近有所需求的市场。从 S 镇政策兑现来看，粮食通过村民转手后由粮站变成现金，这样既符合政策规定“必须补助粮食”，同时也解决邻近省缺乏粮食指标的情况。正因为东溪村大部分村民从一开始就可以选择现金补助，从而使 2004 年政策正式规定将“粮食折算为现金补助”形式的转变实现了自然的过度。

（四）验收中的非正式运作

在中国现行体制下，退耕还林政策在自上而下的执行与验收过程中，实际上中央政府只是原则上的参与主体而地方政府才是政策执行与验收真正主体，这为既作为裁判员又作为运动员的地方政府创造很大的自由活动空间和契机。《条例》规定检查验收实行自下而上的层层汇报制度，《重庆市人民政府关于切实做好退耕还林成果巩固工作的通知》（渝府发〔2004〕86 号）规定，禁止闭门造车，检查验收不到场，禁止以作业设计代替检查验收以及用计税面积代替实测面积。当政策层层委托代理到县层面和乡镇层面，政策执行是如何操作与落实政策？

W 县林业局的工程验收主要由林业局调查规划设计队牵头抽掉林业局相关技术

人员，对各个乡镇各个小班[1]验收，主要针对树种（海拔和土质为准）、规格（株行距）、苗木（质量）、成活率（85%以上）等指标进行验收，合格后兑现政策；年检主要包括县层面的每年验收以及国家层面的周期阶段性验收，每年验收分两次进行，秋冬季节的第一次验收对不合格的面积下发整改通知书，第二年4—5月份针对不合格面积组织第二次复查验收，合格才兑现政策；阶段性验收中W县主要是委托西北林学规划设计院按省级全查，县级抽半原则进行验收，合格后才进入第二轮周期。但村民反映到：

“林业局不经常来检查，一年一次，我们都晓得什么时候来，一般11月份左右，每次他们来事先通知乡镇政府，由我们先搞一次自查摸底，之后由乡里面带起来大队，我就跟他们带路，就把他们带到可以检查的地方去看”；“检查都是跟着大路边检查，那些咔咔角角的，都检查不到。”（访谈记录：20130811——WYC；20130815——XZY）

“检查还是来检查，上面来检查的时候就拿起“镜子”（即望远镜）照，表面上看着绿油油的效果不错，从来没有看到他们脚踏实地地检查过；“镜子”里面看到的树，都是像我们这样听话的栽树做面子的；哪晓得里面好多地方早就被砍完了，全是种的田。现在年年都喊要补种，搞个扯啊，没有个几个人要搞。”（访谈记录：20130813——XYZ）

“一年来搞几道，检查都是走过场，来了嘛村里面、乡里面就好生招待一顿，把它扎起，‘你这个要得，要得。’现在的官都是一些老拽拽‘撑到板凳看地上[2]’，老实人太少了，都在乱搞。”（访谈记录：20130809——CXF）

从退耕还林政策实践成效的检查验收发现，由于乡镇政府对地方政策实践在信息上具有天然的优势，善于运用各种策略性方式有效应对处于信息不利地位的检查验收人员，如事先摸底准备并规划验收路线、借助“镜子”不脚踏实地、走过场好招待等非正式的手段在特定区域时空创造适合自己行动的空间。

1 小班（Sub-Compartment）：小班是进行森林经营、组织木材生产的最小单位，这里主要指退耕还林调查设计的基本单位。在作业区内把立地条件、林分因子、采伐方式、经营措施相同和集材系统一致的林分划为一个小班。一个小班的面积，一般以5公顷左右为宜，最大不应超过20公顷。

2 “撑到板凳看地上”：当地俗语，字面意思是坐在凳子上往地上看，不把凳子看穿是不可能看到地上的。也就是做事不实事求是，没有能脚踏实地地了解真实情况。

三、环境政策执行偏差的影响因素

通过对退耕还林工程的宣传与理解、目标与规则、政策兑现方式以及检查验收等各环节的实践过程分析发现，宏观的政策规范性计划与微观的地方实践间的博弈使政策执行成效产生了一系列偏差。一项全国性的政策通过国家到县——乡镇——村民层层委托代理得以执行，作为最终的政策代理执行主体村民在实践过程中受到多方面因素的影响，如不同层次委托代理主体缺乏环境保护的共识、信息不对称、利益结构的复杂性以及政策的不完备等。

一是缺乏环境保护共识。由于我国特殊的行政体制，退耕还林工程可以视为国家委托农户代理提供生态公共物品的供给，政策从中央到地方层层传递过程中的各级主体在环境认知上具有很大差异，甚至缺乏根本的共识。中央政府实施退耕还林工程旨在改善生态；地方政府在压力型体制中，可能会避开中央政府的监督而谋求自身利益的最大化，力求争取眼前的、看得见的短期经济利益，而忽视未来的、不确定的长远的利益。在政策实施过程中，地方政府为了追求经济发展，在“锦标赛式”的竞争中争取指标搞“一刀切”的形象工程，忽视“生态目标”以及村民意愿，以此作为升迁、荣耀和政绩的资本。对于理性村民来说，基于自身生存逻辑在国家给予的生态补偿与成本效益中做出选择，村民在政策实施过程中，对新生事物持有怀疑和观望态度，将利益和实惠作为行动的唯一指标。正因为不同政策参与主体缺乏环境共识，中央政府强烈的环境保护意识在层层传递过程中很难渗透到地方政府与村民，最终地方政府以逐权与逐利为本对政策进行策略性选择实践，从而使规范性计划与地方实践产生偏差。

二是信息的不对称。中央政府作为退耕还林工程决策者，而地方政府是政策的执行者，较中央政府在政策地方执行中拥有明显的信息优势。一方面在中国科层体制背景下，退耕还林政策的实现以多委托代理链条为基础，除了中央政府与村民之外的主体都具有多重角色和任务。另一方面中国行政体制的“条块分割”导致链条越长，越到底层的政府承担的任务越多，信息不对称问题就越严重，政策不能完成代理任务的可能性越大。多重委托与较长的行政链条增加了中央政府的监督成本，同时为地方政府行动创造更多的行动空间。由于村委和乡镇拥有对东溪村社会经济信息的绝对优势，面对上面检查，事先摸底做到心里有数，为此虽然中央政府有运动式的检验组、验收组，但村社事先准备安排路线，检查可检查地方，同时在退耕区域、林种类型、苗木选种购置过程中，对当地土质、海拔以及适合树种最具有发言权的村民却不具有发言权，最终导致“年年栽树不见，不该退的退了”。

三是利益结构复杂性。政策执行主体都是自我的理性经济人，多委托代理主体利益存在着多层次性，央地政府间的目标不尽相同，某些政策偏离行为实际上是政府内部不同层次、不同部门之间的相互博弈的结果。中央政府以一系列的法规与政策将退耕还林工程执行规范化与法制化，强调以改善生态为导向，旨在实现保持水土、恢复生态环境；但地方政府则是以地方利益为根本行为准则，追求经济发展目标，同时兼顾地方争取指标搞生态效益的形象工程。当地方政府与权力中心利益发生冲突时，地方政府会对制度规则做出自利性解读，以机会主义实践规则，规范性计划在不断的重组和建构中发生偏离。W 县在乡镇与村民主体缺位的情况下“统一购置并规划树苗种类，选择林种补贴最长期限的生态林”，为此在实现规范性形象工程背后，却导致“苗木适地适树性差，年年种树不见树”等现象；S 镇为了争取政绩指标而忽略“改善生态”目标，并以“为村民争取尽可能多的利益”为幌子吸引农民支持和配合，从而出现了“不该退的退了，退耕地里套种”等扭曲政策初衷的现象。

四是政策的不完备性。现行体制下的政策制定权与执行权的分立，导致我国政策制定的不完备性。一项政策的出台往往是从原则性和方向性等方面考虑，中央政府作为政策和制度的制定者，由于存在着有限理性和信息不完全的问题，因此权力中心往往以“粗线条”为原则制定政策或下达操作性指令，只对涉及政策实施的有关部分做出原则性的规定，存在着高度的不完备性和不可操作性；而地方政府在具体执行政策时会根据本地的实际情况对政策进行操作化，再制定出更具体的、明确的执行措施。为此政策的不完备性为委托代理问题的出现留下了可乘之机，地方政府基于信息优势而进行“再决策权”，在具体落实方面具有自主权。政策规定绝大多数是一个不完备命题，一般以“允许……必须……”原则为主，而没有说明“……是禁止的”，为执行者选择政策行动留下很大的模糊空间。《条例》中规定政策兑现：“兑付的补助粮食，不得折算成现金或者代金券”。但地方根据村民和市场双方需求的契机将粮食先派发给农民，之后经过农民转手再卖给需求市场，整个过程仍实现名义上的粮食补助。分税制后的地方政府为获取资源“一切向上看”，根据本地区实际情况以及自己的喜好解释和重组政策的实质精神，把自己或本地区的利益维护和扩张融入到政策执行中，从而为自身创造更大的自由活动空间的同时导致委托人利益的丧失或扭曲。

四、环境政策执行偏差机制的思考

从以上退耕还林政策执行偏差的多种影响因素分析发现，基于中国现行科层体制的多环节委托代理链条以及压力型体制背景，在政策执行主体缺乏环境共识以及信息不对称的前提下，国家以“经济优先权”换取村民的“生态优先权”；而地方政府为了逐利逐权采用正式与非正式等多元化的手段对不完备的政策进行自利性灵活应对。

在中国现行科层体制以及压力型体制共同作用下，退耕还林政策经过多环节的委托代理主体层层传递，作为基层政府在执行环境政策中具有信息优势，通过中央授予的正式权威以及非正式路径为自己与本地区利益创造更多的政策行动空间，并不断地重组和建构新的政策和规定。首先，作为委托人的理性村民，经济优先是其行动选择的首要标准，由于环境作为一种非排他性的公共物品，由国家委托村民代理提供，在短期内很难实现经济效益的情况下国家必须支付给村民较高的生态补偿，所以退耕还林政策的实现是一种国家以“经济优先权”换取村民的“生态优先权”的行动选择。其次，对于委托代理双重身份的地方政府，由于面临自上而下的各种压力指标以及事权与财权严重不对等的困境，在退耕还林政策实践中其不得不通过追求以“锦标赛”式竞争谋求优先地方经济发展以及个人绩效、升迁和荣誉的资本。再次，基于地方政府较中央政府在政策执行过程中享有的信息优势，地方政府作为自上而下政策解读与执行的一级政府以及自下而上政策意见反馈首要接收与传递主体，是信息中转站与加工厂，为其“策略性政策执行”创造空间。最后，在退耕还林政策的委托代理各个环节中缺乏比较完善的反馈与监督机制，使权力中心在多层次的政策委托代理执行中具有较高的监督成本；同时自下而上层层交叠存在严重的信息不对称，为地方政府应对中央政府的宏观政策选择“锦标赛”式的竞争提供契机。

参考文献

[1] 克鲁斯克，杰克逊 . 公共政策词典 [M]. 唐理斌，等，译 . 上海：上海远东出版社，1992.

[2] Lester Ross. The Implementation of Environmental Policy in China: A Comparative Perspective [J]. Administration & Society， 1984 (15): 509.

[3] O 'BRIEN LI. Selective Policy Implementation in Rural China[J]. Comparative Politics，1999 (2) :167 -186.

[4] 丁煌，李晓飞 . 公共政策执行过程中道德风险的成因及规避的机制研究——基于利益博弈分析 [J]. 北京行政学院学报，2010(4).

[5] 马娟，付少平 . 政府主导型生态建设的地方实践——以陕西 X 县退耕还林政策实施过程为例 [J]. 理论导刊，2011(12).

[6] 欧阳静 . 运作于压力型课程制与乡土社会之间的乡镇政权——以桔镇为研究对象 [J]. 社会，2009(5).

[7] 荣敬本 . 从压力型体制向民主合作体制的转变——县乡两级政治体制改革 [M]. 北京：中央编译出版社，1998.

[8] 申端锋 . 软指标的硬指标化：关于税改后乡村组织职能转变的一个解释框架 [J]. 甘肃社会科学，2007(2).

[9] 魏玮 . 多委托代理关系、政策的选择执行与农村税费改革 [J]. 财贸经济，2006(8).

[10] 吴理财 . 县乡关系：问题与调适——咸安的表述（1949—2009）[M]. 北京：中国社会科学出版社，2011.

[11] 夏光 . 环境政策创新：环境政策的经济分析 [M]. 北京：中国环境科学出版社，2000.

[12] 杨善华，宋倩 . 税费改革后和中西部地区乡镇政权自主空间的营造——以河北 Y 县为例 [J]. 社会，2008(4).

[13] 杨善华，苏红 . 从'代理型政权经营者'到'谋利型政权经营者'——向市场经济转型背景下的乡镇政权 [J]. 社会学研究，2002(1).

[14] 周飞舟 . 从'汲取型政权'到'悬浮型政权'——税费改革对国家与农民关系之影响 [J]. 社会学研究，2006a(3).

[15] 郑永年，吴国光 . “论中央 - 地方关系 : 中国制度转型的一个轴心问题 [J]. 当代中国研究，1994(6).
[16] 金太军，汪波 . 经济转型与我国中央地方关系制度变迁 [J]. 管理世界，2003(6).
[17] 李新安 . 我国中央、地方政府区域调控的利益博弈分析 [J]. 财贸研究，2004(4).

城市社会性弱势群体利益诉求中非政府组织的角色定位*

张礼建　向礼晖

摘要：利益诉求机制就是在承认个体正当利益的基础上，允许社会成员通过正常合法的渠道和方式表达自己的利益诉求的机制。通畅的利益诉求渠道有助于激励各阶层参与到有效的公民治理中来。基于目前我国城市社会性弱势群体利益诉求复杂性和多样性的现实境况，通过分析非政府组织在利益聚合性和表达组织性的优势以及存在的缺陷，明确现阶段非政府组织在弱势群体利益诉求中作为利益聚合者、诉求组织者的角色定位，从而缓和社会矛盾，促进社会公平与发展。

关键词：城市社会性弱势群体；非政府组织；角色定位

社会转型和经济转轨的深入发展，带来的结果是社会结构不可逆转的分化和重组，实质上也是利益不断调整的过程。当前，突出的社会矛盾在于利益分配的不均衡，部分人群拥有的社会资源匮乏，在涉及自身利益的社会行动中缺乏基本的权利保障和有效的利益表达手段,在利益诉求和利益表达中常常处于弱势地位。城市社会性弱势群体，即下岗职工、失业人员、在职低收入者、早退休或被拖欠退休金人员以及因疾病、年老、孤寡伤残而领取最低生活保障金的人员。其形成和突显的最直接表现是大批下岗职工和失业人员加入进来并构成其主体部分，它是社会转型期的伴生物，是资源重新分配与聚集的结果。他们数量较多却表达能力低下，无力参与或影响政策。其利益诉求受到社会普遍关注，非政府组织作为城市社会性弱势群体利益诉求与政府回应之间的中介，其角色定位为该问题的复

* 基金项目：教育部西部资助研究课题，项目编号：10XJA840003。

作者简介：张礼建（1963—），男，四川达州市人，重庆大学公共管理学院教授，博士研究生导师，主要从事公共服务与政策研究。向礼晖（1988—），男，贵州贵阳市人，重庆大学公共管理学院硕士研究生，主要从事公共服务与政策研究。

杂性和多样性提供一种可能的解决路径，即从利益诉求过程中利益聚合、诉求组织的角色定位出发，合理有效地参与社会活动和政策制定，为城市社会性弱势群体的诉求提供有效平台，扩大利益表达的渠道，从而缓和社会矛盾，促进社会公平与发展。

一、城市社会性弱势群体及其利益诉求机制平台

（一）城市社会性弱势群体的界定及特征

城市社会性弱势群体是指在我国社会转型过程中，由于体制的转变、制度的变迁、结构的变动、政策的调整等原因造成的在社会资源分配中处于不利位置，逐渐与城市主流社会相脱离，生存状态较差，需要国家和社会给予高度关注的一部分城市居民。[1]其产生的根源以及特点不同于传统城市贫困人口。从地域分布看，城市社会性弱势群体主要居住在城市或城镇。从形成原因看，由于转型期给经济、社会、文化等领域带来了深刻的变动，导致城市社会性弱势群体沦为弱势的人群或阶层。首先，转型期我国城市社会性弱势群体的出现是过去计划经济体制下各种矛盾弊端长期积淀的结果，是经济体制转型中企业的结构性调整、产业结构优化升级、劳动力需求转换、科技进步、劳动生产率提高的必然结果。其次，转型期我国城市社会性弱势群体的出现与政府主导的利益分配机制有关，以政府为主导的利益分配机制无力保护所有社会成员的利益，加上个人收入分配方式多元化以及一些不合理因素的存在，导致社会各阶层的利益分化、个人收入差距拉大、贫富悬殊。

（二）现阶段城市社会性弱势群体利益诉求中的社会支持主体与渠道

利益诉求是指各社会阶层通过一定的渠道和方式向政府、执政党和社会各级组织机构表达自身利益要求，以求影响政治系统公共政策输出的过程。在政府——国家体制语境下，对弱势群体利益诉求的最主要支持主体是政府，政府通过实行包括社会救助、社会保险、社会福利等公共政策制度来实现对弱势群体的支持；党的十八届三中全会提出国家治理体系和治理能力现代化的目标和要求，实际上是不断深化多元主体共治的体系观念，于是，在国家治理体系的语境中，弱势群体利益诉

求的支持主体呈现出多元化的局面，如各类非政府组织以及相关社会团体，通过有组织的、具体的和专业的机制和方法为弱势群体利益诉求提供支援和帮助。我国城市社会性弱势群体利益诉求的复杂性和多样性使得其诉求渠道也呈现复杂和多样化，但大体上仍分为体制内和体制外两个层面、两个体系。人民代表大会制度、信访制度和基层民主制度等作为体制内的利益诉求制度，是城市社会性弱势群体当前主要依赖的诉求渠道；而通过电视、网络、报纸以及群体性活动等作为体制外的利益诉求方式，也成为城市社会性弱势群体利益诉求的渠道选择。

二、非政府组织在城市社会性弱势群体利益诉求中的优势与缺陷

（一）非政府组织在城市社会性弱势群体利益诉求中的优势分析

1. 利益诉求的聚合性

非政府组织是由公民自愿加入的一种利益组合体，具有相对共性的价值理念、利益需求以及较强的利益凝聚力，能够统一表达分散成员的利益诉求和主张，从而实现集体行动和交往的理性化。[2]一方面，作为公众与基层政府间信息传递的中介，非政府组织对利益诉求进行归纳、过滤、表达和反馈，在理性化整合分散公众利益诉求的基础上，力求完整准确地传递给基层政府，从而消除“渠道梗塞”现象；另一方面，作为连接民众与基层政府之间的桥梁，非政府组织将基层政府的回应意见反馈给公众，以实现在公众与基层政府间双向的诉求传递和意见反馈，更好地实现公众与基层政府之间的良性互动。非政府组织的产生与“政府失灵”和“市场失灵”两者之间具有一定程度的伴生关系，利益的聚合和代表性是其与生俱来的特征。[3]“非政府组织是社会的自组织，有着与社会成员或居民的天然联系以及组织社会的天然能力，且可以通过自愿、协商的方式去解决有关的问题”[4]。非政府组织最接近于社会底层，在了解弱势群体的社会需求、协调社会利益主体关系、增进社会融合和解决这些社会问题方面具有政府与市场不可替代的、独特的优势。非政府组织的成员大多是民间基于兴趣爱好和慈善事业心的公民所组成的。志愿性即不以营利为目的，各成员基于共同利益或信仰而自愿结成的社团。志愿性社团为公民提供了参与公共事务的机会，增强了他们的参与能力。

2. 利益表达的组织性

王中汝指出：当代中国利益表达机制的构建在利益表达主体方面，只能是社会化组织而不能定位在原子化的个人。[5] 这是社会转型期的必然要求，也是从以往原子化的个人表达转向集体组织化利益表达的逻辑要求。由于城市社会性弱势群体处于社会底层，各方面与拥有强大政治、经济、社会资源的强势群体进行利益博弈时均处于劣势。就目前的政府体制和表达方式来看，各个层次的社会利益群体均有表达自己利益诉求的渠道，但实际施行中却是形同虚设，无法构建畅通的交流平台。由于城市社会性弱势群体在不同领域处于弱势地位，缺乏表达自己利益诉求的渠道。而这些利益的积压造成了更加严峻的社会问题，更甚之会造成大规模的群体事件。一方面，在组织体制、组织结构以及活动方式上，非政府组织有较大的灵活性和适应性，便于调整其组织结构、工作方式以适应各种各样的地域和人群的需要；另一方面非政府组织通过建立之初确立的明确目标和领域使得它们通常都具有相当的组织性和专业性，并通过一系列相关规章制度的建立顺应利益表达组织化的要求。社会治理的核心是将单一中心治理模式向多中心治理模式的转变，而非政府组织作为多中心治理模式中的重要角色之一，往往能够为弱势群体的利益诉求组织化，拓宽弱势群体利益诉求渠道，并通过协商博弈等方式促使利益流向的公平和公正，使得社会公共政策在其影响下真正吸纳和反映社会各阶层的利益诉求，化解社会矛盾。

（二）非政府组织在城市社会性弱势群体利益诉求中的缺陷分析

1. 非政府组织发展不平衡且结构不合理

从对我国社会组织的统计情况来看，东部发达地区多，西部贫困地区少，从业人数也有很大差距。根据中国统计年鉴资料数据分析，从数量上看，我国每万人拥有非政府组织数 2.2 个，而法国、日本近 110 个。从分布上看，2011 年东部发达地区，如江苏省、浙江省的社团数量分别占全国社团总量的 7.6% 和 6.1%。而西部贫困地区的社团数量，如宁夏、青海仅占全国社团总量的 1% 和 0.75%。从社团从业人员的分布看，江苏省社团从业人员占全国社团从业人员总量的 3.8%，而青海则不到 1%，为 0.65%。功能结构上看，公益服务类和利益带便类的非政府组织仅各占 6%，政治领导类非政府组织只占 1%。服务对象结构上，对于城市社会性弱势群体也不容乐观，专为弱势群体服务的非政府组织屈指可数。

尽管我国的非政府组织较之前已经有了很大发展，但专门从事弱势群体利益保护和扶贫等活动的民间组织还不多。究其主要原因：政府失灵和市场失灵是非政府组织产生的缘由，其产生和发展应由社会选择，社会的趋利性使弱势群体类的社会组织较少。从非政府组织的结构上来看，其发展主要受政府主导性影响，存在结构失调现象。某些非政府组织实际上是政府部门的附属和延伸，甚至在某种程度上承担了政府的一些职能，因而就很难反映社会的实际需要，一方面是功能缺乏专业性，另一方面是服务对象结构缺乏广泛性。

2. 非政府组织的利益表达能力低下

我国的社会组织多以经济组织、行业协会以及文艺团体组织等为主，而以维护弱势群体利益为主旨的社会组织比较少。具有官方背景的社会组织一般都是挂靠在各事业单位之下，从而具有半事业单位的性质，他们在面对社会弱势群体时往往并不能准确定位，而是倾向于一种“官与民”的关系。而以维护弱势群体合法利益为主旨的社会组织由于各种原因成为“空壳组织”，很难实施弱势群体的利益诉求。对于那些政策宽松，易于得到资源的领域如环境保护、扶贫开发等，我国非政府组织出现“扎堆”现象；而对那些处于大量问题、急需非政府组织参与治理的领域，如失业与就业、社会保障等，却因各种原因鲜有非政府组织参与。

另一方面许多非政府组织缺乏完善的组织制度。受制于非政府组织产出的无形性、滞后性和服务的间接性，民众或政府部门很难对其数量尤其是品质进行准确的评估，导致其难以对自身进行有效和及时的管理与改革。同时，非政府组织内外部监督主体的缺位现象，导致其得不到有效监督，特别是弱势群体所处的不平等地位，信息不对称现象更为严重，监督作用也就更加难以有效发挥。其次主体组织性不强。在当代的政治实践中，“组织”发挥了重要作用。一个阶级或阶层自身的组织化程度决定了其政治参与程度和质量。城市社会性弱势群体缺少代表自身利益的组织，意见和行动都比较分散，在公共资源的分配以及公共议题的讨论中都无法形成高度组织化的意见。弱势群体自身以及非政府组织在利益诉求时的低组织性使得其进行利益博弈时往往缺乏必要支持，同时需求得不到有效实现，由于中国正处在转型期，政治体制的改革还相对滞后，还不足以适应广大公民扩大的政治参与要求。[6]

三、城市社会性弱势群体利益诉求中非政府组织的角色定位

（一）强化非政府组织对城市社会性弱势群体利益聚合者角色，转变理念，增强组织行为能力

“人们为之奋斗的一切，都同他们的利益相关。”[7]马克思深刻地阐释了政治、社会生活中利益的核心地位。利益的聚合程度决定着利益诉求的有效程度，相对于利益的原子化而言，利益聚合程度越高越能撬动“政策杠杆”，即通过利益的整合达到改变公共政策的偏向。根据现代治理理论的观点，政府和非政府组织都是社会公共事务的治理主体，而治理的实质是对利益进行公平和公正的分配。在治理实践中，非政府组织在一定的价值取向和目标使命的引领下进行活动，以自身在利益聚合方面的优势适应国家治理体系和治理能力现代化。一方面，非政府组织作为第三方的利益协调者。在公共政策的制定之中，非政府组织可以整合不同的利益需求，减少不必要的社会冲突。而在公共政策的执行之中非政府组织又可以充当“解说员”的角色，作为介于政府和个人之间的桥梁，它为弱势群体提供了参与公共事务、行使公共权力的机会。弱势群体可以通过它表达自我，明确相互利益，通过利益博弈来协调，建立归属感，通过它与政府协商对话，为政府决策提供背景资料和建议并影响政府决策过程。另一方面，作为“政府失灵”后的利益聚合者。非政府组织“向社会提供众多服务，承担一些政府部门不该做或做不好，企业做却未必有效的社会事务”。非政府组织能够接近社会基层中的弱势群体，同时有能力深入如农村和城镇社区等有可能存在贫困落后的地区，并有效地聚合相关利益诉求，集聚社会资本，以有效的服务和治理行为整合社会相关阶层的利益要求，在政府与市场之外发挥其增进社会福利、促进社会公平的独特作用，从而促使弱势群体参与同他们切身利益有关的决策和资源分配。

从宏观方面讲，政府与非政府组织的互动关系体现为政府改革对非政府组织的兴起与发展起了重要的推动作用，而非政府组织的发展也在一定程度上支持了政府改革的深入进行；从微观方面讲，政府与非政府组织的互动关系体现为政府

对非政府组织的培育扶植和监督管理以及非政府组织对社会公共事务的广泛参与的影响。

（二）明确非政府组织在城市社会性弱势群体利益诉求过程中的组织者角色，为弱势群体利益表达提供组织依托

正如前文所述，利益表达的力度和有效性决定着政治参与程度和质量，以及对公共政策的影响力，而利益表达的力度与有效性又取决于利益表达的组织化程度。非政府组织作为利益聚合者，将其目标群体利益进行高度整合，形成正式的社会议题或政策建议，通过如与政府直接对话、媒体宣传等诉求方式来动员舆论和施加政策压力，使政府的政策向其期望的方向靠拢。事实上，非政府组织参与政策制定已成为利益博弈的重要方式。早在 1992 年联合国环境发展大会上，1 400 个非政府组织被接受参加正式会议，并有数千计的非政府组织参加了相关论坛。其中很重要的原因在于，各个非政府组织在参与过程中，都有明确的诉求与博弈指向。在我国现阶段社会弱势群体缺少代表自身利益的组织，意见和行动都比较分散，所以在公共资源分配及公共议题方面都无法以组织化的形式表达他们统一的声音。这种高度分散化和个体化的利益表达状况不利于真实、全面、广泛地反映弱势群体的利益表达。此外单个的利益表达在现实生活中难以引起高层的足够重视。[8]

一方面推进非政府组织法治化进程，通过法律形式对非政府组织、社会团体等进行规定、认可和管理，培育非政府组织的主体意识和责任权利意识；另一方面加大培育和发展与弱势群体有关的非政府组织，使得弱势群体利益受损时能够明确诉求聚合的组织与方向；最后完善非政府组织自身利益表达机制、利益博弈机制、利益协调机制和制度化的解决利益冲突机制等，提升弱势群体对非政府组织的认同感，从而有意愿将自身利益诉求进行适当的聚合，而不是原子化的个人诉求。

（三）深化非政府组织在城市社会性弱势群体利益诉求中的专业性角色，实现活动领域专业化

非政府组织作为一种复杂多样的社会组织体系，一方面具有多样性，另一方面又具有很强的专业性。它们在成立之初便明确了参与和活动的某一特定领域。这样就使得非政府组织在特定领域中积累了丰富的经验，甚至在社会生活的特定领域中起到一定的协调作用。非政府组织在全球范围内通过自身资源和专业优势，提供着

比政府更加低成本、高效率的公共物品和服务。有关资料显示，在环保、教育、扶贫、卫生等领域，全球范围内能够提供服务的非政府组织就有 2 000 多个，并且长期持续性外派 3 000 名专业队伍，到世界上 80 多个国家和地区中进行相关工作和服务。在我国，长期以来民众对非政府组织重道德化、高尚化而轻专业化的宣传，使得应聘者忽略了专业化的要求，出现申请者多合适者少，热情者多专业者少的情况。而非政府组织内部不够完善的管理体制，也会将专业化的人才阻挡在外，或者造成优秀人才的流失。

随着时代发展，公共服务领域的分工也会越来越细，服务技术含量和质量等的要求也会越来越高，弱势群体也会相应地产生在各个不同的行业或领域内，非政府组织也必然需要在专业领域有所专长的人才。非政府组织的专业化不但能力走向专业，而且在视野上也需要对整个行业有相当的了解，并对自己组织所在的位置有清醒的认识，这也是一种专业的体现。而具有了这种能力和价值的专业化认识以后，非政府组织还需要知道如何能够较好地有规范地表达，并得到支持，获得支持的过程也能够展现出一个组织的专业化。这个时候的专业化不但要得到服务人群或者同行的认可，而且也要得到不同行业的其他领域的人们的认可。

参考文献

[1][2][6] 张礼建 . 城市社会性弱势群体利益诉求研究 [M]. 重庆：西南师范大学出版社，2014:31;117;164.

[3] 杨炼 . 论非政府组织与社会弱势群体的利益表达 [J]. 湖北社会科学，2008（10）.

[4] 范斌 . 非政府组织发展及其在和谐社会中的建构功能 [J]. 马克思主义与现实，2005（6）.

[5] 王中汝 . 利益表达与当代中国政治发展 [J]. 科学社会主义，2004（5）.

[7] 马克思，恩格斯 . 马克思恩格斯全集 [M]. 北京：中央编译出版社，1995，1：187.

[8] 李晓宇 . 社会转型期弱势群体表达渠道受阻原因分析 [J]. 科技信息，2010（5）.

功能偏好视角：城郊农村与远郊农村土地流转的比较差异与策略*

张　鹏　王沛奇

摘要：本文基于土地功能偏好理论，实证分析了城郊农村与远郊农村土地流转的差异性。研究结果表明，城郊农村土地流转的市场规模、价格机制和私人流转的增长潜力优于远郊农村。而远郊农村政策主导和集体主导的土地流转具有较大的发展潜力。因此，要重视农村土地流转交易平台及制度建设，加强政府与集体参与远郊农村土地流转的引导力度。

关键词：土地流转；城郊农村；远郊农村；功能偏好

从1988年宪法修正案中“土地的使用权可以依照法律的规定转让”[1]起，中国农村土地承包经营权流转已走过二十余年的历程。期间伴随着2002年《农村土地承包法》的颁布，流转办法的出台[2]，农村土地流转制度不断走向成熟。此后，2009年的中央1号文件[3]作出了建立健全土地承包经营权流转市场的重要决定，强调农民在流转中的主体地位。2014年的中央1号文件[4]对农民土地承包的权能进行界定，提出稳定承包权，放活经营权的要求。这反映了土地政策经历了从禁止流转到允许流转进而到鼓励流转、科学流转的变化。

从近年的土地流转实际情况来看，城郊农村和远郊农村的流转状况存在显著差异。理论研究中，学者们更专注于单一分析城郊农村土地流转或远郊农村土地流转，

---

* 课题项目：重庆市发改委项目（2015）和国开行重庆分行项目“新型城镇化进程中PPP模式问题研究”（2015023）。

作者简介：张鹏（1966—），男，重庆大学公共管理学院副院长，教授，博士生导师，主要从事公共经济与公共政策研究。

1　1988年宪法第十条第四款“任何组织或者个人不得侵占、买卖、出租或者以其他形式非法转让土地。”修改为：“任何组织或者个人不得侵占、买卖或者以其他形式非法转让土地。土地的使用权可以依照法律的规定转让。”

2　以2005年颁布的《农村土地承包经营权流转管理办法》为代表。

3　中共中央国务院关于促进农业稳定发展农民持续增收的若干意见（中发〔2009〕1号文件）。

4　中共中央国务院关于全面深化农村改革加快推进农业现代化的若干意见（中发〔2014〕1号文件）。

少有系统比较分析两者流转差异性问题以及基于土地偏好理论的城郊农村与远郊农村土地流转实证分析。因此，本文基于土地功能偏好的理论视角，展开土地功能偏好差异显著的城郊农村与远郊农村的土地流转对比分析，以期为土地流转政策的完善提供决策参考。

一、土地功能偏好理论与城郊和远郊的土地流转

人类存在城市和农村两种聚落形态。“城市本身反映了人口、生产资料、资本、享乐和需求的集中；而在乡村里所看到的却是完全相反的情况：孤立和分散。”[1]远郊农村人口与资源的流动十分缓慢，呈现了自给自足的状态，表现了恩格斯概括的孤立与分散的特点；而城郊农村虽然从整体的社会运行结构上仍属于前现代化模式，资源和人口的流动并不顺畅，但是已经初具城市化的潜力并承担了中心城市转移的部分功能。所以从这个角度看，远郊农村更接近于传统的农村定义，城郊农村是介于两者之间的概念，也可以看作是城市化过程中城市向农村扩张的过渡形态。

从土地功能来看，农村土地具有多重功能，包括生产功能、资本功能和社会保障功能等。生产功能是土地的基本功能。经济学认为，生产要素包含劳动、土地、资本和企业家四大类。而在农村，土地长期以来作为农民务农的主要经济要素，与劳动力、资本等要素一起，为农民提供收入[2]。土地的资本功能是指，作为土地产权的实际所有者，当农民自己不再从事农业活动时，土地为农民带来资本性收益的功能。包含了两种情况：不变更土地农业用途的情况下，农民通过出租或转包土地的生产要素功能获得收益，即土地流转；变更土地农业用途的情况下，农民获得土地所有权变更的补偿，即土地征收[1]。在发展中国家，由于社会保障制度长期以来未能覆盖到广大农村，作为一种收益稳定、资本化潜力巨大的财富，土地事实上承担了农村的社会保障功能[3]，主要包含：就业保障——虽然目前有相当数量的农民在城市从事非农产业，但是当城市的经济形势和就业环境恶化时，农民就可以选择返回农村从事农业生产。工伤保障与养老保障——农村土地的稳定的收益可以提供经济

1 《农村土地承包法》规定，集体所有的农业土地不得改变土地用途。故在合法的情况下，只有变更集体所有权才能使土地用于非农用途。

来源，当农民丧失劳动能力的时候，土地可以为农民提供生活保障。

在土地功能偏好理论的框架下，不同地区不同收入状况的农民在不同时期对土地的功能有不同的偏好，偏好差异对农民的土地流转意愿和流转方式的选择有重大影响。基于土地功能偏好的研究有以下几个方面：在功能偏好与农民流转意愿的关系上，徐美银认为，对土地生产功能和社保功能越偏好，越不愿意流转土地；对土地的资本功能越偏好，越倾向于流转土地[4]。对于目前农民土地功能偏好的实际状况，柳建平研究发现，近几年土地的生产功能不断弱化；而由于产权制度缺陷，农民不能充分发挥土地的用益物权，资本功能大打折扣；伴随着我国农村社保制度的逐渐完善，土地的社保功能很难具有实际意义[5]。对于这三个功能偏好的相互关系，何立胜等指出，正是由于农民对农村土地社会保障功能的过分注重，导致了农村土地的制度安排忽视了效率，阻碍了土地的生产功能的实现[6]。综合上述观点可以发现，学者通常将功能偏好理论应用于农民土地流转意愿的研究，并将农村土地流转的不足和土地利用效率低下归因于农民对不具有实际意义的社保功能的过分偏好。但是，这些研究多是检验农民的偏好对流转意愿的影响，缺乏对不同功能偏好与意愿下实际流转状况的比较研究。另外，在梳理了学界相关的研究后发现，鲜有学者对城郊和远郊的土地流转状况进行系统的对比分析。这为本文的研究提供了较大的探索空间。

二、数据来源与调查方法

本文利用陕西省新农村土地调查的实证数据[1]。选取了典型的 20 个城郊农村和 20 个远郊农村作为实证研究的对象。20 个城郊农村分别隶属于陕西省西安市长安区和陕西省杨凌农业高新技术产业示范区。长安区大部分位于西安市南三环以南，伴随着西安市的城市建设，已纳入西安市城市发展的蓝图。杨凌区作为中国唯一的农业高新技术产业示范区，享受国家级高新技术产业开发区的政策、国家对农业的倾斜扶持政策以及西部大开发等各项优惠政策。这两区下辖的行政村地势平坦，交通便利，以种植经济作物为主，农业产值大，农民收入较高，是典型的城郊农村。

1　数据来源于陕西省新农村建设示范村百村土地调查。

20个远郊农村分别隶属于陕西省镇安县和大荔县。镇安县地处秦岭深处，下辖的村庄位于远离城市的山区，地势崎岖，耕地分散，农民大多远离本村外出务工，以务工收入为主；大荔县位于陕西、山西两省交界，下辖的村庄地势平坦，以种植粮食作物为主，市场化程度不高，是传统的农业大县，村民也多外出务工。这两地的村庄符合典型的远郊农村的特点。

调查采用了深度访谈和半结构化问卷相结合的方式，访谈对象为本村主要的干部和随机选取的村民，他们对土地使用状况的描述相互佐证，从而获得关于本村土地流转的翔实概况。

表1　调查样本的区域分布状况

样本类型	市、县（区）	样本数	样本比例/%
城郊农村	西安市长安区	5	12.5
	杨凌农业高新技术产业示范区	15	37.5
远郊农村	商洛市镇安县	10	25
	渭南市大荔县	10	25
总　计		40	100

三、城郊农村与远郊农村的土地流转比较差异

（一）土地流转规模：规模化优势与土地利用危机对比鲜明

1. 流转规模比较

流转规模指农村土地流转的面积量和流转面积占农村土地面积的比例。在调查的20个城郊农村中，每个村庄都出现了不同程度的土地流转现象，耕地面积总计24 875亩，流转的耕地面积总计约6 790亩，流转面积占总面积的比例约为27%。其中流转面积占比为5%以下的村庄有2个，流转面积占比为5%~10%的村庄有6个，流转面积占比为10%~30%的村庄有5个，流转面积占比为30%~60%的村庄有4个，流转面积占比为60%~90%的村庄有0个，流转面积占比为90%以上的村庄有3个。

20个远郊农村中，每个村庄也都出现了不同程度的土地流转现象。耕地面积总计为55 163亩，流转的耕地面积总计约为4 288亩，流转面积占总面积的比例约为

7.8%。其中流转面积占比为5%以下的村庄有9个，流转面积占比为5%~10%的村庄有5个，流转面积占比为10%~30%的村庄有5个，流转面积占比为30%~60%的村庄有1个，没有流转面积占比超过60%的村庄。见表2：

表2 土地流转面积占耕地总面积的比例对比

样本类型	流转面积占耕地面积比例的村数（单位：个）					
	5%以下	5%~10%	10%~30%	30%~60%	60%~90%	90%以上
城郊农村	2	6	5	4	0	3
远郊农村	9	5	5	1	0	0

由上可知，远郊农村的耕地面积普遍大于城郊农村，但是流转规模上远郊农村远远小于城郊农村，特别是规模流转——流转比例超过30%的村庄只有一个小园村，且该村庄的流转土地中大部分涉及环保治沙工程，具有特殊性。流转规模上的差别是城郊农村与远郊农村土地流转的最大不同。

2. 规模差异的原因分析

远郊农村流转规模远低于城郊农村，是由多方面的原因造成的。首先，客观差异上，远郊农村，特别是远郊山区，受制于地形条件，耕地贫瘠而分散，难以机械化操作和规模化经营，流转后经营成本过高且收益较低，缺乏流转的利益动因。其次，远郊农村的信息水平也落后于城郊农村：包含流转信息平台、对流转相关的政策法规熟悉程度等全方面的落后，远郊农民为了寻求少量的土地流转，需要花费更多的成本并承担更大的风险，属于非理性选择，因此，很多远郊农村的土地大量撂荒却没有流转。

在土地功能偏好的视角下，远郊农村的流转规模较小是因为远郊农民的流转意愿低于城郊农民，这根源于城郊与远郊的农民在土地利用上的功能偏好不同。伴随着城市化的发展，城郊农村的土地产出价值不断增加，农民也越发地偏好土地的资本功能，越来越认同土地是增加收入的生产要素，更加愿意将土地流转从而提高收入，再加上农民一般都在离家不远的城市就业，能够灵活有效地监督土地使用情况，流转的风险较小；而在远郊农村，土地本身的产出较低，寻求流转的成本过高。对于总体收入不高的远郊农民而言，土地社保功能更加重要，承包权的稳定意义更加重大。工业化进程中远郊农民外出务工者增加，对自己承包的耕地使用状况的情况更加难以掌握，较高的风险使得其在流转中更加谨慎。

3. 流转规模差异对土地利用的影响

城郊农村土地的活跃流转为农民带来了更多收入的同时，促进了农业产业化和现代化发展。姜开圣等通过扬州市的实证研究发现，土地流转带来的规模经营经济效益明显。不同经营主体平均亩增效 110 ~ 486 元，最高的亩增效 1 500 元。[7] 张曙光等在对大量的实证数据研究后得出结论，土地规模流转是农业现代化的基础和前提。[8] 本文研究中也发现，流转规模大的地区，农民普遍收入较高，农业规模化现代化程度较高。

远郊农村较低的流转程度带来的重要影响就是土地利用不充分，撂荒现象严重。在调查的 20 个远郊村庄中，近几年出现了很多主动退耕还林换取国家补贴的情况，即便如此，在适宜耕种的土地上，还是有 65% 的村庄出现了不同程度的土地弃种问题，更有 15% 的山区村庄由于严重的空心化问题，撂荒耕地超过了总耕地面积的 30%。不仅土地利用低效，甚至出现村落消亡的危机。

（二）土地流转市场状况：主要瓶颈与次要需求对比鲜明

1. 流转市场状况比较

流转市场状况是指在当地的土地流转中，是否形成了成熟的市场，具备了市场的平等性、竞争性、法制性和开放性等多种特性。为了衡量各项指标，我们选取了以下几个变量来对农村土地流转的市场状况进行分析：

价格的约定。价格是市场经济的核心机制，代表了市场对土地经济价值的认可。一个完善的土地流转市场会形成以价格为核心的调节机制。

市场参考价的形成。在约定了价格的基础上，另一个评判标准是在该地区，针对产出相似的土地，是否有较为统一的土地流转价格，即“市场参考价”。这一指标代表了农地流转市场价格机制的成熟度。

流转合同的签订。合同制度是市场经济中用来保护双方利益的重要制度，是发生流转纠纷时的重要依据。合同的签订状况也是反映其市场化成熟度的重要指标。

流转期限的约定。农业是生产周期长、环境影响大、回报时间长的弱质产业，现代化的农业更是要求长期大规模的农业基础设施投入，如地力培育、农业水利建设等。不固定的流转期限使流转对象的长期回报不确定，使得经营者很少考虑长远效益，进而阻碍了现代化农业的发展。期限较长的流转约定是对现代农业发展的一种支持。

整理调查数据如下：在调查的20个城郊农村中，所有村庄的土地流转都约定了价格，这种有偿流转的面积超过6 650亩，占到了流转比例的98%以上。其中有20个村庄形成了较为统一的市场价，以市场价为参考的流转面积有6 150亩左右，占到了流转总面积的90.6%。在流转合同的签订上，有9个村庄签订了流转合同，以合同的方式流转的土地面积为1 514亩，占流转总面积的22.3%。在约定期限上，有7个村庄出现了约定期限的土地流转，约定期限的流转面积有3 293亩，占流转总面积的48.5%。

在调查的20个远郊农村中，15个村庄的土地流转出现了约定价格的情况，这种有偿流转的面积有3 152亩，占流转比例的73.5%。其中有5个村庄形成了较为统一的市场价，以市场价为参考的流转面积有1 380亩左右，占到了流转总面积的32.2%。在流转合同的签订上，有7个村庄出现了流转合同，以合同的方式流转的土地面积为1 775亩，占流转总面积的41.4%。在约定期限上，有9个村庄出现了约定期限的土地流转，约定期限的流转面积有1 874亩，占流转总面积的43.7%。具体如下表所示：

表3　土地流转市场状况对比

样本类型	流转市场状况				
	样本状况	约定价格	市场参考价	签订合同	约定期限
城郊农村	存在此状况的村数	20	17	9	7
	此情况流转的面积占比/%	98以上	90.6	22.3	48.5
远郊农村	存在此情况的村数	15	5	7	9
	此情况流转的面积占比/%	73.5	32.2	41.4	43.7

2. 市场状况对土地流转发展前景的影响

活跃的市场代表了农村土地流转的繁荣，但是不良的市场状况已成为土地流转进一步发展的阻碍。从积极的因素来看，大部分城郊农村约定了价格并形成了市场参考价，流转土地获得收益基本上已经成为共识，而且在相近的地域中已经基本形成了被大家认可的市场参考价格，这是城郊农村流转市场活跃的表现。但是另一方面，不良的市场状况有以下的负面影响：

首先，较低的合同签订率增加了流转纠纷的风险。城郊农村的合同签订情况较差，农民普遍缺乏法律意识，并没有把合同作为保护自己权益的工具。仅有22.3%的合同签订率，事实上，大多数流转都是依靠个人信誉、村规民约来规定权利义务，约束双方行为，为流转纠纷埋下了不小的隐患。

其次，城郊农村较短的流转期限约定缺乏对现代农业的支持。城郊农村虽然有接近一半的土地流转都约定了期限，但实际上则呈现两极分化的特征：在政策主导的土地流转中，合同签订的时间较长，但多数村民对此较为不满，认为合同签订时地位不对等，不符合个人意愿，这样的期限约定事实上是对农民利益的伤害。而在私人流转中，一般不约定流转期限或者约定较短的期限，流转合同一年一签。原因有以下两点：首先城郊农民对流转价格的增长有较高的心理预期。城郊农村以种植市场导向的经济作物为主，其价格受市场波动的影响较大。长期固定收益的流转合同确实低估了土地价值，损害农民利益，这实际上反映了城郊农村对土地资本功能的重视。其次城郊农村有较强的城市化预期，存在高铁建设、高速建设、新区建设等多种征地可能。农民对征地补偿有较高的期待。征地补偿的计算不仅与承包权相关，也与地上作物的价值相关（在杨凌区，此补偿被称为青苗费）。再加上权证不齐全，承包权不明晰，农民担心土地流转后影响未来的征地补偿收益。为了较少的流转收益而冒损失征地补偿的风险，显然对于农民不是一种理性的选择。所以大多数农民对长期流转持保留态度，更希望能够随时收回土地使用权。

远郊农村的土地流转市场状况更为落后。与城郊农村相比，以价格为核心的市场机制尚未确立，虽然大部分的流转为有偿流转，但是价格以商定为主，明显低于实际产出，且多数没有市场参考价。表面上远郊农村的合同签订状况与期限约定情况与城郊相当甚至好于城郊，但实际上这是受极端值的影响，远郊农村中，样本小园村有 1 000 亩不适宜耕种的沙地通过签订合同，约定期限的方式流转给政府部门进行环保治理，占到了这其中的大部分。

但是远郊农村落后的市场状况并未给土地流转发展造成较大的阻碍。一个值得注意的重要证据是，在不规范的市场环境下，远郊农村却有相对较低的流转纠纷率。这在康建英的研究中同样表现[9]。事实上，市场状况对远郊农村的土地流转的影响处于次要地位。经过分析可以发现，远郊农村的流转市场的经济量很小，很多情况下是流转给熟人，仅是象征性地收取费用或者不收取费用。远郊农民土地流转的动机一般是为了保留承包权，请亲友耕种可以利用土地价值，而非获取经济利益。这也决定了这种流转的低风险性和灵活性：当城市就业状况不好时随时收回，作为就业保障；到老年不能外出务工时也可以作为养老保障。正因为流转对象并没有付出足够的土地流转费用，所以也可以接受流转者对土地的支配权力。所以在这种形态较为原始的流转市场中，双方对以经济利益为核心构建的市场环境并没有很迫切的需求。

（三）土地流转主导力量：异质化的私人流转与态度对立的集体、政府流转

1. 流转主导力量比较

土地流转的主导力量是指在流转中哪一主体发挥着主要作用。一般可以分为以下三类：以私人关系为主导的农民自发流转、以集体经济组织为主导的反租倒包流转和以政府政策为主导的规模化流转。

私人关系主导的流转，是指农民出于自身利益的最大化，根据自己的意愿，自发主动地将土地使用权转让的土地流转。其方式多样，涵盖了《农村土地承包法》中列举的转包、出租、转让、互换、代耕等等。私人关系主导的土地流转在农村普遍存在，在这一过程中，农民具有充分的自主权，使承包权变为财富。但是私人流转也有其局限性。一方面，限于农民的信息程度和过高的交易成本，事实上农民在进行自主流转的过程中选择有限，而农民在市场中处于相对弱势的地位，利益容易受到侵害。另一方面，当前城乡差距不断加大，进城务工的农民不断增加，务农收入在农民的收入结构中所占比例越来越少。农民流转土地更多是为了保留土地承包权，大大削弱了流转优化资源配置的市场功能。所以依靠私人流转难以形成规模化

经营。现阶段的私人流转本质上没有摆脱传统分散的小农经济，只是优化了农业经营的局部结构。

村集体主导的“反租倒包”流转是指村委会将承包到户的土地通过租赁形式集中到集体（称为反租），进行统一规划和布局，然后将土地的使用权通过市场的方式承包给无地村民、农业经营大户或者从事农业经营公司（称为倒包）的土地经营方式[10]。村集体的参与并发挥主导作用是此模式的主要特点。与农民个体进行决策相比，村集体的优势在于，集中了全村的优势土地资源，有更多的土地利用方式选择，可以发展粗具规模的现代化农业产业。但是全村的利益很难协调一致，这种模式的运行带有一定程度的强制性。并且运行的有效性一般依赖于“能人政治”——有能力的村干部主导运作。而能人政治本身又具有内在矛盾性——既有提高组织经济效率的可能，也有蒙蔽大众公器私用的机会。这容易在缺乏监督的农村滋生腐败。事实上在调查中也发现，村集体经济组织越是活跃的村庄，村民对村干部的不信任感越强。这也表明了村集体主导的土地流转的局限性。

政府政策主导的流转是以实现政策目标为目的的土地流转。最普遍的政策目标是推动产业发展，加快城市化和农业现代化进程。此外还有大型国家工程的农地占用、治理水土流失等环境问题，甚至还有通过以租代征等违法形式增加建设用地提高财政收入等不同的政策目标。公共政策对于农民而言是不可控的外生变量，农民在土地流转中几乎完全丧失话语权，只能被动地接受。但是显然，在一个良善政府的假设下，政策主导的土地流转相较于其他模式而言，土地利用效率要大大提高，农民从土地承包权中的获益也明显较高。

综上可以将三者流转的特点归纳见表 4：

表 4　流转主导力量对比

流转模式	私人流转	反租倒包	政策主导
流转动力	村民自利	村集体利益	政府政策目标
可选择的流转方式	多样	中等	单一
对象	私人或作坊企业	农业大户或中小型企业	规模性企业、科研院校、开发区
强制性	无	低	高

在分类的基础上，对城郊农村与远郊农村的流转数据进行了统计。私人流转因其灵活性和私密性从而具有统计上的难度，在调查中不管是村民还是村干部对私人流转的面积都采用了估计的方式，对于两个数据差在30%以内的村庄采取了取二者平均数的方式（共有23个样本），两者数据差超过30%的村庄我们选择采信村干部的数据（共有4个样本）。对于私人流转模式，20个城郊农村均普遍存在，共有约3 062亩土地流转，占流转面积的45.1%；20个远郊农村同样普遍存在，共有约1 852亩土地流转，占流转面积的43.2%。对于反租倒包的流转模式，在城郊农村中，有4个村庄共约1 100亩土地流转，占流转面积的16.2%；在远郊农村中，有8个村庄共约1 423亩土地流转，占流转面积的33.2%。对于政策主导的流转模式，在城郊农村中，有8个村庄约2 627亩土地流转，占流转面积的38.7%；在远郊农村中，有2个村庄约1 012亩土地流转，占流转面积的23.6%。综合见表5：

表5　城郊农村与远郊农村流转主导力量对比

	流转模式	私人流转	反租倒包	政策主导
城郊农村	存在此模式的村数	20	4	8
	流转面积占比/%	45.1	16.2	38.7
远郊农村	存在此模式的村数	20	8	2
	流转面积占比/%	43.2	33.2	23.6

2. 主导力量的偏好差异对土地流转政策制定的影响

首先，从私人流转的影响情况来看，私人流转的异质性对城郊农村和远郊农村的土地流转均有重大影响。从表面上看城郊农村与远郊农村在私人流转上都占有较大比例，但因为城郊与远郊农民的土地功能偏好不同，所以两者也具有较强的异质性。城郊农村的农民选择私人流转的原因更多的是看重土地的资本价值与升值潜力，而远郊农村的农民选择私人流转的原因是更加看重土地的社会保障功能，为了保留土地的承包经营权。

城郊农村私人流转的发展潜力要高于远郊农村。目前城郊农村土地价值不断上升，农民可以选择的流转方式也更加多样。市场信息更加充分，私人流转的模式已经逐渐挤占了村集体主导的流转份额，为村民带来收益。但是在调查中发现，城郊农村的私人流转市场的潜力还没有完全释放，如上文分析，主要原因是城郊农村的流转市场存在种种不规范的问题，如果能够解决这些问题，就能为城郊农村释放更大的流转潜力。而在远郊农村，私人流转市场已经接近极限。几乎所有的村庄都是以极低甚至免费的价格进行私人流转，在这样的情况下，依然有不少土地撂荒。远郊农村的农业劳动者以老人为主，已经很难再提高生产率实现规模经营。而且由于村民的极力反对和农村劳动力的短缺，对于撂荒超过两年的土地，没有村集体依法对承包权予以收回。

其次，从村集体主导的反租倒包流转的影响来看，村集体主导的反租倒包流转更应该成为远郊农村土地流转的发展方向。城郊农村集体流转比例明显低于远郊农村，有以下两个原因：一方面城郊农村的社会结构发生了很大变化，初级社会群体加速衰落，村民自治组织的作用下降；另一方面城郊农村的土地价值不断上升，农民的流转选择更加多元，村民之间的利益关系也不断复杂，利益分化不断加剧，以村集体为主导的反租倒包形式能够运行的关键在于村民通过协商达成一致认同，这在越来越分化的城郊农村显然变得更加困难。而在远郊农村，伴随着外出务工人员的增加，村民对村内事务的关注较少，村委会对村内的公共事务影响更大，利于“能人政治”的运作；另一方面，与城郊农村不同，土地利益在农民的利益结构中所占比例不断下降，农民很大程度上只关心自己承包权的稳定而非经济收益——即对土地社会保障功能的偏好，对土地的生产功能关注较少，再加上远郊农村流转市场的不完善，流转信息的搜寻较为困难，农民也愿意通过村集体这一较为便捷的流转途径来经营自己的承包土地。

再次，从政策主导的流转的影响来看，政策主导的流转在远郊农村有较大的发展潜力。城郊农村不管在流转数量上还是比例上均明显高于远郊农村。这体现了目前政策目标的主要取向是经济发展：城郊农村的土地产出和其他潜在利益远远高于远郊农村，政府有更大的动力参与城郊农村的土地流转。但是在调查中发现，城郊农村对政策主导的土地流转的满意度普遍不高，抱怨集中在流转期限过长，定价时协商不足，流转后的配套社保没有落实等。相反，在存在政策主导模式的两个远郊农村，农民的满意度很高：在一个村中，沟通流转信息，带来了经济效益；在另一个村中，治理了不能耕种的沙地，改善环境，还有少量的经济收入。政府的参与可以为远郊农村的土地流转提供更多的政策资源，而目前政府主导的土地流转在远郊农村明显不足。

总的来看，主导力量的不同在城郊农村与远郊农村对比鲜明。城郊农村中，伴随着城市化的进程，土地价值不断上升，农村土地流转市场更加活跃。农民的土地流转选择更加丰富，很难达成共识性的流转决策，所以集体主导的流转模式很难成为流转的主流模式；政府主导的土地流转的问题是农民主体地位难以体现，谈判地位不对等，不尊重农民意愿，使得农民的利益受损。在这种情况下，方式灵活、风险较低的私人流转应该成为城郊农民在产权状况不良情况下的理性选择。远郊农村中，以土地的社保功能为核心的远郊土地流转并没有改善流转市场秩序的迫切需求，当下远郊农村面临着较大的空心化危机，流转市场很难持续繁荣，而且改善市场秩序成本巨大而效果不显著。国家与集体的积极参与则可以有效解决远郊农村土地利用不充分的状况。而这些不同的主体偏好对土地政策的制定产生重大影响：城郊农村的流转政策应侧重释放私人流转的潜力，远郊农村的流转政策应侧重对村集体流转的鼓励、引导与规范，同时应当加强政府参与的力度。

四、结论与建议

本文在土地功能偏好理论的基础之上，探讨城郊农村与远郊农村土地流转的特点。研究发现：土地流转规模上，远郊农村的土地流转较少，远郊农民外出务工与土地撂荒现象并存，土地资源浪费严重。城郊农村土地流转规模相比远郊更大，流转市场更加成熟，这与城郊与远郊的土地禀赋和发展水平相关，也与土地的功能偏好相关；流转市场状况上，城郊农村的流转市场不够有序，已经成为阻碍流转的最大因素，而远郊农村因为土地功能偏好不同，这一矛盾并不突出；流转主导力量上，城郊农村私人流转的发展前景要好于远郊农村，而集体主导和政策主导的土地流转在远郊农村有更大的发展空间。据此提出以下的政策建议：

（一）规范城郊农村土地私人流转市场

第一，搭建科学的土地流转交易平台，重视流转市场的制度建设。要建立规范化的流转信息平台与交易平台，解决农民在土地流转交易中的信息不对称问题。定期发布流转市场的指导价信息，形成健康有效的价格增长机制。

第二，大力提高农民的法律意识，特别是增强农民在土地流转过程中签订流转合同的意识，使农民在利益受到侵害时有合同作为依据，保障合法权益。合同制度的建立与完善是一个系统工程，需要从上到下的完整配合，立法的顶层设计上，“应当提炼一些农村土地承包经营权流转法律原则，让它起到统筹作用”[11]。在基层的流转合同实践中，应当充分体现农民的自主性和合同的民事性，减少基层政权的行政干预，出现纠纷时确保通过公平的司法途径解决。

第三，加快农村土地产权确认进程，形成所有权、承包权、经营权“三权分离”的农村土地产权结构。“现有土地承包关系要保持稳定并长久不变”是2009年中央1号文件的要求，加快落实土地的确权、登记与颁证。在这一过程中，政府职能部门应切实做好工作，注意策略和工具的使用，如充分利用各方的数据资料，规范作业，彻底排查土地承包状况；加强宣传，使农民配合等。在稳定农民承包权的基础上，尊重农民的主体地位。明确的土地权属不仅为私人土地流转市场提供保证，在政府主导的土地流转中，也可以在一定程度上遏制行政权力的强迫流转。

（二）加强国家、集体参与远郊农村土地流转的力度

第一，政府积极参与土地流转，加强政策引导性流转。与城郊农村相比，远郊农村因为土地利益较小以及规模化经营难度大，政府的政策引导性流转明显不足，所以政府应当摒弃唯经济利益的流转政策思维，积极为远郊农村投入政策资源，发掘远郊农村土地流转的潜力。对存在大量撂荒土地的远郊农村进行科学论证，找准优势，准确定位，发展特色农业与生态农业。为产业发展提供信息资源和必要的资金补贴，对接有实力的大型农业企业，实现规模化流转。但同时也要避免走城郊农村的老路，忽视农民的主体地位。

第二，积极鼓励村集体参与远郊土地流转。远郊农村中村集体有较好的群众基础，农民与村集体也较为容易通过反租倒包的形式达成双赢的利益结合，村集体不但可以分担私人流转中的风险，监督土地的使用情况，而且可以发挥规模优势，吸引到更加多元的流转对象。所以要鼓励村集体积极参与，发挥村集体在土地流转上的规模优势、信息优势，做好与农业企业的对接工作。但是也要注意到村集体主导的流转模式的局限性，要做好村民与村集体的利益协调工作，可以通过专业的农民

经济合作社等方式加强对村集体的监督，防止村集体对农民利益的伤害。同时还需要农民提高自己的维权意识，提高在市场经济中的生存能力，在与村集体和大型农业企业的谈判中维护自己的利益。

参考文献

[1] 马克思，恩格斯 . 德意志意识形态 [M]. 北京：人民出版社，1961.

[2] 徐美银 . 土地功能偏好、保障模式与农村土地流转 [J]. 华南农业大学学报 (社会科学版)，2014(1)：2.

[3] 张永丽 . 农村土地功能及其对土地制度演变的影响 [J]. 甘肃金融，2011(5)：8.

[4] 徐美银 . 土地功能偏好、保障模式与农村土地流转 [J]. 华南农业大学学报 (社会科学版)，2014(1)：2.

[5] 柳建平 . 中国农村土地制度及改革研究——基于当前土地功能变化视角的分析 [J]. 经济体制改革，2012(1)：75-78.

[6] 何立胜，黄灿，何云飞 . 土地流转与社会保障制度的协同改革—基于嘉兴、苏州与成都等地改革实践的分析 [J]. 农村经济，2011(1)：86-90.

[7] 姜开圣，韩世来，陈德辉 . 扬州市土地规模化经营的调查与思考 [J]. 宏观经济管理，2007(2)：63.

[8] 张曙光 . 土地流转与农业现代化 [J]. 管理世界，2010(7)：66.

[9] 康建英 . 城郊农村与非城郊农村土地流转方式的比较——基于河南省 40 个村庄的调研 [J]. 经济纵横，2014(11)：115.

[10] 田传浩，邬爱其 . 农地“反租倒包”的实践与思考——来自柯桥镇与璜土镇农地“反租倒包”的调查 [J]. 调研世界，2003(2)：42.

信息壁垒与信任危机：环境群体性事件的诱因与预防[*]
——基于嵌入性视角

彭小兵　陈艺洁

摘要：近年来，由环境问题诱发的群体性事件，不仅造成了对公共秩序、公共安全的破坏，也凸显了我国社会治理的危机。本文在嵌入理论的框架下，以环境群体性事件当中的主要关联者为切入点，着力研究环境群体性事件的诱发原因和治理机制。环境群体性事件的主要关联者包括政府、企业、社区居民，因其所处的社会关系网络以及团体内部连带利益关系的差异，三者对于环境事件的认知和行为方式也有所区别，这导致三者之间的信息流动壁垒并引发信任危机，成为环境群体性事件的重要诱因。这样，环境群体性事件的防治，核心是基于弱连带关系打破结构性信息壁垒，关键在于建立由人际层信任、信息共享层信任、利益连带层信任构成的信任机制。

关键词：环境群体性事件；社会关系网络；嵌入性；预防

一、问题的提出

过去30年来，中国经济增长举世瞩目的成就较多地依赖于高投入、高消耗、高增长为特征的“库兹尼茨增长模式”[1]，导致因资源的过度消耗和经济的粗放增长而引发的环境污染问题，逐渐成为制约我国政治、经济、社会、生态可持续发展

---

*　基金项目：教育部人文社会科学研究青年项目（批准号：13YJCZH138）；中央高校基本科研业务费科研专项（No. CDJKXB14001）。

作者简介：彭小兵（1976—），男，管理学博士，重庆大学公共管理学院教授、博士生导师。陈艺洁（1990—），女，重庆大学公共管理专业硕士研究生。

的重要公共性问题，其直接后果是社会日益不满、政府公信力下降，并在某些地区引发社会恐慌、失序、混乱问题，与环境有关的群体性社会事件也时有发生。

国家环保部的统计资料显示：仅2014年全国就发生环境群体性事件471起，其中重大事件3起，较大事件16起，一般事件452起，国家环保部直接调度处置的群体性事件98起[2]，从侧面反映了当前我国环境群体性事件反复多发的治理困境。

根据学者汪伟全的归纳，我国爆发的环境群体性事件大体上分为两类：一类是环境污染型群体性事件，即环境污染行为已经发生，公众对于环境污染事件的处置不满而采取的聚众抗争行为；另一类是风险型环境群体性事件，即环境污染尚未发生，公众对于环境风险的防范而采取的抗争事件[3]。但总结我国爆发的环境群体性事件发现，无论是环境污染型群体性事件，还是环境风险型群体性事件，都具有“地域性、剧烈性、破坏性、反复性以及组织化程度低、暴力抗争明显”等特点。环境群体性事件的破坏性、剧烈性、暴力抗争性，扰乱了公共秩序，给社会治安和民众生命财产安全带来了危害；而环境群体性事件的反复性、组织化程度低则给应急处置工作带来了巨大的挑战。不过，考察多起环境群体性事件，发现事件的发生并非突然而至、毫无征兆，而实际上，大多数环境群体性事件，通常是在信息受阻、诉求无路以及信任崩塌的情况之下爆发，这不仅表明环境群体性事件在相当程度上具有可预见性，而且也为环境群体性事件的爆发路径和治理方向提供了有效线索。

二、文献综述

（一）嵌入性理论

“嵌入性”这一概念由经济学家卡尔·波兰尼（Karl Polanyi，1944）在《大转折》（*The Great Transformation*）一书中提出。在波兰尼的研究视野里，“嵌入理论”作为一种理论工具被用来批判市场原教旨主义所认为的，经济是一个自足的、独立的系统，经济和社会是两个不相干的领域，市场可以自动自发地维持平衡，而无须政府干预的观点。波兰尼指出经济并非像古典经济学认为的那样是自足的

（Autonomous），而是"嵌入"在政治、宗教、文化与社会、历史的关系中，经济体系是依靠非经济体系得以运转的。波兰尼认为，19 世纪以前的经济始终是从属于特定的社会关系和社会网络当中的，经济秩序是社会秩序的有机组成部分，是嵌入的（Embededness）；而 19 世纪之后，自由市场打破了人类社会的有机结构，经济终于脱离开社会成为脱嵌的（Disembededness）[4]。

继波兰尼之后，美国社会学家马克·格兰诺维特（Mark Granovetter）将"嵌入理论"应用在经济社会学领域，先后发表了《弱关系的力量》（*The strength of weak ties*，1973）、《找工作》（*Getting a job*，1974）以及《经济行动与社会结构：嵌入性问题》（*Embeddedness: Social network and Economic Action*，1985）等一系列研究成果，其主要思想是：首先，受认识时间长短、互动频率、亲密性、互惠性等因素影响，人与人之间的联系程度分为强连带、弱连带以及无连带；其次，经济关系和经济制度是由建立在亲朋关系、信任或其他友好关系之上的社会网络来维持，人是嵌入于具体的、持续运转的社会关系之中的，其认知、行为都将受到所处的社会关系网络的制约；再次，社会网络可以分为两方面："关系嵌入"（relational embededness），即交易双方在信用、信任、信息上各拥有一定基础；"结构嵌入"（structural embededness），关注一个组织在社会关系网络中的位置[5]。格兰诺维特的研究，引发了学者们去探索市场、经济、人的行为是如何社会性地构建起来。

在格兰诺维特的理论基础上，伍兹（Uzzi，1996）进一步指出：嵌入性是一种塑造动机和期望并促进协调适应的交换逻辑，这个逻辑的独特性在于行动者并不自私地追求眼前利益，而是集中在培育长期合作关系；并且，嵌入性的效度呈现"倒 U 型"——嵌入性不足及嵌入性过度都会影响经济关系和经济效率[6]。此外，祖金（Sharon Zukin）和迪马吉奥（Paul DiMaggio）认为"嵌入性"包含着"结构嵌入""政治嵌入""文化嵌入""认知嵌入"[7]；John Hagedoorn 认为，组织间嵌入性反映的是企业与其他公司建立合作关系的经验，也是企业过去参与多种网络的历史经验的展现[8]。

可见，虽然不同的学者对于嵌入性理论的解析有所轻微差异，但是嵌入性理论作为研究主体是人类经济活动和社会网络之间关系的一个经济社会学核心理论，为开辟社会治理领域之嵌入理论的内涵、层次和形式等的研究，明确了应用方向。

（二）国内的相关研究

国外学术界对于嵌入性理论的研究，正逐步从新经济社会学扩展到组织理论、区域经济、企业管理、社会治理领域，形成更为完善的嵌入理论应用研究体系。近年来，国内学者也越来越重视嵌入性理论在各领域的运用。

就“社会治理”的研究领域而言，童星、胡万借用嵌入性理论分析了国家、市场、社会三者之间的互动关系，提倡用一种“嵌入性”的思维来化解社会治理中的“失灵”困境，从而构建一种“嵌入性的结构多元主义治理模式”[9]。李久鑫、郑绍濂从嵌入性理论出发对组织进行重新审视，其主要思想包括：其一，社会结构应该界定为网络的系统，社会成员按照联系点有差别地占有稀缺资源和结构性地分配这些资源；其二，应该按照行为的结构性限制而不是行动者的内在驱力来解释行为；其三，要关注分析人们对社会资源的获取能力，而不能仅仅强调人们对某些特定社会资源的占有程度[10]。杨斌、王学东从嵌入性视角出发研究虚拟团队中知识共享的过程，指出社会网络关系对于虚拟团队中的知识共享有重要的影响，并提出建立信任、强化平台建设以促进虚拟团队中的知识共享，形成团队凝聚力[11]。另外，刘清发、孙瑞玲则重点结合结构性嵌入、关系性嵌入理论研究我国的养老模式，并创新地提出“医养结合的养老模式”[12]。综合而言，嵌入理论在社会治理领域的研究的启示是：一方面，个人、组织的决策和行为与其所处的社会体系之间构成相互引导、促进、制约的复杂网络结构关系，研究社会现象与社会问题无法脱离社会网络关系；另一方面，在社会治理当中信息的传递和信任的建立无法脱离个人、组织之间的连带关系。

三、分析思路和理论框架

问题是，运用嵌入理论分析环境群体性事件的基本逻辑是什么？基于嵌入理论，预防环境群体性事件的核心又是什么？研究2005—2014年间的典型环境群体性事件，笔者发现，几乎所有的环境群体性事件都涉及政府、企业、社区民众这三方“关联主体”（或者说“利益相关者”）。按照博弈论，关联主体的构成理应是预防环境群体性事件主体的构成，否则博弈均衡不可能出现。所以，剖析三方“关联者”的性质与特点，理顺“关联者”各自所处的社会关系网络以及相互之间的连带关系是探究环境群体性事件产生原因、进而预防环境群体性事件的起点。

具体而言，由公共权力官员构成的政府组织具有官僚特征，其认知和行为受行政官僚体制、组织规章制度以及政府官员职业生涯影响明显；中国科层制的组织形式，使得政府这个“关联者”在防范、应对和处置环境群体性事件时缺乏弹性，不够灵活。企业这个“关联者”带有明显的趋利性，其认知和行动以企业利益和利润最大化为核心，趋利性可能促使企业参与者违背不破坏环境或保护环境的“协议”，以污染换利润。社区民众往往自发聚集，在社会组织不发达的社会中，通常不会处在任何固定的、统一的社会组织当中，没有强约束性的规程，具有临时性、松散性、情绪性等特点，容易受到外界干扰和煽动。

另外，根据嵌入性理论，组织与组织之间的联系与互动受到组织形式和组织的社会位置影响，表现为结构性嵌入；组织中个体与个体之间的互动和联系以个体之间的关系为纽带，表现为关系性嵌入。嵌入关系的联系程度按照认识时间的长短、互动的频率、亲密性、互惠性分为强连带、弱连带和无连带。连带关系中蕴涵着大量信息和资源，连带关系的强弱程度决定了信息、资源的流通程度和占有程度。

因此，不同的组织特点以及组织之间、组织中个体之间的不同连带关系，影响着“关联者”各方对环境群体性事件相关信息的收集和交流，进而产生信息流通壁垒，在政府、企业、民众之间埋下了相互猜疑和不合作的种子。这就意味着，如果能够打破环境群体性事件关联者之间的信息流动壁垒，搭建起相互之间的信任机制，就能有效预防环境群体性事件的产生。

四、环境群体性事件的诱因分析

（一）信息流动壁垒

嵌入性理论将个人与社会关系网络的嵌入性关系分为“关系性嵌入”与“结构

性嵌入”。前已述及，关系性嵌入主要关注个人与个人之间的直接联系，强调个人通过社会关系网络直接获取信息，进行交流、接触；结构性嵌入主要关注组织在整个社会网络结构中所处的位置，研究因社会位置的差异，组织在信息收集、传播和资源占有方面的区别。由此而观，在环境群体性事件的酝酿、产生过程当中，政府、企业、辖区民众这三方关联者因其在社会关系网络中所处位置的不同对于事件相关信息获取是有重大区别的。一般而言，政府作为政策的制定和执行者，企业作为项目的发起者，相较于辖区民众而言将更早、更全面地接触、收集、掌握环境群体性事件相关项目的信息。

以 2012 年四川什邡事件为例[1]，该事件是由四川省什邡市宏达公司钼铜多金属资源深加工项目（简称“宏达钼铜项目”）开工建设引发的[13]。“宏达钼铜项目”是“5·12 汶川地震”灾区产业发展振兴重大支撑性项目，2012 年 3 月 26 日通过国家环保部审批，2012 年 6 月 29 日在什邡举行开工典礼。然而，公开报道称，直到开工典礼前夕，什邡市绝大多数居民并不知道该项目，更不清楚该项目的酝酿、论证和决策过程。不平等、不对称的信息流通，公信力的欠缺，再加上社会公众对环境问题的关切，使得辖区居民产生了对宏达钼铜项目的深度怀疑。于是，在少数人的引导、带领下，部分民众开始在百度贴吧、QQ 群、QQ 空间等自媒体网络社区进行广泛议论，尤其对宏达钼铜项目污染环境等负面问题进行半真半假的议论，直至发展到网上串联、号召抗议活动，最后组织实地极端抗争。

考查“什邡事件”整个演变过程。其一，政府将宏达钼铜项目定为地震灾区产业发展的重大支撑性项目，决定引进该项目，是宏达钼铜项目的首位参与者，掌握第一手信息；其二，宏达公司（企业）是项目实施者，完整地参与了该项目的引进和落地，对于项目筹备、自身运营情况和潜在的污染状况、可控程度、治污效度理应有完备的信息、充分的了解，是次位参与者；其三，辖区居民仅在项目开工前夕以及典礼之后才获取项目部分信息，对项目具体运营情况和排污治污状况不甚清楚，是末位参与者，信息获取渠道堵塞，信息流动受阻。

另外，由于政府和企业在涉污项目的引进、落地、监管上存在较多的交流和合作，

1 笔者多次对一些环境群体性事件的典型个案进行了事后调研，回放了一些环境群体性事件的演变过程，参见笔者编写的公共管理（MPA）教学案例：彭小兵：“阻断邻避效应：从什邡事件的梦魇中寻找治理路径”，中国专业学位教学案例中心收录（案例入库证书编号：CCC201412520005），2014。

关于涉污项目的相关信息在政府和企业之间流动与反馈是相对顺畅的。而辖区民众由于没有相对固定的组织形式，与政府、企业对于涉污项目的沟通、合作相对缺乏，所以政府、企业所掌握的涉污项目相关信息难以直接、广泛地在民众之间流通，民众对于项目的意见与诉求也难以全面、迅速地反馈，如图1所示。

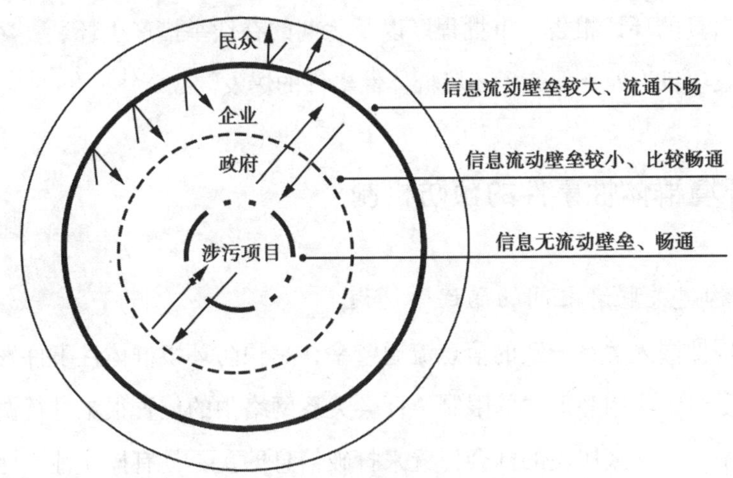

图1　结构性嵌入导致信息流动壁垒

（二）信任危机

社会关系网络中，成员间的信任会影响团队中信息流动和成员的行动决策，彼此信任的社会成员和组织之间信息流动更为顺畅，行动统一性也较高。分析国内部分环境群体性事件，笔者发现，政府、企业、辖区民众之间的信任危机不仅使政府部门陷入“塔西陀陷阱”[14]，更有甚者也直接导致环境群体性事件的爆发。

以2013年5月发生的成都市民反对PX事件为例。项目酝酿之初，成都市委市政府表示“对彭州石化项目，政府坚持在法定的正式验收之前，不允许企业生产，验收过程将对社会公开，邀请公众参与”。与此同时，彭州石化项目企业四川石化公司连发三次声明，称“选址彭州科学无害”。然而，很大一部分成都市民对于政府的表态和环保部出具的环评结果都表示怀疑，也不认为企业会一直坚持环保标准做好相关的防护工作，因此继续网上串联并参与反对PX项目抗议活动。

格兰诺维特指出，“经济行为嵌入于社会结构，而社会结构的核心则是社会网络，信任来源于社会网络。”我们认为，社会关系网络产生信任，而这种信任一方面来自于先前的社会关系，另一方面则来自于共同的利益。在共同的环境家园中，处于同一组织、拥有共同利益的个体之间更容易产生信任，例如政府内部，或企业内部，或社区内部。而处于不同组织当中的，拥有不同利益趋向的个体之间不容易产生信任，例如民众和政府、民众和企业之间。近年来严重的官员腐败以及企业普遍的信誉较差，特别加剧了民众对政府和企业的不信任。信任危机的产生导致民众直接对政府、企业出具的环评报告、审批程序以及后期的补偿举措产生怀疑，对于涉污项目一概以污染项目论处，促使了环境群体性事件的爆发。

五、环境群体性事件的预防机制

（一）构建关联者之间的弱连带通道

打破结构性嵌入关系导致的信息流通壁垒，是预防环境群体性事件发生的第一步。然而，受组织作用和形式的限制，社会关系网络中的位置很难进行调整，通过改变政府、企业、辖区居民的社会位置来打破信息壁垒不具有操作性。此时，可以考虑从组织内部出发，借助关系性嵌入，建立组织与组织之间的弱连带通道，从而打破结构性信息壁垒。

如前文所述，受到互惠性、亲密度、联系时间等因素的影响，组织当中人与人之间的连带关系强度可以区分为强连带、弱连带、无连带。强连带多发生在组织内部，组织内部个体之间互动频繁，信息流通迅速，但可能会造成信息传递重复，产生浪费；弱连带一般是指组织之间的连带关系，相较于强连带，弱连带更有利于组织之间新鲜信息的流动。举例说明，社会当中的个人往往容易同与他（她）具有相似的社会地位、性格、社会关系网络的人进行互动，形成友谊，建立强连带关系，但彼此相熟、相似的人朋友圈通常有一定重叠，掌握的信息差异性也不大；相反而言，彼此相对疏远的人由于不同的社会地位、性格、社会关系网络，往往掌握不同的信息。

环境群体性事件中不同的关联者内部连带关系较强，信息流动顺畅，但是组织与组织之间的连带关系较弱，信息流动受阻。同时，强连带关系需要更多的时间进行维系，在一定程度上对人的社交时间产生排挤效果，使一个人的关系网较小，从而产生信息通路上的重叠浪费。所以，建立政府、企业、辖区居民三方参与者之间的弱连带通道将更有利于信息的传播。

互联网时代，搭建政府、企业、辖区民众之间的连带通道可以借助于微信、实名微博、QQ 群等网络自媒体。具体而言，政府部门处于弱连带通道的核心位置，设立专门的机构（O）负责收集、整合、反馈涉污项目的相关信息。政府部门的专门机构（O）直接与涉污企业（A B C D …）进行交流、沟通，获取有关涉污项目的运营、污染情况、污染治理方式等信息资料。同时，政府专门机构也借助于政府微信、微博、QQ 等网络自媒体与辖区各居民小区物业管理处（1 2 3 …）、各街道办事处（1 2 3…）进行联系，传达相关信息。此时，辖区各小区物业、街道办事处将政府信息进行公示，小区内、街道内所居住的所有居民将获取信息。此时，涉污项目相关信息就实现了从涉污企业到政府部门再到辖区居民之间的流动，从而打破了结构性嵌入所导致的信息流动壁垒。需要注意的是，弱连带通道所传递的信息可以是双向的，即借由弱连带通道民众可以对涉污项目进行反馈，根据具体情况政府部门再进行第二轮的信息传递和处理。如图 2 所示。

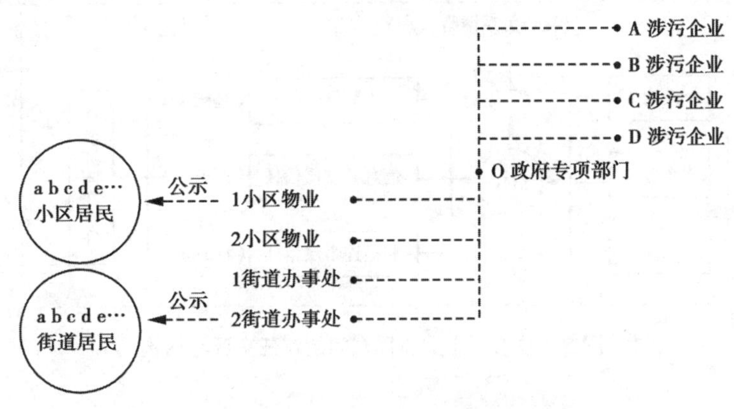

图 2　政府、企业、辖区民众之间的弱连带通道

（二）创建关联者之间的多维信任机制

重建政府、企业、民众之间的信任是搭建关系性嵌入、进而预防环境群体性事件的关键。可以从三个层面入手：人际层信任、信息共享层信任、利益连带层信任。人际层信任关系即指，信任产生于社会关系网络，在人与人之间的社会互动中得以强化，行动者间的交往越多，联系越密切，彼此共识越多，信任就越深刻；信息共享层信任即指，由于掌握共同的信息而产生的信任，人与人之间的关系与信任往往因为秘密的分享更为亲密；利益连带层信任以相互影响的利益为支撑，由于人际关系网络的影响，作为个体的人往往无法独善其身，个体利益和周围亲友之间的利益往往形成相互影响与制约的关系。

这其中，人际层互动是信任建立的基础，通过不同组织之间的人际层互动建立起组织与组织之间的正式或非正式连带关系，为组织间的信息流动提供基础；信息共享是信任建立的重要方式，对于环境群体性事件相关信息的分享可以化解民众对于未知问题所产生的恐惧，避免受到不实信息的影响，同时通过信息共享也可以加强政府、企业、民众之间的信任；利益的连带则如同黏合剂将个体联结起来，利益的连带贯穿信任的始终。

在成都反 PX 事件当中，假设政府部门的工作人员 A 和四川石化公司员工 B 恰好居住于 PX 项目选址附近，无疑的 A 和 B 两人相较于其组织中的其他个体将更为关心项目的环评和进程，并且将相关信息分享给其利益联系方，如同小区居住的邻里等。由人际互动、信息共享和利益连带所构建的信任模式见图 3。

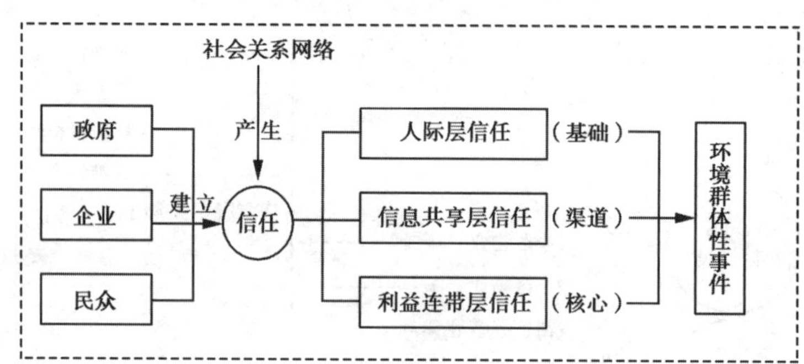

图 3　政府、企业、民众间的信任来源与结构

六、研究结论

借助嵌入性理论，本文主要从社会关系网络中探析环境群体性事件的产生原因和预防措施。本文的研究表明，很多环境群体性事件，特别是汪伟全（2015）所界定的“风险型环境群体性事件”，其实就是处于不同的社会关系网络中的个体，对于同一涉污项目产生不同的理解，从而导致不同利益诉求之间的冲突。毋庸置疑，环境群体性事件当中关联者的不同社会地位和相互之间的连带关系对于相关信息

的流通和关联者之间的信任有重要的影响。因此，对于环境群体性事件的产生原因，信息流通壁垒和信任危机两方面是重要原因。相应的，预防环境群体性事件的政策建议也可以从两个方面去加以拓展：其一，在互联网时代下借助于网络自媒体构建政府、企业、辖区民众之间的弱连带通道，促进涉污项目的信息双向传递；其二，搭建政府、企业、社区居民之间的多维度信任机制，社区居民的决策参与是重要途径。

至于如何从实践操作层面上更为详细地研究互联网时代政府、企业、辖区民众之间弱连带通道的搭建与完善，以及三者之间如何在平衡各自利益诉求的同时创建良好的信任基础，将在后续相关研究中加以展现。

参考文献

[1] 温源 . 如何认清中国经济面临的机遇与挑战 [N]. 光明日报，2010-11-21（6）.

[2] 汪伟全 . 风险放大、集体行动和政策博弈 [J]. 公共管理学报，2015（1）：127-136.

[3] 环境保护部 . 环境保护部通报 2014 年突发环境事件基本情况 [EB/OL].[2015-01-23].

[4] Karl Polanyi. The Great Transformation: The Political and Economic Origins of Our Time[M].Boston, MA: Beacon Press,1944.

[5] 马克 . 格兰诺维特 . 镶嵌：社会网与经济行动 [M]. 北京：社会科学文献出版社，2007.

[6] Brian Uzzi. The source and consequences of embeddedness for the economic performance of organizations: the net-work effect[J].American Sociological Review,1996,61（4）:674-698.

[7] Zukin & Dimaggio. Structures of Capital: The Social Organization of Economy[M]. Cambridge, MA: Cambridge University Press,1990.

[8] HAGEDOORN J. Understanding the cross-level embeddedness of interfirm partnership formation[J]. Academy of Management Review, 2006, 31（3）:670-680.

[9] 童星，胡万进 . 第三条道路视域下的社会治理变革：一个嵌入性视角 [J]. 南京社会科学，2012（2）：65-70.

[10] 李久鑫，郑绍濂．管理的社会网络嵌入性视角 [J]. 外国经济与管理，2002（6）：2-6.
[11] 杨斌，王学东．基于社会网络嵌入性视角的虚拟团队中知识共享过程研究 [J]. 情报科学，2009（12）.
[12] 刘清发，张瑞玲．嵌入性视角下的医养结合养老模式初探 [J]. 西北人口，2014（6）：94-97.
[13] 李宇，严芳，张红霞．宏达项目开工 [N]. 四川日报，2012-07-01（1）.
[14] 杨妍．自媒体时代政府如何应对微信传播中的“塔西佗陷阱”[J]. 中国行政管理，2012（5）：26-29.

重庆、成都城市群城市规模分布的实证研究

刘 燕[*] 陈超霞 卓苗苗

摘要：本文依据城市首位定律与分形理论，采用1988—2011年重庆、成都城市群中市级城市的市区非农业人口时间序列数据，测度城市群二、四、十一城市指数，构建分形维数模型，研究重庆、成都城市群城市规模分布的分形特征。结果表明，重庆、成都城市群城市规模分布不完全符合城市位序-规模分布规律，城市体系发展尚不成熟，中特大城市出现断层，大、小城市数量少且规模小，中等城市数量充足但规模小；城市群在1997年之前呈现较为明显的“双核”特征，重庆直辖后“双核”特征有所减弱。据此，本文提出了发展和完善重庆、成都城市群城市体系的对策。

关键词：重庆、成都城市群；城市规模分布；城市首位定律；分形理论

一、引言与文献综述

城市是区域经济增长所需知识积累与信息传播、人力资本、物质资本等一系列内生因素的供给主力，城市化是经济增长和工业化进程的主要动力[1]。20世纪80年代以来，伴随信息化和经济全球化的发展，一定数量，不同类型、性质与规模的城市在地域上集中分布形成的城市群，因各城市功能与交通上联成一体、互补共赢，有利于区域发展而成为世界城市化的主流趋势[2]。其中城市群规模分布合理与否事关整个城市体系集聚效应的发挥和外部性优势的形成，从而对区域经济增长有显著影响（Fay&Opal，2000）[3]。

综观已有文献，国内外学者对城市规模分布研究较多，成果颇丰。国外学者聚焦城市的形态、结构、生长、交通以及演化机制等，着重分析城市个体内在规

* 基金项目：重庆社科规划项目（10BJY025）。

作者简介：刘燕（1971—），女，河南安阳人，重庆大学公共管理学院副教授。陈超霞（1991—），女，江苏盐城人，硕士研究生，研究方向：公共管理，E-mail：20090277@cqu.edu.cn

律[4]。早在1913年，Auerbach就发现美国与五个欧洲国家的城市人口符合关系式：$P_iR_i=K$[1]。1949年，G. K. Ziff提出在经济发达国家里，一体化城市体系的规模分布可用$P_r=P_1/R$[2]这一公式简单表达。Mandelbrot（1982）在城市体系研究中引入分形理论，分析了城市位序-规模法则的分维数性质[5]，奠定了城市地理分形研究的基础。继Jefferson（1939）发现城市首位定律后，Beckmann（1958）基于中心地理论，构建城市体系等级结构模型。Batty和Fotheringham（1989）以DLA与DBM模型为基础，分别模拟了Cardiff与Taunton两市的空间扩展和城市分形生长状况。基于上述研究，Ioannides（2004）运用Zipf定律与城市首位定律，进一步分析了城市规模分布与城市增长的决定因素。

我国相关研究主要集中在城市发展及各地区城市群规模分布方面。陈勇等（1993）利用分形理论、以城市人口数为表征，对我国东、中、西三个地带的城市规模进行分维研究，发现在城市体系中，东部地区的最大城市数量相对较多，中、西部大城市数目比较接近，中部小城市数目最多，西部小城市数目最少[6]。谈明洪等（2003）以建成区面积为表征研究我国城市规模，发现我国前200位城市用地规模分布的均衡度与建成区用地规模总量均不断增加，阐释了城市用地的位序-规模曲线[7]。闫永清等（2009）的研究结果也得出相同结论[8]。许波等（2001）以非农业人口为指标，对长三角都市群的城市规模分布进行分维计算，发现长江三角洲城市群城市等级规模状态良好[9]。王士君等（2006）分析了东北地区的城市地理基本框架，得出城市群是城市化发展到一定阶段产物的结论。余吉祥等（2013）以城市常住人口规模指标，研究了劳动力流动对珠三角城市规模分布的影响及成因[10]。曹跃群等（2011）依据分形理论，研究1990—2008年成渝都市群城市规模分布的分形特征。但，周春山（2013）却发现自1990年以来中国特大城市空间的规模增长按人口规模等级顺序依次变缓[11]。总体而言，我国在此领域的研究大多借鉴国外的理论和实证研究方法，研究成果多，但结论不尽一致。这可能与研究采用的表征不同、研究时段和区域差异有关。对区域城市群的研究集中在城市群发展较成熟的长三角、珠三角、京津冀地区。

1 $P_iR_i=K$中P_i是一国城市按人口规模从大到小排序后第i位城市人口数，R_i表示第i位城市的位序，K是常数。

2 $P_r=P_1/R$中P_r表示第r位城市人口数，P_1是首位城市人口数；R是常数。

目前重庆市和四川省正在积极推动重庆成都城市群的建设和发展，拟将其建成引领西部地区发展的国家级城市群。最新发布的《国家新型城镇化规划（2014—2020年）》中也提出培育成渝城市群。这一城市群的建设发展，对于带动西部地区、长江上游地区的经济增长，进而缩小我国东、西部地区的发展差距意义重大。区别于成渝都市圈，重庆、成都城市群包括重庆全域和四川省的成都、德阳、绵阳、乐山、眉山、资阳、内江、宜宾、泸州和自贡等11个城市，及所辖的73个县（市）及1 636个建制镇。与长三角、珠三角、京津冀等城市群的现实基础不同，重庆、成都城市群地处西南，城市群发展起步较晚，且重庆和成都两市实力相当。因此，对重庆、成都城市群的研究既要基于理论模型分析，又要借鉴发展较成熟的城市群经验，更要考虑其实际情况。

本文基于已有研究，以1988—2011年重庆、成都城市群中各城市的市区非农业人口为表征，运用分形理论和位序 - 规模法则，对重庆、成都城市群的城市规模进行实证研究，探索重庆、成都城市群城市规模在时间序列上的分布特征与演化趋势，发现城市群城市规模分布存在的问题，以期为重庆、成都城市群建设和发展提供有益的建议。文章的结构安排如下，第一部分是引言与文献综述；第二部分，模型建立与数据来源；第三部分，重庆、成都城市群规模分布实证分析；最后是研究结论及政策启示。

二、模型建立与数据来源

（一）模型建立

本文采用城市首位定律与分形模型两种理论模型对重庆、成都城市群的城市规模分布的特征以及演化趋势进行实证研究。

1. 城市首位律

城市首位律（M.Jefferson，1939）中指标有二城市指数、四城市指数和十一城市指数：

二城市指数：$S_2=\dfrac{P_1}{P_2}$ （1）

四城市指数：$S_4=\dfrac{P_1}{P_2+P_3+P_4}$ （2）

十一城市指数：$S_{11}=\dfrac{2P_1}{P_2+P_3+\cdots+P_{11}}$ （3）

其中，P_i 表示人口规模位序是 i 的城市的市区非农业人口数。按照位序 - 规模原则，合理的二城市指数是 2，合理的四城市指数与十一城市指数是 1。

2. 分形模型

引入拓扑维数公式：

$$N(r)=\frac{1}{r^d} \tag{4}$$

将公式（4）变形可得：

$$d=\frac{\ln N(r)}{\ln\left(\frac{1}{r}\right)} \tag{5}$$

则公式（5）中的 d 为拓扑维数。几何对象的总长度会随测量尺度的变小而变长，最后将趋于无穷大，此时需要将拓扑维数的定义推广到分形维数，因为分形本身就是一种极限图形，可以得出分形维数：

$$D=\lim_{r\to 0}\frac{\ln N(r)}{\ln\left(\frac{1}{r}\right)}=\frac{\ln N(r)}{\ln\left(\frac{1}{r}\right)} \tag{6}$$

公式中的 d，D 就是 Hausdorff 分形维数，通常也简称为分维。

在 Hausdorff 分形维数的基础上，假定一个区域分布着若干个聚落，城市聚落的数量以及规模是衡量该城市规模的重要参考指标。引入市区非农业人口[1]尺度 r，并规定聚落的市区非农业人口规模 $P\geqslant r$ 时该聚落为城市。此时，不同的市区非农业人口尺度 r 与城市数目 $N(r)$ 相对应。r 与 $N(r)$ 在一定条件下满足负幂律关系：

$$N(r)=Cr^{-D} \tag{7}$$

公式（7）即为城市体系规模分布的 Pareto 公式。其中，r 表示城市市区非农业人口数量，$N(r)$ 表示城市市区非农业人口规模不小于 r 的城市的总数，C 表示常数。

1 我国城市规模的统计口径包括，建成区面积、辖县的市行政区人口、市区人口、市区非农业人口等，统计国内学者的城市研究成果表明，市区非农业人口这一指标的优越性则获得越来越普遍的认可。但是这一指标未能规避人口流动这一现实因素的影响，有待进一步改进。

按城市市区非农业人口规模的大小进行排序，可得到：

$$P(k)=P_1k^{-q} \tag{8}$$

公式(8)为城市位序-规模分布模型。其中，k 表示城市市区非农业人口规模位序，P_1 表示首位城市的市区非农业人口数量，$P(k)$ 表示位序为 k 的城市市区非农业人口数量，q 为 zipf 指数。令公式（8）中 $k=N_0$，可得：

$$\frac{P_1}{P_n}=N_0^{\ q} \tag{9}$$

其中，P_n 为规模最小城市的市区非农业人口数量，N_0 表示研究区域内市区非农业人口数量符合条件的城市总数，可见：

当 $q<1$，即 $P_1/P_n<N_0$ 时，城市市区非农业人口分布较为均衡，城市规模分布集中，中间位序城市发育良好，城市体系发育已较成熟。

当 $q=1$，即 $P_1/P_n=N_0$ 时，该形态为约束型位序 - 规模分布，即首位城市与最小城市的市区非农业人口规模之比恰好是区域内的城市个数，城市体系具有良好的系统性。

当 $q>1$，即 $P_1/P_n>N_0$ 时，城市规模呈分散状态分布，城市市区非农业人口分布差异较大，首位城市的垄断性强，城市体系发展尚不成熟。

当 $q\to\infty$，即 $N_0=1$ 时，区域内只有一个城市，呈绝对首位型分布。

当 $q\to 0$，即 $p(k)=P_1$ 时，区域内的各城市规模一样。

原则上合理的城市体系规模分布要求符合Zipf标准分布，即Zipf指数 q 向1趋近，后两种极端情况难以存在，符合 Zipf 标准分布的城市位序 - 规模法则非常贴近自然的最优状态。若分维值 D 上升、q 下降说明城市体系规模分布趋于集中，此时大城市发展进度慢于中小城市；反之，城市体系规模分布趋于分散，此时大城市发展快于中小城市。

然而，分形模型有一定的背景条件和制约因素，对城市群的适用性有待商榷，城市首位定律的理想状态与城市规模合理分布的一致性也需进一步探讨[12]。

（二）数据来源

本文以各市市区非农业人口为指标衡量城市规模的表征。所有数据均来源于《中国人口和劳动统计年鉴》《中国城市统计年鉴》《重庆统计年鉴》和《四川统计年鉴》

等。此外，重庆、成都城市群包括 1 个直辖市（重庆）、10 个地级市（成都、德阳、绵阳、乐山、眉山、资阳、内江、宜宾、泸州、自贡）以及 10 个县级市（都江堰、彭州、邛崃、崇州、广汉、什邡、绵竹、江油、简阳、峨眉山）。由于区域划分的历史性原因 1988—1991 年部分市的市区非农业人口有所缺失。

三、重庆、成都城市群规模分布的实证分析

（一）重庆、成都城市群城市规模分布现状分析

重庆、成都群位于全国“两横三纵”城市化战略格局沿长江通道横轴和包昆通道纵轴的交汇处，是西部地区发展基础最好、资源环境承载能力和发展潜力最强的地区之一，具备成为全国性影响、辐射带动西部地区发展的城市群的基础条件。

表 1　2011 年重庆、成都城市群市区非农业人口规模分布情况

人口规模等级 / 万人	城　市		市区非农业人口	
	数　量	比率 /%	人口数 / 万人	比率 /%
超大城市（＞400）	2	9.52	1 221.67	65.64
特大城市（100 ~ 400）	0	0.00	0	0.00
大城市（50 ~ 100）	4	19.05	240.4	12.92
中等城市（20 ~ 50）	12	57.14	357.6	19.22
小城市（＜20）	3	14.29	41.27	2.22
合　计	21	100.00	1 860.94	100.00

表 1、图 1 显示重庆、成都城市群市区非农业人口整体规模较大（2011 年），超大城市规模突出，大、小城市规模小、数量少，中等城市数量较多，特大城市缺失。该城市群中有 2 个超大城市（重庆和成都），且人口规模都非常大，该层级市区非农业人口占城市群市区非农业总人口的比重高达 65.64%。大城市有 4 个（绵阳、自贡、乐山、泸州），小城市 3 个（峨眉山、绵竹、什邡），这两个层级城市的市区非农业人口比重较低，市区非农业人口占城市群市区非农业总人口的比重分别仅为 12.92%、2.22%。中等城市有 12 个，数量最多，但人口比重却不高，其市区非农业人口仅占城市群的非农业人口的 19.22%。一般情况下城市规模分布符合“金字塔形”

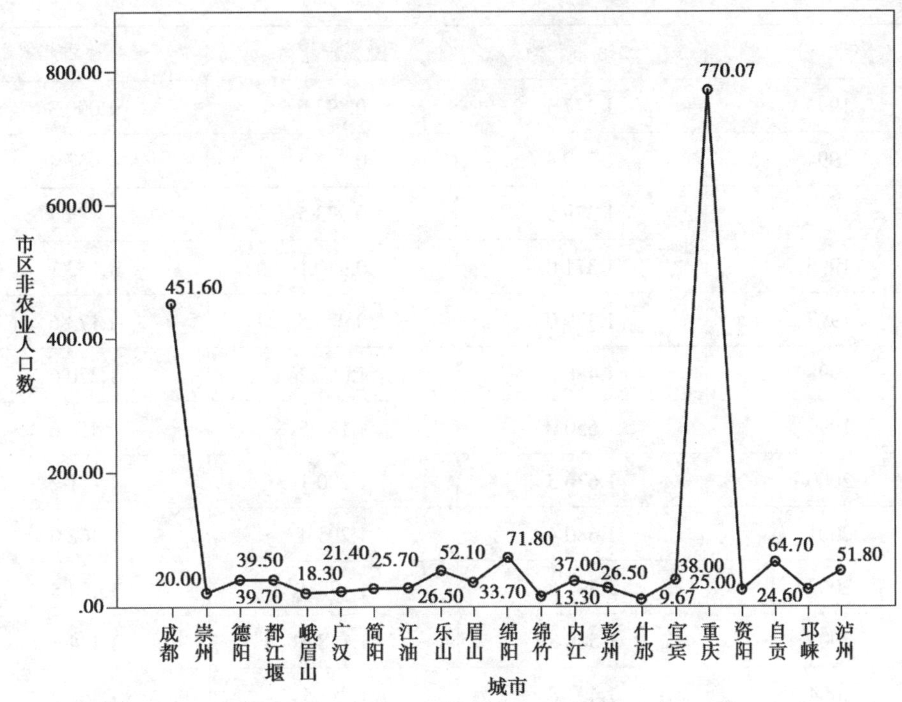

图 1　2011 年重庆、成都城市群市区非农业人口规模分布（单位：万人）

规律即认为合理。我国相对成熟的城市群——长三角都市群城市规模分布即符合这一规律。2009 年该城市群中有 2 个超大城市、5 个特大城市、3 个大城市、6 个中等城市，各层级城市的市区非农业人口占城市群非农业人口总数比例分别为 53.37%、31.76%、7.53%、7.34%。但重庆、成都城市群显然与此规律不相符。

（二）实证结果分析

依据公式（1）（2）（3）分别计算出重庆、成都城市群的二城市指数、四城市指数以及十一城市指数值（表 2）。

表 2　1988—2011 年重庆、成都城市群二、四、十一城市指数值

年　份	二城市指数	四城市指数	十一城市指数
1989	1.331 3	0.929 3	1.164 2
1990	1.323 1	0.926 1	1.146 6
1991	1.313 3	0.920 1	1.137 1
1992	1.293 5	0.904 8	1.110 8

续表

年　份	二城市指数	四城市指数	十一城市指数
1993	1.277 4	0.893 5	1.090 3
1994	1.230 4	0.865 5	1.057 4
1995	1.379 5	0.973 5	1.184 7
1996	1.371 0	0.970 1	1.163 1
1997	1.379 0	0.976 5	1.173 6
1998	1.488 2	1.057 2	1.270 6
1999	1.650 0	1.180 5	1.420 6
2000	1.676 3	1.200 1	1.451 2
2001	1.680 4	1.205 4	1.462 0
2002	1.591 5	1.172 3	1.464 8
2003	1.568 8	1.148 3	1.434 3
2004	1.404 8	1.051 1	1.367 9
2005	1.333 3	1.000 7	1.334 0
2006	1.569 1	1.188 9	1.602 2
2007	1.560 6	1.186 9	1.604 9
2008	1.576 1	1.197 1	1.618 3
2009	1.587 4	1.209 6	1.631 3
2010	1.722 4	1.320 1	1.781 6
2011	1.705 2	1.309 4	1.750 4

城市规模分布的理想状况下，二城市指数值是 2，四城市指数值和十一城市指数值均为 1。以此为基准分析表 2，可以发现，重庆成都城市群的二城市指数值一直低于 2。但 1997 年以后，二城市指数值总体呈上升趋势。同期四城市指数、十一城市指数值总体增加，但均不等于 1。其中，四城市指数在 1998 年发生突变，其值由之前小于 1 转而大于 1。这表明重庆市首位度不高，与成都市规模差距较小，但随着 1997 年直辖，重庆发展速度加快，两城市的发展差距略有扩大。1998 年前首

位城市与第二、三、四位城市的差距较小，1998 年以后差距不断扩大，重庆市首位度略有提高。城市群中二至十一位序的城市规模较小，城市体系规模比例不尽合理。

此外，对 Zipf 公式两边同时取对数得：

$$\ln P(k)=\ln P_1-q\ln k \tag{10}$$

依据该公式计算出 1988—2011 年重庆、成都城市群城市规模分布的回归函数以及相应的分维数值（表 3）。

表 3　1988—2011 年重庆、成都城市群城市规模分布分维值

年　份	$\ln P(k)=\ln P_1-q\ln k$	q	D	R	N
1988	$\ln P(k)=5.402-1.243\ln k$	1.243	0.805	0.966	13
1989	$\ln P(k)=5.414-1.199\ln k$	1.199	0.834	0.974	15
1990	$\ln P(k)=5.424-1.414\ln k$	1.414	0.707	0.901	15
1991	$\ln P(k)=5.433-1.410\ln k$	1.410	0.709	0.900	15
1992	$\ln P(k)=5.441-1.179\ln k$	1.179	0.848	0.981	21
1993	$\ln P(k)=5.457-1.178\ln k$	1.178	0.849	0.981	21
1994	$\ln P(k)=5.471-1.164\ln k$	1.164	0.859	0.980	21
1995	$\ln P(k)=5.618-1.179\ln k$	1.179	0.848	0.980	21
1996	$\ln P(k)=5.639-1.179\ln k$	1.179	0.848	0.980	21
1997	$\ln P(k)=5.666-1.179\ln k$	1.179	0.848	0.980	21
1998	$\ln P(k)=5.766-1.188\ln k$	1.188	0.842	0.980	21
1999	$\ln P(k)=5.900-1.203\ln k$	1.203	0.831	0.979	21
2000	$\ln P(k)=5.945-1.206\ln k$	1.206	0.829	0.979	21
2001	$\ln P(k)=5.975-1.209\ln k$	1.209	0.827	0.979	21
2002	$\ln P(k)=6.050-1.233\ln k$	1.233	0.811	0.977	21
2003	$\ln P(k)=6.090-1.233\ln k$	1.233	0.811	0.976	21
2004	$\ln P(k)=6.132-1.235\ln k$	1.235	0.810	0.975	21
2005	$\ln P(k)=6.169-1.202\ln k$	1.202	0.832	0.970	21
2006	$\ln P(k)=6.391-1.234\ln k$	1.234	0.810	0.968	21
2007	$\ln P(k)=6.426-1.235\ln k$	1.235	0.810	0.968	21
2008	$\ln P(k)=6.458-1.228\ln k$	1.228	0.814	0.966	21
2009	$\ln P(k)=6.495-1.224\ln k$	1.224	0.817	0.965	21
2010	$\ln P(k)=6.610-1.225\ln k$	1.225	0.816	0.961	21
2011	$\ln P(k)=6.646-1.198\ln k$	1.198	0.835	0.954	21

表3中显示，各年的相关系数R均在0.9以上，表明回归分析的相关性非常显著，拟合值的可信度极高，重庆、成都城市群存在分形特征。图2提供了重庆、成都城市群城市规模分布的q值在1988—2011年时间序列变化趋势。

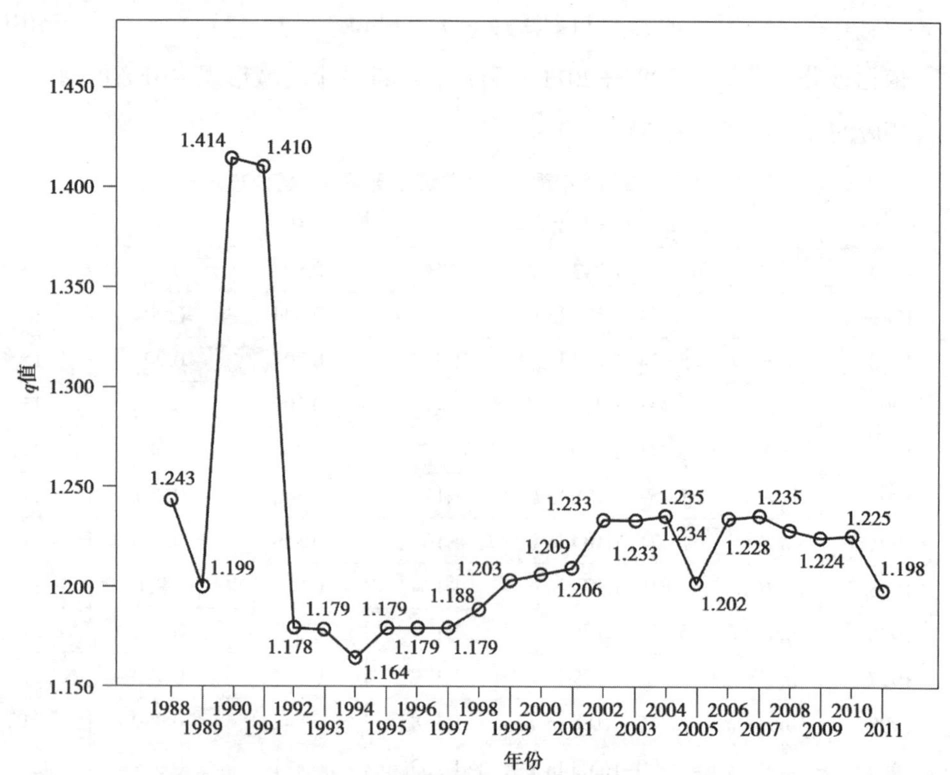

图2 1988—2011年重庆、成都城市群城市规模q值变化趋势

测算结果显示，研究时段内重庆、成都城市群城市规模分布的q值存在波动，但始终大于1。与城市首位律的研究结果类似，1997年后，在D值下降的同时，q值总体呈上升趋势。即重庆、成都城市群规模分布趋于分散，城市群发展呈现两极化趋势，大城市发展快于小城市，城市群体系发育尚不成熟。重庆市升级为直辖市后，其发展速度加快、垄断地位增强，而小城镇的发展势头不足，可能是城市群分散度提高的主要原因。虽然$q=1.198>1$显得首位城市极具垄断性，但二城市指数值显示重庆与成都这两超大城市的市区非农业人口规模的差距并不显著，四、十一城市指数值显示重庆首位度高是由于特大城市出现断层以及大、中、小城市发育滞后数量极少且城市规模小。

四、研究结论及政策启示

综上所述，重庆、成都城市群城市规模分布不完全符合城市位序-规模分布规律，城市体系发展尚不成熟，规模分布主要有两大特征：第一，城市群在1997年之前呈现较为明显的“双核”特征，重庆直辖后“双核”特征有所削弱。第二，城市群中特大城市出现断层，大、小城市数量少且规模小，中等城市数量充足但规模小。

针对此提出三点建议：

第一，打造城市群“双核”发展特色。借鉴“双中心区域”的发展经验，一味追求城市群首位城市的首位度可能并不适用于重庆、成都城市群，要联合重庆、成都两市合作发展。考虑到城市群的实际情况，两市在交通、产业结构等方面具有良好的合作基础，重庆、成都两市“竞合”比一味追求城市群单核发展更有利于经济增长。首先，重庆、成都文化具有同一性，两市都历经悠久的川渝文化熏陶。其次，两市在地理位置上相近，且交通便利，无论是公路、铁路乃至高铁都为便利两地的交通，仅高速公路就有成渝高速、渝邻高速、遂渝高速、南渝高速、成渝高速复线5条，成渝两地车程时间缩至约2小时。最后，两地的产业与金融关联度高，两地区在笔电产业、交通运输设备制造业、非金属矿物制品业、烟草制造业、仪器仪表及文化、办公用机械制造业、医药制造业、专用设备制造业等都具有绝对竞争优势，产业集群化发展较高，两市的关联度较高，为两市联合发展提供合作基础，形成“双核”城市群格局，两者构成的整体的首位度具有绝对优势。若将“重庆成都”整合一体，则这个整体在城市群中具有绝对的优势，其辐射半径较重庆市辐射半径有巨大的增长，影响范围急剧扩大。形成重庆、成都“双核”格局，加快两市城镇化步伐，强化两市的首位度，依托资源优势、产业基础以及政策优惠，两市规避同质竞争、协调发展，增强其作为首位“城市体”的聚集作用与辐射半径，真正发挥两市在重庆、成都城市群中的龙头作用。

第二，注重发挥重庆、成都两个核心城市对周边城市的辐射作用，发展自贡、泸州、德阳、眉山、内江、都江堰等与重庆成都相毗邻的大、中城市，从而扩充大城市的规模，弥补特大城市断层、大城市与小城市数量严重不足这一系列缺陷，完善重庆成都城市群的城市体系规模结构。

第三，中等城市要加快城市化建设，完善城市服务功能，吸引更多的非农业人口，推进城镇化进程，努力跻身大城市行列，壮大城市群的大城市规模。建设小城市要充分利用国家的惠农政策，在产业和城镇融合发展的基础上积极发展小城市，壮大小城市队伍规模。各城市要充分利用国家西部大开发、推进新型城镇化等政策积极发展，提高城市群的整体实力，扩大城市群的集聚力与辐射范围，使城市群真正发挥西部增长极的作用。

参考文献

[1] Vernon Henderson. 中国的城市化：面临的政策问题与选择 [J]. 城市发展研究，2007（4）.

[2] 谢小平，王贤彬 . 城市规模分布演进与经济增长 [J]. 南方经济，2012（6）.

[3] 贾卓，陈兴鹏，袁媛 . 中国西部城市群城市间联系测度与功能升级研究——以兰白西城市群为例 [J]. 城市发展研究，2013，20（4），71-76.

[4] 刘继生，陈彦光 . 城市地理分形研究的回顾与前沿 [J]. 地理科学，2000，20（20），167-171.

[5] B.B.Mandelbrot. The Nature of Fractal Geometry [M]. San Francisco: Freeman， 1982.

[6] 陈勇，陈嵘，艾南山，等 . 城市规模分布的分形研究 [J]. 经济地理，1993，13（3）：48-53.

[7] 谈明洪，吕昌河 . 以建成区面积表征的中国城市规模分布 [J]. 地理学报，2003，58（2）：285-293.

[8] 闫永清，冯长春 . 中国城市规模实证分析 [J]. 城市问题，2009（5）: 14-18.

[9] 许波，纪慰华 . 长江三角洲地区城市规模分布的分形研究 [J]. 城市问题，2001，100（2）: 7-9.

[10] 余吉祥，周光霞，闫富雄 . 劳动力流动与城市规模分布——以珠三角城市群为例的研究 [J]. 西北人口，2013（5）: 44-50.

[11] 周春山，叶昌东 . 中国特大城市空间增长特征及其原因分析 [J]. 地理学报，2013，68（6）:728-738.

[12] 孙东琪，等 . 基于产业空间联系的“大都市阴影区”形成机制解析——长三角

城市群与京津冀城市群的比较研究 [J]. 地理科学，2013（9）: 1043-1050.

[13] 叶玉瑶，张虹鸥 . 城市规模分布模型的应用——以珠江三角洲城市群为例 [J]. 人文地理，2008，3（101）: 40-44.

[14] 陈彦光，王永洁 . 城镇体系相关作用的分形研究 [J]. 科技通报，1997，13（4）：233-237.

[15] 谈明洪，范存会 .Zipf 维数和城市规模分布的分维值的关系讨论 [J]. 地理研究，2004，23（2）:243-248.

[16] 陈超霞等 . 长三角都市群城市规模分布的实证研究 [J]. 西北人口，2013，34（1）：26-29.

[17] 曹跃群，刘培森 . 中国城市规模分布及影响因素实证研究 [J]. 西北人口，2011，32（4）：47-52.

[18] 王丽，邓羽，牛文元 . 城市群的界定与识别研究 [J]. 地理学报，2013，68（8）：1059-1070.

[19] 张应武 . 基于经济增长视角的中国最优城市规模实证研究 [J]. 上海经济研究，2009（5）：31-38.

[20] Zhou Yixing. Recommendations on a concept of cities and towns and population statistics caliber in China [J]. City Planning Review， 1986（3）：10-15.

[21] Zhang Wei. The basic concept， characteristics and planning of metropolitan regions in Jiangsu [J]. City Planning Review，2003， 27（6）：47-49.

[22] Yao Shimou， Chen Zhenguang， Zhu Yingming， et al. China’s Urban Agglomeration [M]. Hefei：Press of University of Science and Technology of China，2001.

[23] Huff D L. The delineation of a national system of planning regions on the basis of urban spheres of influence [J]. Regional Studies， 1973， 7（3）: 323-329.

[24] 陈彦光，刘明华 . 区域城市规模分布的分维研究 [J]. 科技通报，1998，11(6):395-400.

[25] 马智利，任帅岭，马丽娟 . 重庆与成都产业集群的比较优势 [J]. 经济论坛，2007（12）：13-15.

人口发展、内生经济增长与资源环境效应

刘渝琳[*]　伍　瑜

摘要：本文以自然增长率和人均受教育年限来反映人口适度，少儿抚养比和老年抚养比来反映人口结构，人口净迁移率来反映人口分布，从衡量人口发展的人口适度、人口结构、人口分布三个角度探讨了人口发展对资源消耗和环境污染的影响。在理论研究上，将资源与环境纳入内生经济增长模型，并结合个体储蓄模型和企业决策模型，考察了人口发展对资源环境的影响机理。在实证研究上，利用1993—2013年全国30个省份（重庆数据不全被剔除）的数据就人口发展对资源消耗和环境污染的影响进行了分析。研究结果表明，人口自然增长率、人口净迁移率、居民消费水平指数对资源消耗和环境污染具有显著的正向影响，人均受教育年限和第三产业占GDP的比重对资源消耗和环境污染具有负向影响，少儿抚养比的下降会加重资源的负担、加剧环境污染，老年抚养比与资源消耗之间存在“倒U型”关系，与环境污染具有负相关关系。

关键词：人口发展，内生经济增长，资源消耗，环境污染

一、引言

自20世纪50年代以来，世界经济得到了快速的发展，同时也产生了一系列值得关注的全球性问题，比如人口增长过快、资源短缺、环境恶化等，人口发展与资源、环境发展的不协调性凸显。中国作为人口大国，人口密度大，人口老龄化严重，自2002年后整体经济进入重工业化时期，资源消耗面临更大的压力，环境污染有加剧的趋势。而人口问题是社会中最基本的问题，也是最重要的问题。在社会生产力和生产关系变迁的过程中，人口发展与资源、环境的关系是一个由低级向高级逐渐过

* 作者简介：刘渝琳，重庆大学公共管理学院教授，副院长。伍瑜，重庆大学公共管理学院硕士研究生。

渡的过程。经济要健康发展，就必须解决人口、资源、环境发展不协调的问题。本文以衡量人口发展的三大要素，即人口适度、人口结构和人口分布为研究对象，通过理论和实证分析，分析把握中国人口发展对资源消耗、环境污染的影响，探索解决资源压力大，环境污染严重的办法，以期促进人口与资源环境的协调发展。

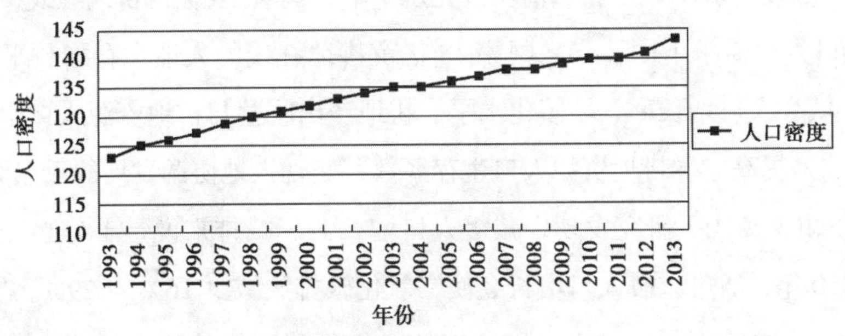

数据来源：1993—2013年中国国家统计局网站

图 1　中国 1993—2013 年人口密度

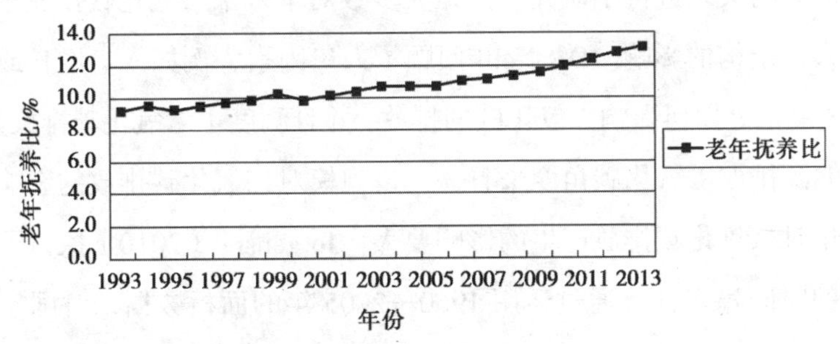

数据来源：1993—2013年中国国家统计局网站

图 2　中国 1993—2013 年老年抚养比

二、文献综述

大多数的研究都主要是从人口适度和人口结构两个方面来考虑人口发展对资源和环境的影响。

Dalton（2008）结合世代交叠模型研究年龄结构与能源消耗的关系时候发现人口老龄化会降低能源的消耗，同时会减少二氧化碳的排放。戚颖颖、陶玉龙（2014）基于生态足迹与生态承载力模型测算了上海市目前的适度人口规模为 28.89 万，而常住人口规模为 2 300 万，远远超过其适度人口规模，上海市面临严重的生态赤字和可持续发展的压力。穆怀中、张文晓（2014）对中国耕地资源人口生存系数的研究立足于城乡人口结构条件下的耕地产出收益对城乡人口的容纳承载能力。研究发现，中国现存耕地资源一阶人口生存系数较高，适度检验效果良好；二阶人口生存系数较低，适度检验不足。在当前城镇化水平下，国家 18 亿亩耕地红线接近满足现有城乡人口生存需求下限，未来国家 18 亿亩耕地红线的人地生存指数平衡点约为 2030 年。城乡人口增长率、城镇化水平、耕地产出收益与耕地资源人口生存系数存在关联，均是提高中国耕地资源人口生存系数并实现人地协调发展的重点调控指标。

O’Neill（2010）研究发现，减缓人口增长对于减排来说是十分必要的，据估算，到 2050 年，通过减缓人口增长会使二氧化碳排放减少 16% ~ 29%。与此同时，研究还发现，城镇化水平对于世界各地的二氧化碳的排放具有显著的正向影响。O’Neill（2012）认为学术界已经从不同的角度对于人口结构变化与温室气体二氧化碳排放量之间的关系进行了研究，但是大多数对于未来二氧化碳排放量的预测仅仅是考虑了人口结构的影响。O’Neill 回顾了人口因素，例如人口增长或下降、人口老龄化、城镇化等如何影响二氧化碳的排放，并且测度了二氧化碳排放量的变化。发现从利用能源排放二氧化碳角度来看，人口规模对二氧化碳排放的影响比人口老龄化和城市化对二氧化碳排放产生的影响要大。Jorgenson（2010）探讨了人口与环境之间关系的时间稳定性。通过运用 1960—2005 年的面板数据，对国家协会人口与二氧化碳排放量之间的关系是否一直保持稳定进行了研究。结果表明，人口规模与二氧化碳排放量之间具有放大的正向相关关系。这种时间稳定性在发达国家和欠发达国家都是成立的。王峰等（2010）在对中国经济发展中二氧化碳排放量增长的驱动因素进行深入研究的时候发现，1995 年至 2007 年之间，中国二氧化碳排放量年平均增长 12.4%，人口总量对二氧化碳排放具有正向的影响，其贡献是 1.14%。李楠等（2011）基于 1995—2007 年碳排放量、人口总数、人口城市化率、老龄化率、反映消费结构的恩格尔系数、第二产业从业人口比重等时间序列数据，运用协整理论、格兰杰因果检验和多元回归模型作为工具，对中国人口结构与碳排放量之间的关系进行了实证分析，分析结果表明：人口城市化率、人口的消费结构、第二产业从业人口比重对碳排放量具有正向影响，人口规模对碳排放量具有负向影响；人口的城市化率对碳排放量的正向影响最大，说明中国的碳排放量与城市化进程存在密切联系；人口老龄化对碳排放量具有负向影响，人口老龄化的加快对长期碳排放有抑制作用。

不难发现，在衡量人口发展对资源、环境影响的时候，大多数的研究并没有考虑人口分布的作用。人口迁移作为人口分布的重要组成因素，已有研究表明城乡和地区间收入的巨大差异是人口迁移的重大诱因，虽然部分研究已经关注到城市化对资源、环境的影响，但并没有将对城市化的研究上升到人口分布这一高度。同时，大部分研究都将人口发展与资源、环境的关系假设为单调关系，但是二者可能存在线性非单调或者非线性的关系。Zagheni（2011）就发现在 60 岁之前，人均二氧化碳的排放量随着年龄的增长而增加，而到了 60 岁之后，人均二氧化碳的排放量随着年龄的增长而减少。

基于此，本文的贡献在于将资源环境纳入内生经济增长模型，并在个体储蓄模型和企业决策模型的基础上考虑人口发展的三个构成要素即人口适度、人口结构、人口分布对资源消耗和环境污染的影响。

三、理论模型

为了便于构建模型，本文选用人口自然增长率、人均受教育年限两个指标来反映人口适度，用少儿抚养比和老年抚养比来反映人口结构，用人口净迁入率来反映人口分布。

（一）考虑了资源、环境的内生经济增长模型

假设 E 是当期资源的消耗量，在产品生产函数中，假设在生产中只产生一类环境污染物，同时忽略在消费过程中所产生的污染，仅考虑在生产过程中资源消耗所带来的污染，将生产过程中所产生的环境污染物作为在资源消耗时产生的副产品，纳入生产函数，并且对经济增长产生负效应。假定污染流量方程为：

$$P=\psi\times E^{\lambda},\lambda>0,\psi>0 \tag{1}$$

结合相关文献，将资源和环境视为与劳动、资本类似的生产要素，将其纳入柯布-道格拉斯生产函数，考虑到环境污染对物质生产的贡献为负，因此整个社会的生

产函数可以表示为：

$$Y=K^{\alpha}N^{\eta}E^{\chi}P^{-\varphi},\varphi>0 \tag{2}$$

其中 Y 表示总产出，K 表示资本存量，N 表示有效劳动，有效劳动可以表示为：

$$N=(\tau a)\times L \tag{3}$$

其中 τa 表示技术水平，a 表示人均受教育年限，假定人均受教育年限越长，技术水平越高，L 表示劳动力。将（1）和（3）带入（2）得到：

$$Y=K^{\alpha}((\tau a)\times L)^{\eta}E^{\chi-\lambda\varphi}\psi^{-\varphi},(\chi-\lambda\varphi)>0 \tag{4}$$

（二）个体储蓄模型

由于总产出等于储蓄和消费之和，因此有：

$$Y=S+C \tag{5}$$

又由于储蓄等于储蓄率与总产出的乘积，因此（5）式可以写成：

$$(1-S)\times Y=C \tag{6}$$

其中 S 表示储蓄率。

假设人口是自由迁移的，考虑净迁移率的总消费表示为：

$$C=c\times n\times(1+g)\times(1+m) \tag{7}$$

其中，c 表示人均消费水平，n 表示期初人口规模，g 表示人口自然增长率，m 表示净迁移率。

在戴蒙得世代交叠模型的基础上，将生命周期由两期扩展为三期，考虑储蓄率的决定，并作出如下假设：每个个体存活三期，分别为少年期、中年期、老年期。少年期不生产，靠借贷消费，消费用 C_t 表示；中年期生产并消费，假设中年期通过进行生产而获得工资收入，记为 W_{t+1}，消费记为 C_{t+1}；老年期的消费来自中年期的储蓄，老年期的消费记为 C_{t+2}，中年期的储蓄记为 S_{t+1}。中年期的人数为 L，假设少儿抚养比为 dc，老年抚养比为 da。为简化模型，不考虑各个时间利率水平的变化，因此记生命周期的三个阶段利率水平均为 r。

根据假设 1 和（7）可以得到：

$$L=\frac{n\times(1+g)\times(1+m)}{1+cd+od} \tag{8}$$

行为人中年期的收支方程为：

$$L\times cd\times C_t(1+r)+L\times C_{t+1}+L\times od\times S_{t+1}=L\times W_{t+1} \tag{9}$$

根据假设 1，行为人老年期的收支方程为：

$$C_{t+2}=(1+r)S_{t+1} \tag{10}$$

为方便起见，本章没有沿用 Diamond（1965）的效用函数，而是借鉴了 Varvarigos（2013）的效用函数，令 $U_t=\ln C_t$。行为人的效用取决于当期的消费，用 $\rho\in(0,1)$ 来度量跨期的时间偏好，则 t 时期出生的行为人的一生的效用函数为：

$$U=cd\ \ln\ C_t+\rho\ \ln\ C_{t+1}+od\rho^2\ln\ C_{t+2} \tag{11}$$

根据（8）和（9），在约束条件下，构建个人效用函数最大化的拉格朗日函数：

$$L=cd\ \ln\ C_t+\rho\ \ln\ C_{t+1}+od\rho^2\ln\ C_{t+2}+\theta\left(cd\times C_t(1+r)+C_{t+1}+od\times\frac{C_{t+2}}{1+r}-W_{t+1}\right) \tag{12}$$

通过对（11）求一阶偏导，得到：

$$\frac{\partial L}{\partial C_t}=cd\ \frac{1}{C_t}+\theta\times cd(1+r)=0 \tag{13}$$

$$\frac{\partial L}{\partial C_{t+1}}=\frac{\rho}{C_{t+1}}+\theta=0 \tag{14}$$

$$\frac{\partial L}{\partial C_{t+2}}=od\ \frac{\rho^2}{C_{t+2}}+\theta\ \frac{od}{1+r}=0 \tag{15}$$

联立（9）（10）（13）（14）（15）式可以得到：

$$S_{t+1}=\frac{\rho^2}{cd+\rho+\rho^2od}\times W_{t+1} \tag{16}$$

（三）企业决策模型

假设资本 K 的回报率为 R，劳动的回报率为 W_{t+1}，企业的利润为 π。则根据上述假设，企业的利润可以表示为：

$$\pi=K^\alpha N^\eta E^{\chi-\lambda\varphi}\psi^{-\varphi}-RK-W_{t+1}L \tag{17}$$

企业利润最大化的条件为：

$$R=\alpha K^{\alpha-1}N^\eta\psi^{-\varphi}E^{\chi-\lambda\varphi} \tag{18}$$

$$W_{t+1}=\eta K^\alpha\ (\tau A)^\eta L^{\eta-1}\psi^{-\varphi}E^{\chi-\lambda\varphi} \tag{19}$$

由（18）式可以得出：

$$K=\left(\frac{\alpha N^\eta\psi^{-\varphi}E^{\chi-\lambda\varphi}}{R}\right)^{\frac{1}{\alpha-1}} \tag{20}$$

将（20）式带入（19）式得到：

$$W_{t+1}=\eta\left(\tau A\right)^{\eta}L^{\eta-1}\psi^{-\varphi}E^{\chi-\lambda\varphi}\times\left(\frac{\alpha N^{\eta}\psi^{-\varphi}E^{\chi-\lambda\varphi}}{R}\right)^{\frac{\alpha}{\alpha-1}} \tag{21}$$

将（20）式带入（4）式得到：

$$Y=N^{\eta}E^{\chi-\lambda\varphi}\psi^{-\varphi}\times\left(\frac{\alpha N^{\eta}\psi^{-\varphi}E^{\chi-\lambda\varphi}}{R}\right)^{\frac{\alpha}{\alpha-1}} \tag{22}$$

由于全社会只有中年人，即劳动人口 L 参与生产并进行储蓄，故社会的储蓄率为：

$$s=\frac{L\times S_{t+1}}{Y} \tag{23}$$

结合（16）（21）（22）（23）式可以得到社会的储蓄率为：

$$s=\frac{\eta\rho^{2}}{cd+\rho+\rho^{2}od} \tag{24}$$

结合（4）（6）（7）（24）式可以得到：

$$\left(1-\frac{\eta\rho^{2}}{cd+\rho+\rho^{2}od}\right)\times K^{\alpha}\left(\tau a\times L\right)^{\eta}E^{\chi-\lambda\varphi}\psi^{-\varphi}=c\times n\times(1+g)\times(1+m) \tag{25}$$

结合（8）（25）式可以得到：

$$E=\left[c\times n\times(1+g)\times(1+m)\times\left(\frac{1+cd+od}{n\times(1+g)\times(1+m)}\right)^{\eta}\times\left(1-\frac{\eta\rho^{2}}{cd+\rho+\rho^{2}od}\right)^{-1}\times\frac{\psi^{\varphi}}{(\tau a)^{\eta}K^{\alpha}}\right]^{\frac{1}{\chi-\lambda\varphi}}$$

$$=\left[c\times[n\times(1+g)\times(1+m)]^{(1-\eta)}\times(1+cd+od)^{\eta}\times\left(1-\frac{\eta\rho^{2}}{cd+\rho+\rho^{2}od}\right)^{-1}\times\frac{\psi^{\varphi}}{(\tau a)^{\eta}K^{\alpha}}\right]^{\frac{1}{\chi-\lambda\varphi}},$$

$$\frac{1}{\chi-\lambda\varphi}>0 \tag{26}$$

结合（1）式和（26）式，可以得到：

$$P=\psi\left[c\times n\times(1+g)\times(1+m)\times\left(\frac{1+cd+od}{n\times(1+g)\times(1+m)}\right)^{\eta}\times\left(1-\frac{\eta\rho^{2}}{cd+\rho+\rho^{2}od}\right)^{-1}\times\frac{\psi^{\varphi}}{(\tau a)^{\eta}K^{\alpha}}\right]^{\frac{\lambda}{\chi-\lambda\varphi}}$$

$$=\psi\left[c\times[n\times(1+g)\times(1+m)]^{(1-\eta)}\times(1+cd+od)^{\eta}\times\left(1-\frac{\eta\rho^{2}}{cd+\rho+\rho^{2}od}\right)^{-1}\times\frac{\psi^{\varphi}}{(\tau a)^{\eta}K^{\alpha}}\right]^{\frac{\lambda}{\chi-\lambda\varphi}},$$

$$\frac{\lambda}{\chi-\lambda\varphi}>0 \tag{27}$$

（四）模型结论

①从（26）式和（27）式可以看出，人口自然增长率、人口净迁入率、人均消

费水平对资源消耗和环境污染具有正向影响；人均受教育水平对资源消耗和环境污染具有负向影响。

②从（26）式和（27）式来看，少儿抚养比和老年抚养比对资源消耗和环境污染的影响到底如何取决于式子$\left(1-\frac{\eta\rho^2}{cd+\rho+\rho^2 od}\right)^{-1}$和式子$(1+cd+od)^{\eta}$的单调性。当其他条件不变时，式子$\left(1-\frac{\eta\rho^2}{cd+\rho+\rho^2 od}\right)^{-1}$和储蓄率$\frac{\eta\rho^2}{cd+\rho+\rho^2 od}$的单调性一致。由于储蓄率与少儿抚养比和老年抚养比呈负相关关系，所以式子$\left(1-\frac{\eta\rho^2}{cd+\rho+\rho^2 od}\right)^{-1}$在少儿抚养比和老年抚养比的取值区间内是单调递减函数。式子$(1+cd+od)^{\eta}$在少儿抚养比和老年抚养比的取值区间内是单调递增函数。因此，当少儿抚养比或者老年抚养比对资源消耗、环境污染的负相应大于正效应时，总效应表现为负；反之总效应表现为正；当正负效应恰好相抵时，老年抚养比和少儿抚养比对资源与环境不存在影响。

四、实证分析及稳健性检验

（一）模型设定与数据来源

根据理论模型，代表人口发展的三个要素：人口适度、人口结构、人口分布以及人均消费水平均会对资源消耗和环境污染造成影响。因此，本文选择能源消耗量E来反映资源消耗，工业废气排放量P来反映环境污染情况，解释变量的选取则主要来自人口适度、人口结构和人口分布这三个要素，分别选取人口自然增长率g和人均受教育年限a来反映人口适度，少儿抚养比cd和老年抚养比od来反映人口结构，人口净迁移率m来反映人口分布，同时选取居民消费水平指数c来反映人均消费水平。故将本文的检验模型设定为：

$$E_{it}=\beta_0+\beta_1 g_{it}+\beta_2 cd_{it}+\beta_3 od_{it}+\beta_4 a_{it}+\beta_5 c_{it}+\mu_i+\varepsilon_{it},(i=1993,\ldots 2013)\text{（模型一）}$$

$$P_{it}=\beta_0+\beta_1 g_{it}+\beta_2 cd_{it}+\beta_3 od_{it}+\beta_4 a_{it}+\beta_5 c_{it}+\mu_i+\varepsilon_{it},(i=1993,\ldots 2013)\text{（模型二）}$$

其中β_0为不可观测的随机变量，μ_i代表个体异质性的截距项；ε_{it}为随个体与时间而改变的扰动项。假设ε_{it}为独立同分布的，且与μ_i不相关。

本文研究数据主要来源于历年《中国统计年鉴》《中国环境统计年鉴》和国泰

君安数据库以及中国国家统计局网站。

（二）实证检验及稳定性检验

本文采用静态面板回归模型来研究人口发展对资源消耗和环境污染的影响，为了确保能在混合回归、固定效应模型估计和随机效应模型估计这三种方法中选择最恰当的方法，遂采取两两比较法。先对混合回归和固定效应模型进行比较，然后对固定效应模型和随机效应模型进行比较。

从人口发展对资源消耗影响的估计结果来看，*F* 模型设定检验结果表明固定效应模型优于混合回归，其具体估计结果见表 1 倒数第二行，Hausman 检验结果表明固定效应模型优于随机效应模型，其具体估计结果见表 1 倒数第一行。值得注意的是老年抚养比对能源消耗量影响为正，从理论模型中（2）式可以看出能源消耗与经济增长之间存在正相关关系，若老年抚养比对能源消耗影响为正这一结论成立，也就可以推导出老年抚养比对经济增长的影响，这似乎与常理相违背，又考虑到有人用“倒 U 型”关系来研究老年抚养比与经济增长的关系，因此本文模仿此研究手法，加入老年抚养比的平方项重新进行估计。此外，人均受教育年限与能源消耗量表现出显著的正向关系，这与模型预期相悖，也引入其二次项再次进行估计。新的估计模型结果见表 1 的第（4）（5）（6）列，其 F 检验和 Hausman 检验表明应选择固定效应模型。

表 1　1993—2013 年中国人口发展对能源消耗的影响

解释变量	（1）	（2）	（3）	解释变量	（4）	（5）	（6）
	OLS 线性	FE 线性	RE 线性		OLS 非线性	FE 非线性	RE 非线性
g	0.140***	0.084***	0.090***	g	0.113***	0.054***	0.061***
	（6.92）	（4.52）	（4.91）		（5.29）	（2.69）	（3.09）
a	0.374***	0.550***	0.521***	a	-0.037	-0.604***	-0.545***
	（7.56）	（7.46）	（7.56）		（-0.21）	（-2.95）	（-2.78）
				a^2	0.032**	0.074***	0.069***
					（2.50）	（5.87）	（5.65）
cd	-0.089***	-0.046***	-0.050***	cd	-0.077***	-0.040***	-0.044**
	（-10.75）	（-5.07）	（-5.85）		（-8.61）	（-4.63）	（-5.23）
od	-0.037*	0.081***	0.072***	od	-0.377***	0.516***	0.448***
	（-1.82）	（3.87）	（3.51）		（-4.02）	（6.02）	（5.27）
				od^2	0.014***	-0.018***	-0.016***
					（3.59）	（-5.35）	（-4.69）
m	0.049***	0.046**	0.046**	m	0.028	0.037**	0.036**
	（2.81）	（2.41）	（2.48）		（1.46）	（2.09）	（2.04）

续表

解释变量	(1)	(2)	(3)	解释变量	(4)	(5)	(6)
	OLS 线性	FE 线性	RE 线性		OLS 非线性	FE 非线性	RE 非线性
c	0.030***	0.032***	0.006***	c	0.032***	0.029***	0.030***
	(3.62)	(5.44)	(5.47)		(3.90)	(5.22)	(5.22)
Constant	−1.871*	−5.660***	−5.258***	Constant	0.940	−3.463**	−3.162***
	(−1.71)	(−5.42)	(−5.15)		(0.75)	(−2.56)	(−2.42)
R-squared	0.539 8	0.623 5	0.623 1	R-squared	0.555 0	0.659 4	0.658 6
Observations	630	630	630	Observations	630	630	630
Groups	30	30	30	Groups	30	30	30
F 模型设定检验	27.22（0.000 0）			F 模型设定检验	30.40（0.000 0）		
Hausman 检验	12..88（0.044 9）			Hausman 检验	33.42（0.000 1）		

说明：*** 表示 $p<0.01$，** 表示 $p<0.05$，* 表示 $p<0.1$；各模型对应的自变量检验结果括号内为 t 值。

根据表 1 固定效应模型估计结果，实证分析结论如下：

①从人口适度角度来看，人口自然增长率对能源消耗量具有显著的正向影响，这与理论模型结论完全一致。随着人口的增长，社会的消费需求会增加，因此需要更多的产出，进而需要投入更多的能源进行生产。人均受教育年限二次项为正，一次项为负，其对能源消耗量的影响表现为“U 型”关系，这与理论模型的结论有所出入。本文认为造成这种结果的可能原因是：随着人均受教育水平的提高，人力资本积累水平得以提高，进而在一定程度上会促进技术进步，从而使得生产同样多的产出只需要投入较少的能源；但是，人均受教育年限对提高人力资本水平的作用是边际递减的，当这种作用逐渐趋于零并在其他因素会造成能源消耗量增加的大环境下，人均受教育年限与能源消耗量就会表现出“U 型”关系。

②从人口结构角度来看，少儿抚养比对能源消耗量具有显著的负效应，这与我们的预期相一致。本文认为一方面少儿抚养比下降会使得劳动者抚养负担减轻，因此净收入会增加，进而导致储蓄率增加，用于消费所占的份额减少，当社会总消费需求不变的情况下，就需要投入更多的资源进行生产才能满足全社会的消费。另一方面，少儿抚养比的下降会减少少儿的消费需求，但是其抚养人会因为抚养负担的减轻而增加自身的消费需求，因此两者叠加对总的消费需求的影响效应具有不确定性。老年抚养比与能源消耗量之间呈现“倒 U 型”关系。这与理论模型预期有所出入。

人口转变理论指出：人口先后经历了“高出生、高死亡、低增长”，“高出生、低死亡、高增长”和“低出生、低死亡、低增长”三个阶段。从第一阶段到第二阶段期间，持续的高增长率给社会带来了充足的劳动力，劳动力总供给增加，而当进入第三阶段后，低生育率使得劳动力的供给不足，一、二阶段积累的劳动力开始变老，劳动力总供给下降。因此，在第一阶段到第三阶段，老年抚养比逐渐增加，而劳动力供给却呈现出“倒U型”。列夫（Leff）模型的结论是：抚养比与储蓄率呈负相关关系，而劳动力占比与储蓄率呈正相关关系。根据此结论可知劳动力呈现“倒U型”就意味着储蓄率呈“倒U型”，前面已经分析指出储蓄率增加会导致能源消耗增加，二者呈正相关关系，因此能源消耗也呈“倒U型”。

③人口净迁移率对能源消耗具有显著的正向影响，这与理论模型结论一致。蔡建明等（2007）通过研究发现中国人口迁移的主要动力之一就是城乡和地区间存在的巨大收入差异。由于这种动力的存在，大量的劳动力涌入收入相对较高的地区，一方面，他们作为劳动力投入生产，在增加产出的同时就必须消耗更多的能源；另一方面，涌入的大量劳动力增加了当地的消费需求，这也迫使该地区必须消耗更多的能源进行生产来满足日益增加的消费需求。

④居民消费水平对能源消耗具有正向影响。居民消费水平的增加会导致全社会消费需求的增加，因此，更多的能源就会被投入生产来满足消费需求。

考虑到中国的产业结构升级可能对能源消耗产生影响，因此本文为了得到稳健的结果，将第三产业产值占GDP的比重（用is表示）纳入实证分析。从表2的结果可以看出，加入is后，is对能源消耗具有显著的负影响，说明中国产业结构升级有利于资源的节约。而其他解释变量的符号、大小、显著性与之前保持高度一致，由此说明检验结果相当稳健。

表2　1993—2013年人口发展对能源消耗影响的稳健性检验

解释变量	（5）	（7）
	FE非线性	FE非线性
g	0.054***	0.045**
	（2.69）	（2.29）
a	–0.604***	–0.613***

续表

解释变量	（5）	（7）
	FE 非线性	FE 非线性
	（−2.95）	（−3.08）
a^2	0.074***	0.081***
	（5.87）	（6.53）
cd	−0.040***	−0.042***
	（−4.63）	（−5.03）
od	0.516***	0.490***
	（6.02）	（5.85）
od^2	−0.018***	−0.017***
	（−5.35）	（−5.30）
m	0.037**	0.049**
	（2.09）	（2.77）
c	0.029***	0.025***
	（5.22）	（4.53）
is		−0.041***
		（−5.51）
Constant	−3.463**	−4.423
	（−2.56）	（−1.04）
R-squared	0.659 4	0.676 0
Observations	630	630
Groups	30	30
F 模型设定检验	30.40（0.000 0）	32.07（0.000 0）
Hausman 检验	33.42（0.000 1）	36.41（0.000 0）

说明：*** 表示 $p < 0.01$，** 表示 $p < 0.05$，* 表示 $p < 0.1$；各模型对应的自变量检验结果括号内为 t 值。

本文也就人口发展对工业废气排放量的影响进行了估计，检验结果显示应该选用随机效应模型。随机效应模型检验结果见表3。研究表明：

①从人口适度角度来看，人口自然增长率对工业废气排放量具有显著的正向影响，这与理论模型结论一致。人口增长会导致社会的消费需求增加，从而增加能源消耗，也就会带来更多的工业废气。人均受教育年限对工业废气排放量具有显著的负影响，这也与预期相一致。一方面，人均受教育年限提高会增加人力资本积累，从而促进技术进步，从而节约能源，减少工业废气的排放。

②从人口结构角度来看，少儿抚养比对工业废气排放量具有正向影响，但不显著；老年抚养比对工业废气排放量具有显著的负向影响。可能的原因是：老年抚养比的上升使得储蓄率降低，产出中可用于消费的份额增大，因此社会只需生产更少的产品便能满足需求，从而减少了化石燃料等的燃烧，因此减少了工业废气的排放。

③人口净迁移率对工业废气排放量具有显著的正向影响，这也与理论预期相一致。正如前文分析的一样，一方面，人口迁移会导致迁入地有了更多的劳动力而加大生产，另一方面人口迁移会导致迁入地消费需求增加，这两者都需要消耗更多的能源，进而增加工业废气。

④居民消费水平指数对工业废气排放量具有显著的正向影响。消费水平提高会增加全社会的消费需求，从而需要消耗更多的能源，进而导致工业废气增加。

表3　1993—2013年中国人口发展对工业废气污染比的影响

解释变量	（1）	（2）	（3）
	OLS	FE	RE
g	0.929***	0.631***	0.645***
	（2.84）	（2.65）	（2.73）
a	4.07***	−2.12**	−1.64*
	（5.11）	（−2.25）	（−1.79）
cd	0.397***	−0.022	0.018
	（2.96）	（−0.19）	（0.16）
od	−2.618***	−0.504*	−0.606**

续表

解释变量	（1）	（2）	（3）
	OLS	FE	RE
	（-8.05）	（-1.88）	（-2.29）
m	-0.606**	-0.208	-0.198
	（-2.14）	（-0.86）	（-0.81）
c	0.158	0.157**	0.15**
	（1.18）	（2.10）	（2.04）
Constant	-9.881	28.94**	30.20**
	（-0.56）	（2.16）	（2.17）
R-squared	0.253 5	0.138 2	0.138 4
Observations	630	630	630
Groups	30	30	30
F 模型设定检验	55.26（0.000 0）		
Hausman 检验	9.31（0.156 8）		

说明：*** 表示 $p < 0.01$，** 表示 $p < 0.05$，* 表示 $p < 0.1$；各模型对应的自变量检验结果括号内为 t 值。

为了检验上述结果的稳健性，本文依然加入了 is 指标进行估计，新的估计结果显示，is 对工业废气污染比具有负影响，但不显著。而其他解释变量的符号、大小、显著性与之前保持高度一致，因此说明检验结果非常稳健。

表 4　1993—2013 年中国人口发展对工业废气污染比影响的稳健性检验

解释变量	（2）	（4）
	RE	RE
g	0.645***	0.641***
	（2.73）	（2.72）
	-1.64*	-1.52*

续表

解释变量	(2)	(4)
	RE	RE
	(-1.79)	(1.67)
a	0.018	0.012
	(0.16)	(0.10)
	-0.606**	-0.616**
	(-2.29)	(-2.32)
cd	-0.198	-0.176
	(-0.81)	(-0.73)
c	0.15**	0.153**
	(2.04)	(2.04)
is		-0.060
		(-0.60)
Constant	30.20**	27.126*
	(2.17)	(1.95)
R-squared	0.138 4	0.137 8
Observations	630	630
Groups	30	30
F 模型设定检验	54.15（0.000 0）	
Hausman 检验	0.54（0.999 3）	

说明：*** 表示 $p<0.01$，** 表示 $p<0.05$，* 表示 $p<0.1$；各模型对应的自变量检验结果括号内为 t 值。

五、结论和建议

本文将资源和环境两要素纳入内生经济增长模型，在个体储蓄模型和企业决策模型的基础上，分析了人口发展对资源消耗和环境污染的影响机理。利用 1993—

2013年全国30个省市（重庆数据不全而被剔除）的面板数据进行了实证检验，并从人口自然增长率、人均受教育年限、少儿抚养比、老年抚养比、人口净迁移率和居民消费水平指数几方面考察了人口适度、人口结构、人口分布以及经济发展对资源和环境的影响。最终结果表明，人口自然增长率的增大、人口净迁移率的增加、居民消费水平指数的上升会加大资源的消耗、加剧环境的污染，而少儿抚养比下降会加剧资源和环境的压力，老年抚养比与资源消耗存在“倒U型”关系，与环境污染存在负相关关系，第三产业产值占比有助于缓解资源和环境的压力。因此，只有人口总量和质量适度、人口结构优化，人口分布合理，经济增长平稳、产业结构优化才能促进资源环境协调发展。

加强教育投资，优化教育结构，构建多元化的教育模式，提升人力资本水平。据全国教育经费执行情况统计公告显示：中国的教育经费占GDP的比例一直较低，直到2012年才突破4%，为4.28%。因此，要提升中国的人力资本水平就必须增加对教育的投资。一直以来中国重视高等教育，忽视初等教育，然而初等教育是基础，只有在牢固的基础上才能建出雄伟的建筑，所以，中国应该优化教育结构，将初等教育和高等教育放在同等重要的位置。由于学校培养的主要是理论型人才，社会需要的主要是应用型人才，为了进一步提升人力资本水平，中国应加强职工再教育，建立多元化的教育模式。

放开计划生育政策，促进人口结构优化。当前中国人口结构失衡现状已经凸显，少儿抚养比的持续下降和老年抚养比的持续上升已经成为一个不争的事实，为了缓解资源与环境的压力和社会养老的压力，放开计划生育政策势在必行。

解决区域间收入差异过大的现状，促进城乡一体化发展。地区间收入水平的差距和经济发展水平的差异是人口迁移的主要动因，人口不合理的迁移会给资源和环境带来巨大的压力。只有通过促进城乡一体化发展，缩小地区间的收入差距，才能避免人口的不合理迁移，使得人口分布合理，避免给迁入地的资源和环境造成巨大的压力。

拒绝粗犷式的发展模式，建立人口、经济、资源环境可持续的发展模型。虽然经济发展是增强综合国力的需要，但是经济的发展要适度，不能只注重经济发展而忽略资源和环境。也不能为了当代的经济发展而消耗掉下一代经济发展所需的资源和环境。坚持人口、经济与资源环境可持续发展是解决当前发展中面临的资源消耗大、环境污染严重等问题的有效办法。

优化产业结构，促进产业结构升级。加快产业结构调整，是经济发展到一定阶段的客观要求，也是实践科学发展观的必然选择。经济发展的核心是产业结构的高级化，而经济不断发展的过程，也是产业结构逐步升级优化的过程，只有产业结构升级和优化才能改变现有的消耗资源、破坏环境来换取经济发展的模式。

参考文献

[1] 宋杰鲲 . 我国二氧化碳排放量的影响因素及减排对策分析 [J]. 价格理论与实践，2010（1）:37-38.

[2] 王锋 , 吴丽华 , 杨超 . 中国经济发展中碳排放增长的驱动因素研究 [J]. 经济研究，2010（2）:123-136.

[3] 戚颖颖 , 陶玉龙 . 态足迹视角下的适人口规模研究 : 以海市例 [J]. 中国外资，2014（2）:141-143.

[4] 李楠 , 邵凯 , 王前进 . 中人结构对碳排放量影响研究 [J]. 中国人口 . 资源与环境，2011（6）:19-23.

[5] 蔡建明 , 王国霞 , 杨振山 . 我国人口迁移趋势及空间格局演变 [J]. 人口研究，2007（5）:9-19.

[6] 郑海燕 . 深圳市福田区基于可能—满意度法的适度人口规模初探 [J]. 特区经济，2013（2）:28-29.

[7] 许永强 . 问诊人口均衡 [J]. 晚霞，2011（12）:4-9.

[8] 龚文海 . 中原经济区人口长期均衡发展评价模型及实证研究 [J]. 地域研究与开发，2014（2）:171-176.

[9] 周炎炎 , 王学义 . 中国人口发展监测指标体系构建及应用研究 [J]. 北京社会科学，2014（5）:93-101.

[10] 张翼 . 人口结构调整与人口均衡型社会的建设 [J]. 人口研究，2010（5）:22-27.

[11] Dalton M, O’Neill B, Prskawetz A, et al. Population aging and future carbon emissions in the United States[J]. Energy economics, 2008, 30（2）: 642-675.

[12] O' Neill B C, Dalton M, Fuchs R, et al. Global demographic trends and future carbon emissions[J]. Proceedings of the National Academy of Sciences, 2010, 107（41）: 17521-17526.

[13] O' Neill B C, Liddle B, Jiang L, et al. Demographic change and carbon dioxide emissions[J]. The Lancet, 2012, 380（9837）: 157-164.

[14] Jorgenson A K, Clark B. Assessing the temporal stability of the population/environment relationship in comparative perspective: a cross-national panel study of carbon dioxide emissions, 1960—2005[J]. Population and Environment, 2010, 32(1): 27-41.

[15] Zagheni E. The leverage of demographic dynamics on carbon dioxide emissions: does age structure matter？[J]. Demography, 2011, 48（1）: 371-399.

[16] Varvarigos D, Zakaria I Z. Endogenous fertility in a growth model with public and private health expenditures[J]. Journal of Population Economics, 2013, 26（1）: 67-85.

[17] Leff N H. Dependency rates and savings rates[J]. The American Economic Review, 1969: 886-896.

[18] Prettner K, Bloom D E, Strulik H. Declining fertility and economic well-being: Do education and health ride to the rescue？[J]. Labour Economics, 2013, 22: 70-79.

[19] Ashraf Q H, Weil D N, Wilde J. The effect of fertility reduction on economic growth[J]. Population and development review, 2013, 39（1）: 97-130.

[20] Dao M Q. Population and economic growth in developing countries[J]. International Journal of Academic Research in Business and Social Sciences, 2012, 2（1）: 6-17.

[21] Mamingi N, Perch J. Population Growth and Economic Growth/Development: An Empirical Investigation for Barbados[J]. Journal of Economics and Sustainable Development, 2013, 4（4）: 93-105.

农民专业合作社规范发展的政府规制研究
——基于服务型政府视角

张邦辉 *

摘要：本文基于服务型政府视角，在重构农民专业合作社政府规制体系的基础上，提出需强化相应监督审核机制构建和制度供给，确保政府规制功能及作用的发挥，以促进农民专业合作社规范化发展，实现社会民主化管理和达到社会善治。

关键词：政府规制；农联会；监督审核；制度供给

一、研究的问题及文献综述

（一）问题的提出

2004—2015年，国家连续出台了12个涉农“一号文件”，政府始终将解决“三农”问题，作为一切工作的中心和重点。《农民专业合作社法》颁布实施以来，有力推动了我国农民专业合作社的快速发展。据统计，截至2013年年底，农民专业合作社依法登记达95.07万户，实有入社农户约7 221万户，占全国农户总数27.8%；2013年，国家财政分别安排资金18.5亿元和9.96亿元，支持农民专业合作社引进新品种、推广新技术、对成员开展服务等和扶持2 425个农民专业合作社项目。[1]然而，由于我国社会正处于城镇化、市场化、工业化、全球化的复合进程中，农民专业合作社在发展中呈现出区域带动性不强、生产覆盖面窄、成员异质化明显、经营者能力不足、专业管理人才缺乏以及经营管理机制不完善等问题。从某种意义上说，农民专业合作社的迅猛发展与不规范几乎是同步并行的。因此，在我国经济转型、体制转轨、城乡“二元”矛盾突出的关键时期，需要通过政府规制，着力强化农民专业

* 作者简介：张邦辉，男，重庆大学教授，博士生导师，法学博士，研究方向为公共政策和农村法治。邮箱：zbhmx@cqu.edu.cn

合作社的规范化发展，积极发挥农民专业合作社的正外部效应。

（二）文献综述

政府规制是促进农民专业合作社规范化发展的重要议题，总体看来，现有的研究主要体现在：

一是政府规制的必要性方面。郭红东、徐萍平（1999) 等人指出，政府应将农民专业合作经济组织作为推动农业产业化经营的理想载体进行重点培育。[2] 黄祖辉（2006）认为，农民加入合作社有助于改变谈判弱势地位、弥补市场失灵、提高市场效率、整合资源和提高农民就业与收入增长。[3]

二是政府在规制中扮演的角色方面。张晓山等（2009）指出，政府应作为“第一推动力”来弥补个人主动性的不足；[4] 魏道南（1998）认为，合作社寻求政府的支持和保护是一种理性选择;[5] 王俊豪则认为，正确的政府参与可以为农民利益服务，但政府要将“支持”“领导”和“控制”区分开；[6] 张颖（2010）认为，农民专业合作社是发展现代农业的重要途径，政府在扶持和引导过程中，需要坚持科学发展观，尊重农民专业合作社发展规律。[7]

三是政府在规制中的政策提供方面。苑鹏（2009）对农民专业合作社的财政扶持进行了分析，认为财政专项资金的投入规模虽然有限，但已经取得了良好的效果；[8] 温铁军（2013）分析了不同主体在农民合作社发展中的利益张力对合作社运行产生了不同影响，认为应将农民合作组织作为承接财政“普惠制”投入的主要载体。[9]

四是政府在规制中的制度供给方面。陈俊梁（2010）分析了农民专业合作社在治理结构中所存在的问题，认为政府需要强化外部制度供给，如独立监事制度、法律法规制度、金融税收制度等；[10] 催宝玉等（2012）认为，我国农民专业合作发展存在的主要症结是内部人控制，内部人控制易诱发社员利益冲突、利益侵占、委托代理等示范性问题，需要通过正式制度和非正式制度来规制合作社治理；[11] 任梅则（2012）基于法约尔的企业管理理论，分别从管理、商业、技术、资本、会计和安全方面等六个方面，构建了农民专业合作社的政府规制体系。[12]

二、农民专业合作社政府规制存在的问题及原因分析

（一）政府规制存在的问题

1. 对农民专业合作社运行监督不力

政府规制过程中，对农民专业合作社的运行监督不力，是影响农民专业合作社不规范发展的首要因素。主要体现在：①注册登记弄虚作假。《农民专业合作社法》对合作社组织实行备案制、认定标准宽松、登记注册门槛低；实践中，未将其他部门的审核、评估作为登记注册的前置条件，登记注册材料也仅限于形式审查，而缺乏实证确认。无疑，这些都从客观上助长了部分合作社弄虚作假、数量泡沫化和寻租现象的产生。②运行过程监督不到位。一方面，《农民专业合作社法》第三十八条规定，“设立执行监事或者监事会的农民专业合作社，由执行监事或者监事会负责对本社的财务进行内部审计，审计结果应当向成员大会报告”；另一方面，政府的农业、工商、财政、税收等部门需要对农民专业合作社履行监督职能。这两种监督机制在实践中都存在缺陷，导致监督不到位，缺乏监督效力，致使管理不民主、资金违规使用、盈余分配不合理等问题的出现。

2. 扶持合作社发展存在重“点”轻“面”

从实践看，政府通过“扶优扶强”原则、“农民专业合作示范社”项目等方式，对当地农业、农村发展起到了“点”的点缀，而没有做到“面”的推进。2012 年，重庆市安排专项资金 4 500 万元用于农民专业合作社建设，其中大部分资金投向这些优势农民专业合作社企业。[13] 优势企业通过扶持获得了垄断地位后，与非合作社社员、实力弱小的合作社进行博弈时，处于强势地位并具有明显的“排外性”特性，产生“市场失灵”现象；同时，优势企业获得了较多的经济资源、自然资源和社会资源后，会使当地农业发展呈现“同质化”特点，会给当地其他特色农业发展、合作社发展、农民自主性生产带来困境，产生负外部效应。无疑，政府在“扶优扶强”过程中，也要关注实力偏弱、影响面广的农民专业合作社发展，做到“点”“面”结合。

3. 财政资金投向重“硬”轻“软”

总体看来，各级政府在对农民专业合作社的扶持项目中，资助资金使用存在共

性，即重视硬件建设，忽视软件培育。一方面，扶持项目资金多用于设备购置、标准化基地建设，市场开拓、技术推广、人员培训等方面却相对较少。以重庆为例，2012年，安排合作社承担农业项目资金约2亿元，其中用于硬件建设的超过90%。[14]另一方面，扶持项目在运行中，政府职能部门对其设计、评审、检查和验收等过程，也多以硬件建设状况为考核指标。政府对扶持项目采取重“硬”轻“软”的导向原则，是造成我国农民专业合作社不规范的重要因素，不利于合作社民主管理水平的提高、社员合作意识的提升、农业科技成果的推广，造成资金使用效益不佳，进而影响政府财政、税收金融等政策的规制效果。

4. 职能部门规制政策执行不力

近年来，地方政府在片面追求“GDP增长”的指挥下，政策执行过程常出现异化，导致政策执行不力，有关农民专业合作社规制政策的执行也未能幸免。体现在：①重数量发展，轻质量提升。截至2012年年底，重庆农民专业合作社总量达到16 305户、资金总额355.57亿元，分别比2011年底增长18.75%和21.22%。[15]合作社数量高增长的背后，却是经营实力不强、品牌知名度低、地方带动性弱的低水平发展尴尬。②政策执行违规，寻租事件频发。如免收注册登记费未贯彻执行、农民专业合作社扶持项目资金层层截留和挪用、税收优惠政策未执行或执行手续烦琐、合作社运营监管职责疏于执行等现象时有发生。作为规制主体，政府在规范农民专业合作社发展的同时，还需要对规制决策机构、执行机构、监管机构进行规制，避免因权力寻租而导致的政府失灵现象产生。

5. 规制的配套措施、实施细则缺失

《农民专业合作社法》的出台，是国家从宏观层面来规范合作社发展的意志体现，这一战略实施是否成功，离不开相应配套措施和实施细则的制定与执行。一方面，农民专业合作社规范化发展需要财政、税收、信贷等政策的配套，配套措施所体现的实质就是对合作社发展的经济性支持，作为理性人的政府职能部门，有着天然的抗拒心理，导致配套措施出台缺失、滞后或者适应性差，继而影响政策的规制效果。另一方面，在登记注册中，不同地方对农家乐、手工艺品生产、农机作业、土肥植保服务等业务的认定核准存在差异，尤其对合作社自办农产品加工企业的业务核准存在争议；同时，农民专业合作社一般实行免费登记，而在实践层面，有些基层部门对登记注册行为进行免费，对办理的相应证件收费却颇高。

6. 政府规制制度供给不足、适应性不强

当前，农民专业合作社发展在法律法规、经济规制方面还存在制度适应性不强的问题。法律法规方面，《农民专业合作社法》的颁布实施，有力地促进了合作社的规范化发展，但也存在社员出资的不确定性、社员权救济制度的缺失、盈余分配顺序不合理、审计监督制度不健全、政府扶持制度不完善等问题，亟待改进完善。经济规制方面，政府存在财政金融制度供给不足。2009—2012 年，重庆市农民专业合作社数量分别为 10 300 个、13 400 个和 16 305 个，相应的财政资金投入分别为 1 500 万元、3 050 万元和 4 500 万元。[16] 显然，政府用于扶持合作社发展的资金非常有限。同时，部分地区土地虽可以流转，但土地经营权是个虚拟的东西，金融机构不愿意贷款，造成合作社融资困难。此外，农业的弱质性决定了农业生产、加工、销售均面临着自然与市场的双重风险，农业保险制度供给的滞后，制约了农民专业合作社的快速健康发展。

（二）政府规制问题原因分析

当前，农民专业合作社规范发展的规制效果不佳，其原因是多方面的，主要体现在：

1. 规制主客体目标不一致

农民专业合作社的利益群体涉及政府、公司企业和合作社自身，从微观看，经济利益主体涵盖有规制机构人员、企业能人、富农、弱势小农等；无疑，由于自身经济资源、社会资源、人力资源禀赋的较大差异，使依托于合作社运行平台的相关利益群体及个体形成一个耗散结构，使规制效果不好。

2. 政府规制理念有待改进

改革开放以来，政府以市场为导向，以效率、效益为中心的发展理念渗透在执政、行政的各环节，市场失灵不断地考验着政府的职能履行能力。政府在规制过程中，所呈现出的“重效率，轻公平”“重数量，轻质量”“先发展，再规范”“重管理，轻服务”等规制导向偏差，降低了合作社的政府规制效果。

3. 政府规制的规制本质特性

本质上说，规制活动是一种政府行为，是政府通过影响微观经济主体的行为，来干预社会经济生活。规制经济理论认为，规制活动涉及规制机构、厂商、消费者三方的福利水平，这三类经济主体在规制过程中都试图来提高自身利益的最大化，在三方共同作用下，规制活动便作为一种产品被供给出来，其最终形式和结果取决于三方的相对力量和讨价还价结果。在农民专业合作社的三方博弈格局中，作为理性人的规制主体，政府在规制活动中因信息的不对称将导致寻租的产生；同时，规制主体与客体因资源禀赋的差异，政府相对静止的规制活动在动态变化的社会中，在不同地方或者在同一地方的不同时段也将产生不同的规制效果。

三、农民专业合作社规范发展的政府规制改进策略

在解决“三农”问题及促进城镇化发展战略实施下，农民专业合作社的存在、发展及壮大有其必然逻辑。另一方面，贯彻落实党的十八大战略部署，加快建设社会主义法治国家，促进农民专业合作社的规范化发展，是政府规制的落脚点和应然之义。因此，农民专业合作社在现有政府规制模式下所呈现出的问题，急需重构我国农民专业合作社的规制体系。

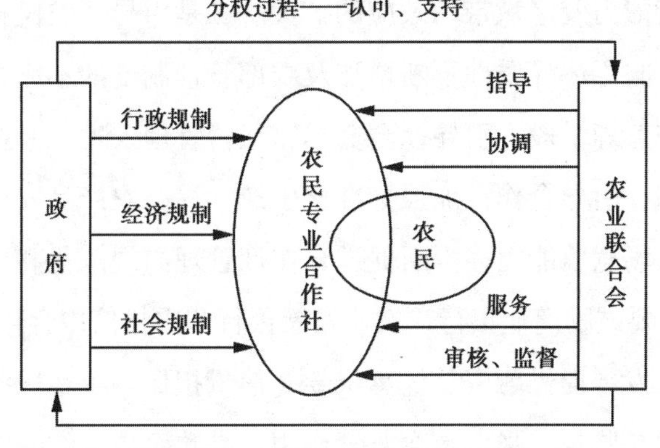

图1 农民专业合作社规范发展的政府规制体系

（一）农民专业合作社规范发展的政府规制体系重构

我国正努力建设公共服务型政府，在这一过程中，政府需积极纠正“市场失灵”，确保各社会阶层的安全、民主和平等，提高公共服务水平，实现我国政治、经济、社会由管治走向治理，达到整个社会的善治。善治是实现公共利益最大化的社会管

理过程，善治的本质特征在于政府与公民、社会组织对公共生活的合作治理，由政府向社会分权，实现社会管理的民主化。

农民专业合作社是一个复杂开放的组织系统，其发展受到市场化、城镇化、农业产业化以及自身组织结构等因素的影响。因此，需借助外在力量，促进合作社组织中的各利益主体，按照某种规则相互配合、密切协作，推动自组织而产生协同效应，使合作社组织向有序、稳定状态演化和发展。

在服务型政府建设理念下，本文重构农民专业合作社规范发展的政府规制体系（图1），使政府规制这一强制性的外生变量，能有效推动并实现合作社的规范化发展。

1. 发挥政府主导作用，完善政府规制体系

从计划经济向市场经济、传统经济向现代经济的“双重转型”过程中，需要发挥政府主导作用，通过扶持、引导、服务、监督等方式，从不同层面来规制农民专业合作社的发展。

①政府规制中的政府角色扮演。在农民专业合作社发展中，政府应通过扶持、引导、服务和监督等角色扮演，积极满足各相关主体的利益诉求。一是扶持，就是要通过财政资金、税收优惠、项目倾斜等方式，支持农民专业合作社的基础设施建设、数量的增加和经营能力及区域带动效应的扩大。二是引导，农民科技文化素质低、农民专业合作社参与主体异质性不断增加及内部管理制度的不完善，需要政府通过政策宣传、制度完善等手段，引导社会资本、经营管理人才、专业技能人才加入农民专业合作社组织，引导合作社加强标准化生产、提高农产品安全质量水平、强化品牌建设和增强市场竞争能力，不断促进合作社管理向规范化和民主化方向发展。三是服务，政府需要鼓励商业银行、农业发展银行和农村信用合作社拓展业务范围，为农民专业合作社发展提供融资、优惠贷款、信贷担保等金融服务，满足合作社发展的资金需求。四是监督，强化政府监管作用，是政府规制的必然结果，政府需要通过明确监管部门、监管职责和监督重点，使各部门目标明确、权责清晰，更好地维护合作社及其成员的合法权益。

②现有政府规制体系，政府对合作社主要采用登记注册、财政资金投入、税收优惠、金融信贷支持、项目扶持、示范建设等规制方法，推动合作社的规范化发展，但还不完善。政府需要从行政、经济及社会层面来规制农民专业合作社发展。

行政规制：经合组织（OECD）认为，行政规制是指“政府出于收集信息和干预个体的经济决策的目的,在文本起草或行政形式上对经济主体提出的规制要求”。[17]市场对资源的优化配置产生了巨大的经济社会效益，有力地促进了农民专业合作社经营规模的扩大、农民收入的增长和城乡统筹发展水平的提升，但需要政府以“命令与控制”的行政规制方法，积极回应市场失灵、经济权利和地位滥用、环境恶化、贫富差距拉大等问题。在合作社规范发展中，政府行政过程应符合法定程序，行政机构及人员应遵循公正和无偏私的决策程序、尊重私人及社会组织的权力、在法定权限范围内服务、努力降低行政成本，确保在农民专业合作社规范发展中，做到规制有度、执行有力，以提高政府规制的社会经济效益。另一方面，政府在行政规制过程中，针对规制客体：首先，建立完善的正式法律、中央各部委行政规章和地方性法规和规章的三级法律规制体系，做到规制有据；其次，指导和督促专业合作社从组织机构建立、章程完善、民主选举、民主决策、民主监督及农民加入和退出机制等方面进行完善，实现合作社内部管理各环节的有效衔接和高效运行；最后，引导和监督专业合作社建立符合国家农业产业发展规划、区域经济发展规划及现代农业发展趋势的经营方略，促进合作社实现生产的专业化、规模化和品牌化。

经济规制：公平与效率是政府对经济社会进行干预的理由，也是政府规制的逻辑起点。农民专业合作社组织，涉及政府机构及工作人员、资本大户、合作社核心成员及弱势农民等利益主体，它们形成了一个先天性力量失衡的利益博弈格局，需要政府通过经济规制，降低农民专业合作社的异变风险。Gellhorn 和 Pierce 认为，经济规制是“规制者的判断对商业或市场判断的决然取代”。[18]政府在规制过程中，需要：一是规范财政资金投入、使用、审核和评估流程，提高资金使用效益；二是科学规划涉农扶持项目,增强项目在区域经济社会发展中的带动效应；三是引导合作社合理设定股金、资本公积和盈余公积比例，并构建动态、合理的利益分配机制，提高农民专业合作社的持续发展能力；四是拓展合作社发展的资金筹集渠道，通过税收优惠、信贷支持、捐赠等方式，促进合作社自身实力和市场竞争能力的提升。

社会规制：建设服务型政府，政府需要保护国家、集体和个人利益不受侵犯，需要强化公共服务职能和公共服务意识；另一方面，政府需要以人为本，以追求公民的最大福祉为宗旨。在规范农民专业合作社发展过程中，政府需要引导和监督专业合作社：一是积极应用现代农业科技、生产技术和信息技术，培养并使用专业技术和管理人才，通过涉农技术“软实力”的增强，来提高农产品技术含量和竞争力；二是强化农民专业合作社组织资质、合作社管理水平和农产品质量标准体系的审核、评估和认证，确保农产品原材料、加工、生产、运输、销售等环节的质量安全，保护消费者利益，提高社会安全和健康水平；三是通过社会保障和农业保险制度，为合作社社员、雇员及其财产安全提供保障，增强农民专业合作社规避市场失灵带来的各项风险，促进合作社快速健康发展。

2. 依托农联会行业优势，促进政府规制功能的发挥

政府向社会分权，向市场主体及公民让渡权力，是完善政府治理、优化政府结构，建立服务型政府的重要手段。在农民专业合作社规范发展中，需要依托农业产业联合会（简称农联会）的行业优势，承接政府规制的部分指导、服务和监督职能，有助于化解政府规制过程中存在的信息不对称、行政效率低、规制制度适应性差和寻租等问题，也有助于政府、社会组织和公民对公共生活的合作治理，促进社会管理的民主化。

①政府对农联会的认可与支持。现阶段，从中央到地方的政府机关都拥有对农民专业合作社的规制权力，而政府规制权力的分散和不稳定，将对合作社市场竞争和发展带来消极影响。另一方面，从本质上说，农联会不具备规制权力。因此，要发挥农联会对合作社的规范发展作用，须以政府对农联会存在、规制服务功能的认可与支持为前提，促进农联会承接好、履行好政府转移的规制权力及职能。

②发挥农联会作用，促进政府规制功能的发挥。规制农民专业合作社发展，农联会需要通过指导、协调、服务和监督等方式，做好政府与合作社、合作社与市场、合作社内部的信息沟通者、利益协调者和发展促进者角色，切实履行部分政府规制功能，做好农联会对政府规制的辅助作用。具体而言：一是指导，农联会要对合作社的基地建设、成员数量、社员结构、规模面积、查名核准、注册流程、设立材料起草、章程制定等各环节进行指导；同时，指导合作社建立完善的财务会计制度、决策制度、监督审核制度和盈余分配制度。真正实现农联会对合作社从设立到规范

化运营进行全程指导。二是协调，农民专业合作社发展涉及多方利益主体和多个政府规制部门。因此，需要农联会从信贷融资、税收优惠、用水用电用气优惠、农业科技使用、专业人才引进、项目立项和合作社示范评优等方面，积极发挥协调功能，有效解决合作社发展所遇到的各项困难和问题。三是服务，合作社发展常遇到资金不足、人才匮乏、技术含量低、销售渠道贫乏、品牌知名度低等问题。需要依托农联会这一载体，发挥行业优势，通过营销服务、宣传服务和教育培训服务等服务性措施，积极解决这些瓶颈问题。四是监督，农民专业合作社存在双重代理问题，这往往导致合作社出现内部人控制现象，极易诱发合作社社员利益冲突、利益侵占和治理失范问题。因此，需要农联会发挥监督功能，保护弱势小农利益和降低合作社异变风险。

3. 强化农民专业合作社自组织，保障政府规制功能的发挥

农民在组织结构中，是话语权和博弈能力最为弱势的一方。因此，需要强化农民专业合作社自组织能力，保障政府规制功能得到有效发挥。具体思路：一是坚持合作社服务农民的宗旨，遵循《农民专业合作社法》第三条规定，“成员以农民为主体；以服务成员为宗旨，谋求全体成员的共同利益”，真正形成“民办、民管、民受益”的互助性经济组织。[19] 二是完善合作社治理结构，通过对合作社章程、成员账户、盈余分配和内部管理制度的完善，充分发挥制度管人、管事的作用，促进合作社健康发展。三是拓展农民与合作社之间的利益契合范围，在农民与合作社互动中，需以物质利益和精神满足水平提升为逻辑前提，来提高农民参与合作社的积极性和促进合作社持续、快速和健康发展。

（二）农民专业合作社规范发展的监督审核机制构建

政府以市场力量来规制合作社运营，并由“划桨者”向“掌舵者”职能转变，是服务型政府建设的必然选择。另一方面，政府在管理社会事务中，通过引导、支持、服务、监督审核角色的扮演，来回应市场失灵，更是服务型政府建设的必然归宿。在重构政府规制体系的基础上，强化监督审核体系的构建及作用发挥（图 2），是确保农民专业合作社规范发展及政府规制功能发挥的关键。

按照监督审核的参与主体，可以分为第一方审核、第二方审核和第三方审核。第一方审核属于合作社组织的内部监督审核，第二方审核和第三方审核属于合作社

组织的外部监督审核；它们都需要对合作社内部的产品、生产过程和管理过程进行监督审核，但在实践过程中，其监督审核的重点存在差异。

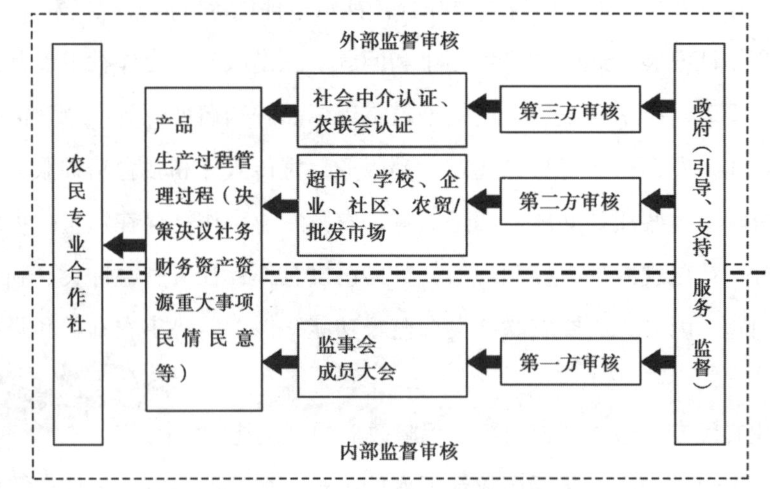

图2　农民专业合作社监督审核体系

①第一方审核。第一方审核由合作社的监事会和成员大会协同进行，主要针对合作社的生产过程和管理过程进行评审，尤其对合作社的经营决策和决议、内部管理事务和财务管理的公开化、资产及资源的保值增值、重大事项的进展和效益以及民情民意的收集和反馈等管理过程内容进行的监督审核，是内部监督审核的核心内容。

②第二方审核。第二方审核由超市、学校、企业、社区、农贸及批发等市场主体进行监督审核，确保合作社的产品、生产过程及服务过程都符合相应的质量标准、安全标准和环保标准，充分利用市场机制力量倒逼合作社规范其生产经营行为。

③第三方审核。第三方审核由社会中介组织或农联会，对合作社生产经营进行监督审核，通过质量体系认证、示范认证、名优产品推荐认证等方式，来引导和服务农民专业合作社的规范发展，促进合作社区域带动效应的提升。

（三）农民专业合作社规范发展政府规制的制度供给

规制具有明显的制度特征，政府规制为市场主体参与市场活动确立了基本的博弈规则，明确了企业市场活动的行为边界，对企业的市场行为具有明显的激励和约束作用。制度包括正式制度和非正式制度，而政府规制的制度供给主要侧重于正式制度方面，是以正式方式加以确定并强制实施的制度安排，如合作社的决策制度、组织设置制度、盈余分配制度、清偿制度等。《农民专业合作社法》虽然从成员、组织机构、财务管理、扶持政策、法律责任以及合作社的合并、分立、解散和清算等角度，对农民专业合作社发展确立了博弈规则，但配套制度还不完善。

①完善金融支持制度。《农民专业合作社法》第五十一条规定，国家政策性金融机构应当采取多种形式，为农民专业合作社提供多渠道的资金支持。资金短缺是当前合作社发展遇到的主要障碍，因此，各级政府需要细化规定，出台相应配套政策，降低合作社融资门槛；同时，需要鼓励其他商业银行参与合作社相关的信贷、保险业务，积极拓展合作社的融资渠道。

②完善盈余分配、清偿制度。《农民专业合作社法》规定，按成员与本社的交易量（额）比例返还，返还总额不得低于可分配盈余的百分之六十。这一规定忽略了合作社在不同发展阶段、发展规模和经营范围的差异，对处于建立初期、规模较小、前期设备设施投入较大的合作社，应当考虑降低返还总额在可分配盈余中的比例。在合作社合并、分立、解散和清算过程中，政府应明确政府直接补助和他人捐赠的处理办法，防止"伪合作社"骗取国家项目资金和社会捐赠资金情况的出现。[20]此外，《农民专业合作社法》规定了将公积金量化至合作社社员的账户，需要指出的是：在合作社存续期间的社员自愿退社和除名退社，除应遵循合作社章程规定的程序外，还应完善社员退社和成员分立制度，限制其对账户内公积金的及时性分割，确保合作社发展的稳定。

③完善独立监事制度。完善独立监事制度有助于减少内部人控制、成员"搭便车"、大农侵蚀小农利益等问题的出现，有助于维护广大社员的各项权益。独立监事完善过程中，首先要从法律法规层面上明确工作职责，理清与理事会、管理层、成员大会之间的关系。其次，监事会成员的选取，应侧重于：熟悉合作社业务，具有较高的专业素养；熟悉国家法律、法规和公司运营规程，在经营管理方面具有较高的理论素养和超前意识；具备良好的品德和强烈的责任感。再次，在监事会成员的构成上，需要引入政府、农联会及社会中熟悉合作社运营的人才或专家学者；同时，提高外部成员所占的比例，甚至可以考虑监事会成员完全由外部智能型人才担任。最后，监事会成员应形成良好的"进出机制"，对符合要求的或考核不合格的监事会成员，由成员大会对其进行罢免。

参考文献

[1] 我国农民合作社发展现状和存在的问题 [EB/OL].

[2] 郭红东，徐萍平，等 . 充分发挥农民合作组织的作用促进农业和农村经济发展——对慈溪市胜山镇农业产业协会的调查 [J]. 中国农村经济，1999 (11).

[3] 黄祖辉 . 农合组织：农业现代化的新选择 [J]. 中国合作经济，2006(7).

[4] 张晓山 . 农民专业合作社的发展趋势探析 [J]. 管理世界，2009(5).

[5] 魏道南 . 农村合作组织发展概论 [M]. 北京：经济管理出版社，1998.

[6] 王俊豪 . 政府管制经济学导论 [M]. 北京：商务印书馆，2001.

[7] 张颖 . 论农民专业合作社的规范化 - 从合作社的真伪之辩谈起 [J]. 农业经济问题 ,2010(4).

[8] 苑鹏 . 关于理顺农民合作组织产权关系的思考 [J]. 中国合作经济，2004(1).

[9] 温铁军 . 农民专业合作社发展的困境与出路 [J]. 湖南农业大学学报，2013(4).

[10] 陈俊梁 . 创新农民专业合作社治理结构的思考 [J]. 南方农村，2010(2).

[11] 崔宝玉 . 农民专业合作社中的委托代理关系及问题研究 [J]. 财政问题研究，2011(2).

[12][19] 任梅 . 中国农民专业合作社的政府规制研究 [M]. 北京：中国经济出版社，2012.

[13][14] 重庆农民专业合作社迎来重大发展利好 [EB/OL].

[15][16] 市工商局多措并举，全力助推内资市场主体竞相发展 [EB/OL].

[17][20] 王健，等 . 中国政府规制理论与政策 [M]. 北京 : 经济科学出版社，2008.

[18] 陈富良 . 我国经济转轨时期的政府规制 [M]. 北京 : 中国财经经济出版社，2000.